미국은 어떻게
중국을 견제하는가?

미국의 대통령과 의회-정당 역사 연구

서정건

박영사

머리말

신(新)냉전(new cold war)의 도래, 투키디데스의 함정(Thucydides' trap), 세력 전이(power transition) 이론, 차가운 평화(cold peace) 담론 등은 21세기 국제 관계의 최대 화두인 미국과 중국 간 경쟁을 설명하는 다양한 개념이다. 이미 우리에게도 잘 알려져 있다. 그런데 미국이 중국을 견제하기로 결론이 난 이후 바이든과 트럼프 시기를 거치면서 지금은 새로운 차원의 질문들이 속속 등장 중이다. 트럼프의 중국 압박용 상호관세는 미국의 어떤 국내법에 기초한 정책인가? 바이든의 중국 견제용 반도체 과학법에서 지급하기로 정한 보조금은 대선 패배 후에도 유효한가? 공화당의 미국 우선주의와 민주당의 소다자주의는 미국 정치 양극화 상황 속에서 지속가능한 중국 견제 전략인가? 그동안 미국이 중국을 견제할 것인가 여부에 초점을 맞추어 왔던 국제정치 이론과 개념들을 통해서는 분석하기 쉽지 않은 미국 정치의 제도와 과정에 관한 질문들이다. 실제로 트럼프 2.0 행정부는 미국의 글로벌 리더십하의 자유주의적 국제주의 질서, 특히 동맹 및 무역 영역과 관련하여 정반대 방향인 분담금 압박과 관세 압박을 내세우고 있다. 2028년 대선을 위해 절치부심 중인 민주당 역시 포스트 트럼프 시대에 유권자들의 신뢰를 다시 얻을 대외정책을 놓고 고심 중이다. 안으로부터의 변화가 미국의 중국 대응을 어떻게 바꾸는지 살펴보는 것이 중요한 때다.

이 책은 미국의 중국 정책에 초점을 두면서 미국 정치와 외교를 내부적으로, 통시적으로 연구하는 시도다. 1868년 최초의 조약 체결부터 트럼프 2.0 시대 중국 견제에 이르기까지 미국 정치가 중국 문제를 어떻게 다루어 왔는지 미국의 정치 제도, 외교 역사, 선거 동학 등의 차원에서 분석한다. 그동안 국제정치학은 미국의 정치 제도와 정치 과정에 대한 본격적인 연구까지 미치지는 못했다. 미국의 의회-대통령 관계 및 정당정치를 전면적으로 다루지 않은 셈이다. 반대로 미국 정치학의 경우 국제 문제는 고려하지 않은 채 미국 정치만을 별도로 다루어 온 경향이 있다. 미국의 글로벌 리더십은 전적으로 국제정치학의 영역이라는 인식 때문이었다. 본 연구는 미국의 외교정책을 미국의 정치 관점에서 분석하려는 노력을 담고 있다. 특히 역사적으로 미국이 중국에 대해 어떤 정책을 펼쳐 왔는지 그 원인과 결과를 살피고, 동시에 미국 정치의 이론적 틀 안에서 파악하고자 했다.

서론에 이어 2장은 외교정책을 둘러싼 미국 대통령의 권력과 의회 관계, 그리고 정당정치를 이론적으로 탐색한다. 미국 대통령의 외교 권력이 알려진대로 제왕적인지 혹은 예상보다 제한적인지 살펴보는 작업이다. 실제로 미국 대통령이 가진 권력에 대한 최초의 논쟁은 대통령의 외교정책 결정을 둘러싸고 의회 내에서 벌어진 적이 있다. 한편 “미국 외교사는 미국 정당사”라는 문제 의식에 기초하여 정당정치와 외교정책 간의 상관성을 연결지어 본다. 정당 내부의 계파 정치 및 대통령과 정당 관계 등 기존의 미국 정치 연구들이 주로 다루지 않았던 영역에 대해서도 관심을 두는 새로운 접근법이다.

3장부터는 미국의 중요한 중국 정책을 역사적으로 분석하되 미국 정치를 둘러싼 주요 질문들의 맥락에서 이해해 보기로 한다. 미국과 중국 간 최초의 최혜국 대우 조항과 이민 정책을 담은 1868년 벌링게임 조약 체결 과정을 탄핵 직후의 존슨 대통령과 공화당 간의 초당파적 합의 관점에서 살펴본다.

4장은 남북전쟁 이후의 재건 시대가 종결되면서 중앙 정치 무대로 복귀한 민주당이 중국인 입국 금지 법안을 통해 공화당을 어떻게 분열시켰는지 알아본다. 1882년 미국 의회를 통과한 중국인 배제법안에 대한 분석인데 극심한 경쟁 시기에 들어선 두 정당의 대선 전략을 배경으로 한다.

5장은 1950년대 트루먼 대통령의 리더십이 중국 국민당의 몰락(1949년), 1950년 11월 중간 선거 직전 중국 인민군의 한국전쟁 개입 등 급격한 국제 정세 변화 속에서 어떻게 진행되었는지 알아본다. 3차 세계대전 발발을 염려했고 한국전쟁으로 인기가 폭락하여 재선에 나서지 못했던 미국 대통령의 정치와 외교 행태를 중국 정책과 연관지어 추적해 본다.

6장은 한국전쟁 이후 관계가 완전히 끊어졌던 중국과의 관계 복원을 이루어낸 카터 대통령 시기에 관한 주제다. 1979년 워싱턴과 베이징의 국교 정상화 합의 시점에 대해 민주당 대통령이 중간 선거에 패배한 이후 대외정책 돌파구를 모색한다는 역사적 유사성 차원에서 파악해 본다. 선거 주기라는 예측 가능한 변수가 외교적 돌파구라는 예측 불가능한 정책에 어떤 영향을 미치는지 알아보고자 한다. 이는 1995년 클린턴 대통령의 베트남 국교 정상화, 2014년 오바마 대통령의 쿠바 관계 정상화와 궤를 같이한다.

7장은 1990년대 미국의 중국 정책을 상징했던 최혜국 대우(MFN) 조항 지속과 관련된 의회 정치에 관해 다룬다. 1989년 톈안먼 사태 이후 미국의 하원과 상원, 부시 대통령과 클린턴 대통령 등 정권과 의회 차원에서 벌어진 정치적 역학 관계를 살펴본다. 의원 개인이 가지는 외교정책 입장의 유지 혹은 변경의 동기를 찾는 것이 이론적 질문이다. 대외 문제 현안 그 자체 못지않게 정당 경쟁, 양원제 등 정치적 요소가 중요함을 살펴본다.

8장은 현재 미국 정치 양극화가 미국의 중국 정책에 미치는 영향에 대해 분석하는 장이다. 양극화에도 불구하고 미국 정치 조야가 중국 견제에는 초당파적이라고 알려져 있다. 실제로 그러한지에 대해 재검토해 본다. 중국 인권과 민주주의 등 몇몇 상징적 성격의 분야를 제외한 실질적 정책 영역에서 여전히 양극화 현상이 발견되기도 한다. 더욱 심각해

지고 있는 미국 정치 양극화는 현재 미국의 중국 정책을 이해하는 데 필수적인 변수가 되고 있다.

9장은 바이든 시대의 중국 견제 법안들로 알려진 인플레이션 감축법과 반도체 과학법을 유기적으로 분석한다. 어떤 내용의 중국 견제가 트럼프 시대의 행정 명령과는 다른 방식으로 법제화되었는지 알아봄으로써 두 정당의 서로 다른 중국 견제 방식에 대한 이해를 시도하는 장이다. 미국의 중국 정책에는 대통령과 의회 관계, 입법 절차의 복잡성, 그리고 정당의 정책 철학 등이 뒤섞여 있음을 재확인한다.

10장은 결론적으로 트럼프 2.0 시대와 중국 견제를 둘러싼 다양한 논점들을 간략하게 짚어본다.

본서의 장들 중 이론적 접근을 담고 있는 2장은 결론 장과 더불어 이 책을 준비하면서 새로 저술한 내용이다. 3장 역시 초당파 외교에 관한 저자의 최근 관심에 기초한 연구 성과물이다. 4장부터는 미국의 중국 정책을 역사적으로 다루어 온 기존의 영어 및 국문 논문들을 대폭 수정 및 보완한 것임을 밝혀 둔다. 모두 필자의 단독 저술 논문이며 그 출처는 각 장의 순서대로 다음과 같다.

"Wedge Issue Dynamics and Party Position Shifts: Chinese Exclusion Debates in the post-Reconstruction U.S. Congress, 1879-1882," *Party Politics* 17(6): 823-847; "전시 대통령의 초당파적 리더십 연구: 한국전쟁과 미국 정치를 둘러싼 트루먼(Truman) 사례를 중심으로", 『미국학』 45(2): 143-170; "Do Election Cycles Matter for Foreign Policy? A Case Study of U.S. Normalizing Relations with Former Adversaries," *Korean Journal of Defense Analysis* 33(4): 579-596; "Vote Switching on Foreign Policy in the U.S. House of Representatives," *American Politics Research* 38(6): 1072-1101; "Strange Bedfellows and US China Policy in the Era of Polarized Politics," *Korean Journal of Defense Analysis* 29(1): 47-69; "미국 국내 정치와 경제안보: 미국은 '어떻게' 중국을 견제하는가?" 『국가전략』 29(3): 5-31.

미국의 정치와 외교에 주된 학문적 관심을 가진 지 오래 되었지만 공부의 원동력은 늘 우리 가족이다. 내년이면 함께 울고 웃은 지 30년인 내 동반자 경선과 이제는 멀리 뉴욕에서 변호사와 대학생으로 각자의 삶을 개척 중인 우리 두 딸 나현, 재현을 생각하면 부족한 능력이지만 사명감을 새로 품게 된다. 홀로 남으셨지만 평안을 찾으신 어머님께 이 책을 바친다. 원고 출판을 위해 애써주신 박영사의 장규식 차장님, 정연환 과장님, 전혜민 대리님께도 깊은 감사의 말씀을 드린다. 이제는 미국과 중국을 넘어서서 우리의 미래를 스스로 고민해야 할 때다. 이 책이 우리의 국격을 높이고 미국과 중국을 휘어잡는 21세기 대한민국의 국가전략을 짜는 데 조금이라도 보탬이 되기를 소망한다.

2025년 가을에

서정건

차례

chapter 01

서론

미국 정치가 중국 이슈를 만날 때

CHAPTER

01

서론

미국 정치가 중국 이슈를 만날 때

20세기 후반을 포괄했던 국제 질서가 냉전(Cold War)이었다면 21세기의 국가 간 관계를 새롭게 규정 중인 핵심 기제는 미 · 중 경쟁(US-China rivalry)이다(Trubowitz and Seo 2012). 미국과 중국 양국 관계의 현실과 특징을 해석하는 방식은 다양하다. 무엇보다 국제 정치학적인 시각과 이해가 중요함은 어찌 보면 당연하다. 그런데 중국을 다루는 미국의 전략에 관해 미국 국내 정치와 외교정책을 둘러싼 상관성에 관한 연구도 점차 늘고 있다. 1979년 두 국가 간의 국교정상화 이래 1989년 톈안먼 사태와 2020년 팬데믹 위기라는 두 번의 중대한 변곡점을 거치면서 중국에 대한 미국의 시각은 달라지고 있다. 중국이 자유주의적 국제주의 사회의 일원이 될 수 있다는 기대와 전략을 미국이 포기한 것으로 이해된다.[1] 무엇보다 핵을 포함한 중국의 급격한 군사력 증강에 대해 워싱턴의 우려가 팽배하다. 중국의 대만 침공 가능성에 대한 의심 역시 행정부와 의회 내에 점증하고 있다. 농산물 수출이나 기후 위기 협력 등을 놓고 공화당과 민주당 내에서 중국과의 관계를 중시하던 이전의 공개적인 입장도 찾기 쉽지 않다. 중국을 협력 상대로 보는 미국의 여론도 급격하게 사라지고 있다. 국제 관계 이해를 위해 필수적인 언론이 최근 보여주는 편향성 역시 미국 내의 중국 비호감 정서를 증폭시키는 중이다.

건국 이후 150여 년 동안 비(非)개입주의를 고수하다가 2차 세계 대

1 중국 관련 미국의 입장 변화 분석은 Mann(2000, 2008), Pillsbury(2015), 김재철(2023) 등을 참조.

전 이후에 비로소 글로벌 리더 국가로 등장한 미국이 냉전 당시 경험했던 세계는 소련과의 양분된 구도였다(전재성 2025). 당시의 갈등이 국제주의와 반공주의로 단순화된 성격이었던 것에 비해 중국과의 관계는 미국 국내적으로 파장이 매우 복잡하다. 관계 정상화 이후 지난 45년의 시기 동안 다방면에 걸친 교류와 협력을 통해 중국은 미국 문제화(Americanization)된 측면이 적지 않다. 옛 소련의 경우와는 달리 농업부터 산업, 과학 기술, 금융, 문화, 교육 등에 이르기까지 다양한 이해관계가 미국 내부에 다층적으로 얽혀 있다. 따라서 중국을 다루는 방식에 있어 미국 정치 차원의 이해가 필수적인 시점이다. 중국이라는 국제 관계의 특수성 못지않게 미국 내부에서 대통령의 외교 권력 자체가 진화한 사실도 이해를 요구한다. 예컨대 손더스와 골드가이어(Saunders and Goldgeier 2018)는 견제 받지 않는 트럼프의 외교 권력에 대해 체계적인 설명을 시도하는 연구 중 하나다. 연방 의회, 관료 시스템, 동맹국가, 국제기구 등 다차원적으로 유지되어 왔던 미국 대통령의 외교 권력에 대한 견제가 점차 약화되어 왔다고 본다. 결국 양극화된 정치와 허술한 견제 맥락에서 볼 때 트럼프의 미국과 트럼프에 반대하는 미국이 중국과의 경쟁이라는 대외 정책 관련 합의 이외에 어떤 국내적인 차이를 보이는지 점검해야 한다. 미국의 중국 전략과 관련된 대통령의 외교 권력과 전략이 가지는 미국 민주주의 요소에 대한 검토 작업이기도 하다.

1 대통령의 외교 권력과 정당 입장: 동맹중심 vs. 일방주의

미국 외교를 동맹중심 혹은 일방주의 차원에서 파악해 볼 때 대통령의 외교 권력은 정당 전통 및 입장과 연계되어 있음을 알 수 있다. 건국 초기에 정치적 입장을 달리했던 워싱턴과 제퍼슨은 외교 방향에 대해서는 “미국식 민족주의(American nationalism)”를 통해 타국과의 연루를 반대한다는 공통된 입장을 가지고 있었다(Dueck 2019). 1차 세계 대전 이후 민주당 출신 윌슨(Woodrow Wilson) 대통령은 이러한 오랜 전통을 전면 수정한 국제주의와 다자주의 접근법을 처음으로 시도한다. 이후 같은 민주당 소속인 루스벨트와 트루먼에 의해 냉전을 배경으로 한 윌슨주의가 공고화됨에 따라 민주당의 외교전통으로 자리 잡게 되었다. 예를 들어 공화당 지도부의 도움으로 2000년에 통과된 중국의 영구적 최혜국 대우(PNTR) 조항은 민주당 출신 클린턴 대통령의 국제주의 리더십이었다. 2008년 대선 기간에 중국 때리기를 자제했던 오바마 대통령은 “뒤에서 이끌기(leading from behind)” 개념을 제시함으로써 미국의 공유 리더십을 강조한 적도 있다. 냉전 리버럴(cold war liberal) 성격이 강한 바이든 대통령이 주도한 바 있는 소다자주의(mini-lateralism) 방식의 중국 견제 또한 동맹을 중심으로 한 국제 질서 구상의 일환이었다. 러시아와 전쟁 중인 우크라이나를 위한 지원에 대해 공화당 유권자들과 의원들이 점차 의구심을 가지게 된 반면 민주당은 단합된 지지 입장을 공고히 한 바 있다. 물론 “테러리즘 혹은 중국 혹은 이란에 취약하다(soft on Terrorism or China or Iran)”는 공화당의 거듭된 정치적 비판에 직면할 때마다 민주당 대통령의 국제주의가 약화되기도 하였다. 하지만 동맹을 통한 중국 다루기 기조는 여전히 민주당 방식으로 유지되고 있다.

공화당의 경우 독립적인 외교정책 수립이 아닌 민주당 대통령의 외교 대응에 대한 반박 차원에서 정당 입장을 정한 역사를 가지고 있다. 즉, 1차 세계 대전 이후 윌슨이 제안한 국제주의 외교 접근법에 대항하여 비(非)개입주의(non-interventionism), 호전적 일방주의(hawkish unilateralism), 보수적 국제주의(conservative internationalism) 등의 세 가지 그룹이 공화당 내부에 등장하였다. 그리고 이후 민주당 정권이 주도했던 2차 세계 대전 이후의 국제 정세 속에서 내부적 혼선을 겪게 된다(Dueck 2019). 아이젠하워(Eisenhower)의 당선과 태프트(Robert Taft) 의원의 사망으로 인해 비(非)개입주의가 크게 후퇴한 이후에도 여전히 균형 예산 중심의 외교정책이나 데탕트 정책 등 여러 실험을 거치게 된 배경이기도 하다. 궁극적으로 기독교 세력과 군사주의(militarism)가 팽배했던 미국의 남부를 새로운 정치적 동반자로 끌어들인 레이건(Reagan) 대통령에 의해 적극적이고 보수적인 국제주의가 공화당 입장으로 최종 확립된다. 사실 강한 국방과 자유무역을 기초로 하는 자유주의적 국제주의가 냉전 합의로 자리 잡는 과정에서도 비(非)개입주의나 일방주의는 소극적 형태로나마 명맥을 유지하고 있었다. 이들을 다시 미국 국내 정치에 소환해 낸 것은 이라크 전쟁 실패와 금융 위기 촉발이었다.[2] 과도한 해외 군사 개입이나 국제 금융 자본주의의 폐해는 공화당 유권자들이 보유하고 있던 잠재적 정서, 즉 비개입주의와 일방주의를 일깨웠다. 게다가 오바마 집권 이후에 공화당 쏠림 현상을 보였던 백인 고졸 유권자 집단까지 결속하여 당선된 공화당 정치인이 2016년의 트럼프(Trump)였다. 예컨대 관세를 통한 트럼프의 일방주의적인 대(對)중국 무역 전쟁은 공화당의 오랜 전통에 비추어 보면 이해가 가능한 정책 선택이다. 듀엑(Dueck 2019)의 주장대로 레이건 정당으로서의 전통이 약화된 현재의 트럼프 공화당은 동맹에 대한 관습적인 신뢰와 오래된 불신이 혼재 중인 일종의 하이브리드(hybrid) 국면에 처해 있다.

2 대통령의 외교 권력과 의회 관계: 행정명령 vs. 입법정치

다음으로 행정명령인가, 입법정치인가 차원에서 볼 때 미국 대통령의 외교 권력은 의회 관계와 결부되어 있음을 알 수 있다. 대외적으로 볼 때 미국 우선주의 기조에는 큰 차이가 없지만 트럼프 대통령과 바이든 대통령의 중국 견제 방식에는 미국 민주주의 맥락에서 구별점이 존재한

---

2 퓨리서치센터(Pew Research Center) 조사에 따르면 미국은 국제 사회에서 자기 이익을 먼저 챙겨야 한다는 응답이 2013년에 이미 52%에 달했다. Pew Research Center. "Public Sees U.S. Power Declining as Support for Global Engagement Slips": Dec. 3, 2013.

다. 2016년 대선 운동 당시부터 북미자유무역협정(NAFTA)과 한미자유무역협정(KORUS FTA) 등을 거칠게 비판하였고 자신과 여타 공화당 경선 후보들과의 대표적 차이점으로 무역 정책을 꼽았던 트럼프는 취임 2년차인 2018년부터 본격적으로 중국과 통상 전쟁을 시작했다. 트럼프가 취했던 보호 무역 정책은 중국산 수입품에 대한 고관세 부과였다. 1962년에 제정된 무역확장법(Trade Expansion Act)의 232조에 적시된 국가 안보를 이유로 한 대통령의 관세 부과 권한을 사용한 것인데 이후에는 해산물부터 화학제품에 이르기까지 품목을 확대하였다. 중국도 대두와 밀, 가금류에 이르는 광범위한 미국산 물품에 보복 관세를 적용하여 대응하였다. "관세맨(Tariff Man)"이라는 별명까지 얻었던 트럼프의 무역 정책 특징 중 하나는 미국 연방 의회를 철저히 우회하였다는 점을 꼽을 수 있다. 지역구 이익을 위해 전통적으로 중국과의 자유무역을 지지해 왔던 공화당 일부 그룹에서 대통령의 관세 부과에 대한 견제를 시도했지만 무위로 그친 적도 있다.[3] 대통령이 행사하는 관세 부과 권한에 대해 의회의 승인을 받도록 하는 법안이었지만 상원에서 충분한 지지표를 확보하지 못해 표결조차 시도되지 못했다. 의회 개입이 원천적으로 봉쇄된 대통령의 일방적인 외교 권력 사용이 트럼프 시대의 중국 견제 방식이었다. 이는 트럼프 2.0 시대에도 그대로 유지되고 있다.

이와는 대조적으로 바이든은 중국 견제의 방점을 과학 기술과 입법 정치에 두었다.[4] 2018년 당시의 트럼프와 마찬가지로 중간 선거를 치러야 하는 해인 2022년에 본격화했던 바이든의 중국 대응은 반도체 산업과 기후 위기에 필요한 정부 재정 및 금융 지원을 핵심적 요소로 했다. 2022년 7월에 통과된 반도체 과학법(CHIPS and Science Act)은 반도체 기

3 Shawn Donnan et al. 2019. "Senators Try to Limit Trump's Tariff Power While He Seeks More," *Bloomberg*, Feb 7, 2019.

4 과학기술과 미국 정치를 미국 정치발전론(American political development) 시각에서 다룬 연구는 Hart(1998)를 참조.

업들에게 향후 5년간 520억에 걸친 보조금을 지원해 주는 것을 골자로 한다. 상원 공화당 역시 초당파적인 협력을 하였지만 하원 공화당은 여러 이유로 인해 187명 반대, 24명 찬성으로 상반된 입장을 정했다. 반대 이유 중 하나는 바이든의 보조금 중심 산업정책에 정치적 편향성이 내재해 있다는 것이었고 민주당의 샌더스(Bernie Sanders) 상원 의원 역시 동일한 논거로 반대표를 던지기도 했다. 2022년 8월에 속전속결로 입법에 성공했던 인플레이션 감축법(Inflation Reduction Act)이 기후 위기 대응과 관련된 그린 에너지(green energy) 산업 및 기술에 미치는 영향은 더욱 광범위하다.[5] 특히 "북미 내 최종 조립(finally assembled in North America)"이라는 한 줄짜리 문구는 한국 전기차 산업에 막대한 피해를 입혔다. 이에 비해 배터리 분야의 촘촘한 규제 조항들은 배터리 산업에서 독점적 지위를 차지하고 있던 중국에 대해 한국 기업들의 도전 기회를 제공하기도 했다. 통상적으로 법안의 최종 통과가 매우 어려운 미국 의회에서 바이든 단점 정부 시기였던 2022년 여름에 이룩한 중국 견제 입법 성과는 트럼프의 행정 명령 방식과 커다란 대조를 보인다. 이는 과학 기술 커뮤니티가 주로 민주당과 가깝다는 정치경제적 배경과도 관련이 있다. 공화당 소속 대통령이 주도하지 않는 상황이라면 보수 성향 의원들 경우 산업 정책을 도구로 한 중국 견제에 대해 여전히 단합된 찬성 입장을 가지고 있지 않다.

---

5 2022년 8월 7일에 상원 통과(51 대 50), 12일에 하원 통과(220 대 207), 16일에 대통령 서명으로 입법 확정되었는데 이는 미국 의회 특성상 유례가 없을 정도의 당파적 법안의 입법 속도였다.

3 대통령의 외교권력과 선거전략: 아시아계 미국인과 2024년 미국대선

아시아계 미국인들(Asian Americans)이 가지는 중요성 차원에서 볼 때 미국 대통령의 외교권력은 선거정치와 관련이 크다(서정건 2024). 미국 내 소수 인종 그룹 중에 흑인 유권자들은 미국의 북부와 남부가 연합한 루스벨트 주도의 뉴딜(New Deal) 연합 내 핵심 부분으로 자리잡아 왔다. 민주당이 적극적 정부의 기치 아래 대공황 극복을 위해 만들었던 뉴딜 연합에 유대인 그룹과 함께 흑인 그룹이 포함되었기 때문이다. 이후 현재까지 미국 내 흑인 세력은 경선부터 본선까지 민주당의 확실한 지지 세력으로 유지되고 있다. 미국 내에서 급속도로 높은 인구 증가율을 기록 중인 라티노(Latino) 유권자들 역시 소수 인종 친화적인 민주당을 상당 기간 지지해 오고 있다. 2000년 대선에서 승리한 텍사스 주지사 출신 부시 공화당 대통령이 라티노 지지를 이끌어 내기 위해 이민 개혁 등을 추진했지만 무위에 그쳤다. 반대로 2016년에 등장한 트럼프는 이라크 전쟁과 금융 위기 여파 속에 백인 노동자 유권자들을 새로운 공화당 지지층으로 끌어들이는데 성공한다. 이는 공화당이 우려하던 라티노 유권자들의 향후 미국 대선 영향력을 당분간 상쇄한다는 측면도 있다. 또한 단일한 유권자 그룹이라고 보기 어려운 라티노 세력 내에서도 트럼프와 공화당에 관심을 가지는 비율이 점점 늘고 있는 것도 사실이다. 특히 흑인 남성 및 라티노 남성들은 같은 인종 여성들에 비해 공화당으로의 지지 선회 가능성을 내비치고 있는 것으로 파악된다. 2024년 미국 대선에서 일정 부분 확인된 사실이다. 그런데 아시아계 미국인 유권자 그룹은 여전히 민주당을 지지하는 세력이라는 것이 일반적 평가다. 2020년 대선과 2022년 중간 선거에서 공화당 지지율을 늘린 것은 사실이지만 여전히 30%를 밑도는 비율로 파악된다.

아시아계 미국인들이 미국 대통령의 외교 권력과 연결되는 지점은 크게 두 가지다. 하나는 그들이 경합주의 주요 그룹이라는 사실과 또 하나는 미국의 중국 견제와 관련이 있다는 점이다. 2020년 대통령 선거를 통해 수십년 만에 처음으로 민주당 후보를 선택했던 애리조나(Arizona) 주와 조지아(Georgia) 주 모두 급속한 아시아계 미국인들의 증가를 경험하고 있는 중이다. 2024년 대선의 경합주는 크게 두 그룹으로 나뉘었는데 미시건, 위스콘신, 펜실베니아로 구성된 민주당 장벽주들(Blue Wall states)과 네바다, 애리조나, 조지아가 포함된 태양 벨트 주들(Sun Belt states)이 그들이다. 애리조나와 조지아에서 투표권을 행사하는 아시아계 미국인들이 민주당 후보에게 전통대로 표를 던질 것인지 인플레이션 및 교육, 그리고 범죄 이슈를 놓고 공화당 출신의 트럼프 복귀를 원할 것인지가 중요했던 이유다. 특히 아시아계 유권자들 기억 속에 생생한 것이 바로 2020년 팬데믹 당시 아시아계 혐오 범죄(Asian hate crimes)였다. 당시 보수 언론들이 팬데믹 위기의 근원을 중국으로 보도하면서 미국 내 아시아계 유권자들이 겪었던 차별과 범죄 위협은 상당했다. 아시아계 유권자들은 지나친 중국 때리기가 자신들의 미국 내 위상과 안전에 영향을 준다고 믿게 되었다. 실제로 118대(2023-24) 미국 하원이 개원하면서 2023년 1월 10일에 창설한 "미국과 중국 공산당 간 전략 경쟁 위원회"와 관련된 표결 결과는 공화당 219명 찬성 대 0명 반대, 민주당 146명 찬성 대 65명 반대였다. 합하면 365명 찬성 대 65명 반대라는 압도적 통과였음에도 불구하고 민주당의 반대 의원들이 주로 아시아계 의원들이었다는 사실은 시사점을 던져 준다. 향후에도 경합주에 거주하는 아시아계 미국인들 존재와 보다 유화적인 미국의 중국 정책 간에 연결점이 발생할 수 있다는 사실은 대통령의 외교 권력과 선거 전략이 결부되는 사안이기도 하다.

chapter 02

미국 외교정책을 둘러싼 정치와 권력: 미국의 대통령과 의회, 정당정치를 중심으로

I. 미국 대통령의 외교 권력: 제왕적(imperial)인가, 제한적(imperiled)인가?

II. 정당정치와 정책 변화: 미국의 정당은 어떻게 정책을 변화시키는가?

III. 대통령 리더십과 정당정치: 미국 외교정책은 어떻게 변화하는가?

IV. 소결

CHAPTER 02

미국 외교정책을 둘러싼 정치와 권력: 미국의 대통령과 의회, 정당정치를 중심으로

"미국에서는 정치와 마찬가지로 외교에서도 정당과 정파 간의 합의와 갈등이 되풀이되어 왔다. 따라서 미국 외교의 역사는 뒤집어보면 미국 정치의 역사다."

– 권용립(2010, 46)

I 미국 대통령의 외교 권력: 제왕적(imperial)인가, 제한적(imperiled)인가?

기존의 정치 시스템에서 무엇을 얼마나 어떻게 이끌어낼 것인가? 미국 대통령이 부딪혀 온 숙명적인 도전은 주어진 정치 체제하에서 어떠한 리더십을 발휘하는가의 문제다. 국민들의 커다란 기대감에 비해 권한은 부족한 대통령이라는 명제에 기초하여 뉴스태드(Neustadt 1960)는 미국 대통령의 권력 본질이 설득하는 기술임을 주장한다. 로크(Locke) 등에 의해 제시되었던 대통령 개인의 대권(prerogative powers)에 관해 건국 역사와 헌법, 정치 철학 등을 동원하여 긍정적으로 해석했던 이전 연구들(Corwin 1940, Schlesinger 1945, Rossiter 1948)과는 달라진 접근법이다. 뉴스태드는 연방 의회를 상대로 한 대통령의 의제 성취를 최대 관건으로 본다.

그리고 대통령의 성공 요건을 평판과 지지에 기반한 설득 능력에서 찾았다. 이는 리더십의 성공과 관련하여 대통령 개인의 능력—주로 협상 능력—에 초점을 맞춤으로써 미국 대통령의 권력 연구를 본격화하는 계기로 작용하였다. 역설적으로 뉴스태드의 학문적 기여는 대통령 권력이 리더 개인의 기술이 아닌 정치 시스템의 산물이라는 오래된 문제 의식을 재소환한데 있다. 대통령 권력을 개인 능력으로 치환했다는 비판을 받고 있는 뉴스태드도 연구의 출발점은 미국 정치 시스템하에서 대통령이 가진 취약한 위상이었다.

미국 대통령이 가진 외교 권력에 대한 논의는 어떠한가? 미국 역사를 살펴보면 대통령이 가진 권력에 대한 최초의 정치적 논쟁은 외교정책 결정 권한을 둘러싸고 벌어졌음을 알 수 있다. 두 번째 임기를 시작한지 한 달만인 1793년 4월에 초대 워싱턴 대통령은 오스트리아, 영국, 네덜란드 등이 프랑스를 상대로 싸우는 전쟁에서 미국은 중립을 취할 것임을 공식 발표한다(Proclamation of Neutrality 1793). 이에 따라 정책 변경은 의회의 동의가 필요하다는 매디슨(Madison)의 주장과 평화 유지는 대통령의 고유 책무라는 해밀턴(Hamilton) 변론이 격하게 부딪히게 되었다. 두 사람이 연방주의자 논고(Federalist Papers) 집필 당시에 맺었던 유대 관계가 종결되는 계기이기도 했다. 대통령주의자들(presidentialists)은 대외 관계를 다루는데 있어 미국 대통령이 보유하고 행사하는 특별한 권력을 옹호해 왔다. 반면 헌법주의자들(constitutionalists)은 주로 의회의 견제와 균형 범주 안에 대통령의 외교 권력을 제한하려는 시도들을 이어왔다. 미국 대통령이 가진 외교 권력은 개인이 보유한 권력일까, 정치 시스템이 정한 권력일까?

미국 대통령의 권력에 관한 기존 연구들은 순차적이라고 볼 수 있다. 구체적으로는 뉴스태드가 1960년 연구에서 개척한 미국 대통령 연구 중 어떤 특징에 초점을 맞추어 반론을 제기할 것인가와도 연관있다. 대통령의 권력은 설득의 권력이라는 뉴스태드 결론에 대한 대표적 반박론자인 하웰(Howell 2003)에 따르면 현대 대통령이 가진 권력의 본질은 설득이 아닌 강요다. 남부 민주당과 공화당이 결탁한 보수 연합(conservative coalition) 시대의 의회를 상대로 한 협상 능력에 대통령 리더십의 성패가 달려 있던 시대를 관찰했던 학자가 뉴스태드였다. 이와 달리 하웰은 국내 정치와 국제 관계 모두의 영역에서 새로운 권력을 행사하기 시작한 달라진 미국 대통령을 주목하였다. 루스벨트(Franklin D. Roosevelt)의 미국계 일본인 강제 수용 등의 예에서 알 수 있듯이 미국 대통령의 권력은 선제적이고 독자적인 성격을 띠므로 일방적이라는 주장이다. 한편 뉴스태드의 또 다른 초점인 대통령 개인의 분석에 대응하는 이후 연구들은 모(Moe 1985)를 중심으로 합리적 선택 방법론을 통한 제도의 동학을 강조한다. 거부권 행사(Cameron 2000), 대중 호소 전략(Canes-Wrone 2005), 선거를 통한 정책 위임(Conley 2001), 전쟁 수행 리더십(Howell et al 2013) 등을 다룬 연구들이 이에 속한다. 또한 개인과 제도 차원을 넘어선 정치 질서 관점에서 바라본 미국 대통령의 권력 연구 역시 방대하다. 소통과 관련된 대통령의 권력을 헌법 정치 질서 변화에 따라 설명한 튤리스(Tulis 1987), 대통령의 권력을 정당 레짐과 결합시켜 주기적 순환에 주목한 스코우로넥(Skowronek 1997), 대통령이 주도하는 행정부 중심의 정당 변화에 천착한 밀키스(Milkis 1993) 등을 꼽을 수 있다. 갤빈(Galvin 2015)의 지적대로 이들은 정치 시스템에 의해 제한된 성격의 대통령 권력보다 시스템 자체를 변혁시키려는 선도자로서의 대통령 권력에 초점을 두는 연구를 진행하였다.

한편 미국 대통령의 권력에 관한 분석은 개인과 제도, 질적 방법론과 합리적 선택, 시스템에 대한 수용과 변혁 등 여러 가지 대립적 차원에서 발전되어 왔다. 미국 대통령이 가진 대외 관계 권력은 제왕적(imperial)인가 아니면 제한적(imperiled)인가의 주제가 건국 이후 지속해서 반복되고 있다.[1] 정치적 현실과 제도적 특성, 선거 평가 등이 미국의 외교정책을

1 "제왕적(imperial) 대통령"은 잘 알려진 대로 슐레진저(Schlesinger 1973)의 저작 제목에서 비롯되었고 "제한적(imperiled) 대통령"은 닉슨 사임 이후 대통령직을 승계했던 포드

둘러싼 대통령의 권력을 변화시켜 왔다. 연방 대법원이 미국의 대외 정책 결정에 있어 "유일한 기관(sole organ)"으로 대통령제를 오래전에 인정한 사실이나 국내 정치와 달리 외교정책과 관련하여 더 강력한 권력을 가진다는 주장(Wildavsky 1966)은 정치 철학과 이론 차원에서 제왕적 권력을 인정하는 잘 알려진 사례다. 국가 위기 시기의 대통령에게 집중되는 결집 효과(rally effects)나 정쟁은 국경선에서 멈춰야 한다는 초당파적 협력 등은 정치 현실 차원에서 발견되는 미국 대통령의 외교 권력 특징이다. 반대로 대통령의 외교 권력을 견제하고 균형의 중요성을 강조하는 연구도 지속적으로 제기되어 왔다. 진보 사학자 슐레진저(Schlesinger 1973)는 닉슨(Nixon)에 의해 미국 대통령제가 "국민투표식 대통령제(plebiscitary presidency)"로 전락했다는 비판을 펼쳤다. 루델러비지(Rudalevige 2005)는 새로운 형태의 제왕적 대통령이 주로 사용하는 행정 명령과 행정 협약의 대외 정책을 주목하였다. 대통령의 조약 체결 관련 권력을 축소하고자 했던 미국 상원의 브리커(Bricker 1954) 수정안이나 대통령의 전쟁 개시 혹은 수행과 관련하여 의회 권한을 늘리려고 했던 전쟁 권한법(War Powers Resolution of 1973) 등 의회의 시도 역시 현재 진행형이다. 제왕적이든 제한적이든 미국 대통령의 외교 권력은 주로 대통령 개인이 보유하거나 행사하는 권력에 초점이 맞추어 온 경향이 있음을 알 수 있다.

본 장의 기본적인 주장은 국제 관계의 변화와 국내 정치 시스템의 영향력을 함께 고려할 때 미국 대통령의 외교 권력에 대한 적절한 이해가 가능하다는 것이다. 미국 대통령의 외교 권력 역시 국내 권력과 마찬가지로 대통령 개인과 함께 정치 시스템, 특히 정당정치의 특징을 이해하는 것이 중요하다. 대외 정책 권한에 대한 기존 연구들이 대통령 개인에게 집중되어 있는 것처럼 보이지만 실제로는 국내 정치와의 연관성 속에서 설명하는 경우가 대부분이다. 결국 국내 정치 권력과 마찬가지로

(Gerald Ford) 대통령이 연방 관료제에 의해 가로막힌 대통령 권력 약화 현실을 빗대어 사용한 표현이다(Seligman and Covington. 1989, 1).

미국 대통령의 외교 권력 역시 정당정치 시스템하에서 파악되어야 그 본질을 알 수 있다.[2] 특히 미국 대통령의 외교 권력은 정치 현실, 제도 이점, 선거 평가 등 다양하고 상대적인 차원에서 규정된다. 헌법 규정, 대법원 판례, 정당 관계, 언론 및 여론 평가, 선거 결과 등의 맥락이 긴요한 배경이다.

1 미국 대통령의 권력 연구: 개인, 제도, 질서

이론의 여지없이 대통령제의 가장 명확한 특징은 대통령이 오직 한 명이라는 점이다. 따라서 대통령 권력을 개인 차원에서 파악하는 작업은 자연스럽고 필수적이다. 역사적 연원을 살펴보면 단일 대통령제에 관한 미국 건국의 아버지들 간 합의는 비교적 쉽게 도출되었다. 1787년 6월 1일 제헌 회의에서 윌슨(James Wilson)이 "활력(energy)과 동력(dispatch)"을 이유로 1인 대통령제를 제안한 지 사흘 만에 다수의 찬성으로 통과된다(Milkis and Nelson 2012, 31). 왕정으로 변질될 가능성을 경고한 랜돌프(Randolph)와 상황에 따른 의회의 추후 변경을 제안한 셔먼(Sherman), 정책 안정성을 위해 다수로 구성된 집행부를 선호한 프랭클린(Franklin) 등의 반대에도 불구하고 대통령은 1인으로 정해진 셈이다. 그 배경으로는 연합 헌장의 취약성에 대한 제헌 회의 대표들의 공감이 큰 몫을 차지했다. 영국 국왕에 대한 반발을 이유로 신대륙에 이주한 후 영국과 벌인 독립 전쟁 와중에 대륙 회의 대표자들이 제정한 미국의 첫 번째 헌법(Articles of Confederation)인 연합 헌장에서는 아예 집행부 자체가 부재했다. 결국 미국은 유럽 대륙의 정치사에서 찾아볼 수 없었던 국민 선출 기반의 행정부 제도를 도입한 세계 최초의 민주주의 국가가 되었다. 군 통수권을 가진 1인 대통령 제도가 승인된 것은 당시의 지배 계급이 지키려던 정치

2 권용립(2010, 30-31)에 따르면 "미국의 외교는 외교사보다는 대외정책사의 관점에서 봐야 하는데 …외교정책은 정치의 결과요 정치는 외교정책의 배경"이기 때문이다.

적, 경제적 이해관계를 반영한 결과이기도 하다.

본격적으로 대통령을 개인 차원에서 분석하기 시작한 뉴스태드(Neustadt) 역시 모든 사회과학 연구와 마찬가지로 기존 분석에 대한 반박이 그 출발점이었다. 뉴스태드의 연구가 가장 중요한 대통령 분석 중 하나로 인정받는 이유는 정의하기 어려운 개념인 대통령 권력에 대해 구체적인 접근을 이루었기 때문이다.[3] 공법(public law) 차원에서(Corwin 1940) 낭만적이고(Schlesinger 1945) 이상적으로(Rossiter 1948) 묘사되었던 이전의 미국 대통령 이미지를 현실화한 것이 뉴스태드 접근의 핵심이다.[4] 뉴스태드는 1960년에 출판된 원작의 서문에서 본인의 대통령 연구가 "조직이나 법적 권력, 혹은 전례나 절차"에 관한 것이 아니라 "백악관 내부자가 마주치는 권력 문제"에 관한 것임을 밝힌다. 3명의 대통령 시대와 정치를 사례로 삼은 뉴스태드는 자신이 직접 참여하여 경험한 내용(트루먼 사례), 관찰과 대화(루스벨트 사례), 간접적인 정보(아이젠하워 사례) 등을 토대로 대통령의 권력은 설득하는 권력이며 설득적인 권력은 결국 협상의 권력이라고 주장한다. 전통적인 견제와 균형의 원리가 아니라 "권력을 공유하는 분리된 제도(separated institutions sharing powers)" 관점에서 미국 정치를 파악한 뉴스태드는 설득하는 능력이 대통령 권력의 핵심임을 설파한다. 14년만에 처음으로 상하원을 장악한 공화당을 상대로 1948년에 마셜 플랜(Marshall Plan)을 기적적으로 통과시켰던 트루먼 대통령의 정치력은 뉴스태드가 제시한 설득 권력의 대표적 사례 중 하나다.

뉴스태드의 대통령 개인 권력에 대한 분석은 주로 의회를 상대로 한 대통령 정치 차원에서 이루어졌다. 또한 리더십 스타일, 성격과 세계

---

3 모(Moe 1993, 339)는 정치학의 어떤 다른 영역에서도 뉴스태드(1960)보다 더 영향력 있는 저술을 찾기는 어렵다고 주장할 정도다. "It is difficult to think of any book or article in any area of political science that has had greater influence and staying power than this one."

4 뉴스태드 이전에 이루어진 공법(public law) 차원의 미국 대통령 연구에 대해서는 Fisher(2014)

관, 그리고 미국 정치 변화의 결과물로써의 대통령 개인에 관한 연구도 이어졌다. 역대 대통령들에 관한 개별적 연구에 정통한 그린스타인(Greenstein 2000)은 법과 제도 중심의 정부로 알려진 미국 정치임에도 불구하고 결국 누가 백악관의 주인이 되느냐가 관건임을 주장한다. 미국 대통령을 둘러싼 연구 중 잘 알려진 그린스타인의 분석은 특히 소통 능력, 조직 관리, 정치적 기술, 비전, 인지 스타일, 그리고 감정 조정 능력 등을 리더십 자질로 꼽는다. 역사학자들을 주축으로 한 역대 미국 대통령 평가에서 자주 인용되는 요소들이기도 하다. 특히 바버(Barber 1972)는 대통령의 성격이 리더로서의 세계관을 형성하고 결국 대통령 정치의 성패에 영향을 미친다고 보았다. 예를 들어 적극적(active)이지만 부정적(negative)인 성격을 가진 대통령들은 권력만 추구하는 편향성을 보인다. 역대 대통령들 중에는 애덤스(Adams), 윌슨(Wilson), 후버(Hoover), 존슨(Lyndon Johnson), 닉슨(Nixon) 등이 이에 속한다고 본다. 자신의 권력에 대한 침해를 우려한 나머지 잘못된 결정을 계속 고집하다가 결국 실패한 대통령으로 남은 사례들이다. 보다 거시적인 차원에서 로위(Lowi 1985)는 미국 정치 체제의 변화 자체가 대통령 제도를 개인 수준으로 변질시켰다고 파악한다. 자유주의의 종말과 소위 제2공화국의 탄생을 근거로 삼은 로위는 현대 정치 질서의 현실이 대통령 개인에게 권력이 집중되는 양상을 낳았다고 주장한다. 규제와 재분배를 중심으로 한 새로운 정치경제 시스템의 등장 역시 대통령 개인 권력의 강화로 귀결된 셈이다.

제도 정치의 범주에서 대통령 권력을 이해해야 한다고 주장한 학자들 역시 그 출발점은 뉴스태드에 대한 비판이었다. 우선 대통령의 권력이 과연 설득적 성격인지에 대해 논쟁을 제기한다. 예컨대 에드워즈(Edwards 1990, 2006)는 대통령의 권력 성격에 대해 의회(at the margins 1990)와 여론(on deaf ears 2006) 등의 차원에서 검토해 본 후 미국 대통령이 가진 설득 권력 자체가 크지 않다고 결론 내린다. 미국 대통령은 설득을 통한 변혁의 주도자라기보다 기존의 정치 환경을 탐색하여 변화를 촉진하는(leadership as facilitation) 정도의 역할에 그친다는 관찰이다. 설득 권력의 실체에 대해 실증적인 분석을 행한 연구 중 하나는 크리블(Krehbiel 1998)이다. 구체적으로 대통령의 거부권 행사 과정에 주목함으로써 찬성 의원들의 지지를 유지하고 반대 의원들을 찬성으로 회유하는 권력을 설득 권력이라고 개념 조작한 경우다. 크리블에 따르면 트루먼부터 41대 부시(George H. W. Bush)까지 미국 역대 대통령들의 실제 설득 권력은 -1부터 +1 영역 구간을 기준으로 약 0.126 정도의 산술 효과를 보인다. 이는 의원 8명 중 1명 정도를 새로 설득하는데 성공한 셈이며 "보통 수준의(modest) 권력"(Krehbiel 1998, 154)으로 해석해 볼 수 있다. 크리블의 분석은 대통령의 거부권 행사와 의회의 재의 과정에 한정되어 있으므로 보다 광범위한 영역에서 발휘될 수 있는 미국 대통령의 설득 권력을 총체적으로 규명하지 못한다는 단점이 있다. 동시에 이는 또 다른 뉴스태드에 대한 주요 비판, 즉 실증적 연구를 촉구하는 학자들과의 접점이기도 하다.

1960년대의 소위 행태주의 혁명을 대통령 연구에 접목시킴으로써 합리적 선택 이론을 취하는 대통령 연구자들은 대통령의 결정을 제한적 성격의 제도하에서 내린 선택으로 이해할 것을 촉구한다. 대통령 한 명에게만 초점을 맞추는 샘플 크기 1(N=1)에 불과한 연구를 사회과학으로 인정하기 어렵다는 주장이다(Edwards, Kessel and Rockman ed 1993).[5] 과거 경력이나 개인 성격, 연설문 내용이나 측근 기용 성향, 위기 대응 특징이나 의회 지도자와의 관계 등 대통령의 정치적 선택과 관련된 다양한 형태의 권력을 오로지 대통령 한 명 수준에서만 분석한다면 오류 가능성을 제기할 수 없기에 실증적인 연구라고 할 수 없다는 비판이기도

5 대통령제 연구를 둘러싼 다양한 방법론 논의는 George C. Edwards III, John H. Kessel, and Bert A. Rockman. ed. 1993. *Researching the Presidency: Vital Questions, New Approaches.* (Pittsburgh: University of Pittsburgh Press)를 참조.

하다.[6] 싱클레어(Barbara Sinclair 1993)에 따르면 기존 대통령 연구가 역사적으로 풍부한 설명과 통찰력 있는 아이디어들을 제시해 왔음에도 불구하고 분명하게 제기되는 논쟁 지점들이 부재하다는 사실도 눈여겨 보아야 한다. 예컨대 미국 의회 연구가 의원의 동기(Mayhew 1974, Fenno 1978), 정당의 영향력(Cox and McCubbins 1993, Aldrich and Rohde 2000, Smith 2007) 등 의회 정치의 근본적인 주제들에 대해 논쟁적인 연구 성과를 축적해 온 것과 비교해 보면 대통령 연구를 둘러싼 이론적 논쟁의 부재는 더욱 두드러진다.

다시 정리해 보자면 미국 대통령의 권력에 관한 연구를 제도의 틀 안에서 결정된 합리적 선택 차원에서 접근하자고 주창한 학자들 중 선구자는 모(Moe 1985, 2009)다. 그는 뉴스태드의 대통령 권력 연구가 공식 차원에서 비공식 차원으로, 비인격 차원에서 개인 차원으로 초점을 바꾸었다고 본다. 뉴스태드가 대통령 개인의 권력 리더십에만 치중함으로써 대통령 연구의 범위를 오히려 좁혀 버렸다는 입장이다. 역설적인 것은 뉴스태드가 제시한 개인적이자 현대적인 대통령의 최고 모델인 루스벨트 시대에 바로 대통령 권력이 제도화되기 시작했다는 사실이다. 대통령 제도의 개인적 차원을 무시할 수는 없지만 모(Moe 1993)는 합리적 선택 이론을 통해 대통령 연구를 특정하는 것이 중요하다고 보았다. 설명 변수를 줄여야 할 뿐만 아니라 전체를 아우르는 대신 핵심 요소를 찾을 것을 주장한다. 카메론(Cameron 2000)은 종속 변수로서의 대통령 역할과 권력에 대한 관심을 줄이고 대신 전략적 상황에서의 대통령 선택과 결정을 더욱 탐구함으로써 대통령제를 이해하자고 촉구한다. 합리적 선택 이론과 제도주의적 방식으로 뉴스태드의 설득 권력에 정면 도전을 한 연구는 하웰(Howell 2003, 2013)이다. 주로 대통령의 행정 명령에 관한 분

6 로크맨(Rockman 2009)의 논문 제목은 대통령 연구와 관련된 개인과 제도 사이의 딜레마를 잘 보여준다. Bert A. Rockman. 2009. "Does the Revolution in Presidential Studie Mean "Off with the President's Head"? *Presidential Studies Quarterly* 39(4): 786-794.

석을 통해 의회를 위한 설득적 권력 행사가 아닌 의회를 우회하는 일방적 권력 사용에 더 치중하고 있는 현대 대통령들의 특징을 살펴보는 작업이다. 한편 카메론과 하웰이 모의 제언대로 주로 대통령과 의회의 관계를 주제로 합리적 선택 이론 접근을 사용한데 반해 케인스-론(Canes-Wrone 2005)은 대통령과 여론 간의 상관 관계에 초점을 맞추어 대통령의 전략적 선택과 권력 사용을 파헤친 바 있다.

대통령 정치와 권력이 행사되는 필수불가결한 두 가치 차원, 즉 개인과 제도라는 범주를 벗어나 정치 질서에 대한 이해를 추구한 그룹은 역사적 관점을 중시하는 미국 정치발전(American political development, APD) 연구자들이다. 이들의 관심사를 대별해 본다면 대통령이 주도적으로 제도적인 한계를 뛰어넘는 경우와 대통령이 속한 정치 레짐 자체의 변동에 관한 경우 두 가지를 상정해 볼 수 있다. 우선 갤빈(Galvin 2015)의 지적대로 뉴스태드 부류의 개인적 대통령 연구나 모를 위시한 제도주의적 접근은 주어진 정치적 환경과 제도적 한계 내에서의 대통령 권력 혹은 선택에만 집중하고 있다. 이는 '대통령이 성공적이기 위해서는 성공적이어야 한다'라는 동어반복적인 결론에 빠지게 된다. 혹은 주어진 환경에서의 선택에만 치중한 나머지 제약 자체를 변경하는 정치적 변혁가로서의 대통령 정치를 누락시키는 오류를 범하게 만든다. 이와 관련하여 헌법적 질서의 전환 차원에서 대통령의 소통(rhetorical presidency) 권력을 연구한 튤리스(Tulis 1987)는 개인과 제도를 뛰어넘는 대통령 연구다. 건국 당시의 최대 우려는 대통령이 선동가가 될 수 있다는 가능성이었고 견제와 균형 장치들로 채워진 전통적 헌법 질서가 이를 잘 보여주기도 한다. 튤리스는 새로운 정치 질서를 구현하는 대통령이 차용하는 핵심 기제로 대통령의 소통을 접근한다. 특히 시어도어 루스벨트(Theodore Roosevelt)에 의해 주도된 철도 운임 개혁 법안(Hepburn Act of 1904) 통과는 국민과의 직접 소통을 통해 가능했는데 대통령의 권력이 정치 질서 변혁과 연결된 대표적 사례라고 본다. 커넬(Kernell 1986)의 "직접 소통(going public)" 연구도 대통령의 소통을 전략 차원에서 다루고 있다는 점에서 유사하다. 한편 갤빈(2010)이 체계적으로 비교하여 탐구한 민주당 대통령과 공화당 대통령의 정당 건설 노력 및 전략의 차이점들 역시 개인이나 제도와는 별개로 대통령이 직접 관여하는 정치와 권력의 영역임을 알 수 있다.

개인과 제도 못지 않게 시간 및 질서 변수를 중시하는 미국 정치발전(APD) 연구자들의 대통령 권력 연구는 스코우로넥(Skowronek 1997, 2023)이 제시한 "정치적 시간상의 대통령제(presidency in political time)"로 대표된다. 대통령 개인의 설득 기술이나 제도 틀 내에서의 선택과 결정 모두 대통령 중심의 시각인데 반해 스코우로넥은 대통령이 위치해 있는 정치 레짐 및 그 관계에 따라 대통령의 정치가 달라진다고 본다. 레짐의 지속가능 여부와 대통령의 연관성으로 "재편(reconstruction), 표출(articulation), 선공(preemption), 이탈(disjunction)"의 대통령 정치를 상정해 볼 수 있고 이는 순환적으로 반복된다는 주장을 펼친다(백창재 2020, 197). 스코우로넥에 따르면 만약 2008년 대선에서 맥케인(McCain) 공화당 후보가 당선되었다면 레이건 레짐의 종말을 알리는 이탈의 대통령 정치 유형에 속할 수도 있었다고 한다. 오바마(Obama)의 승리와 이후의 선부른 통합 슬로건은 재편의 정치 도래를 오히려 후퇴시킨 결과를 낳았다는 해석이다. 시간과 질서에 초점을 맞추는 스코우로넥 등의 대통령 권력 연구는 그 적용에 있어 또 다른 시간과 질서의 경과를 요구한다는 점에서 예측력이 떨어진다는 비판도 가능하다. 하지만 합리적 선택 접근에다가 일회성 분석이 아닌 시공간 변수를 접목하려는 시도로서의 미국 정치발전(APD) 분석은 미국 대통령 권력에 관한 연구를 단순히 미국 정치학이 아닌 비교정치학 영역으로도 확장했다는 평가를 받기에 충분하다. 또한 미국 정치발전 연구자들의 관심사 중 하나인 미국의 국가 정체성 논의는 현재 트럼프 행정부 시대에 조명을 받기에 마땅하다. 약한 국가(weak state)인가, 강한 국가(strong state)인가 논의에 더해 현대 미국은 깊숙한 국가(deep State)라는 트럼프 행정부의 비판과 공격은 단일 행정부 이론

(unitary executive theory)에 기초한 것이다(Skowronek et al 2021). 공화주의 관점과도 배치되는 단일 행정부 이론은 관료제를 불신하는 공화당 정권마다 강조되어 왔는데 현재 미국 정치와 사법의 보수화 현상과도 맞물려 있음은 물론이다.

2 미국 대통령의 "외교" 권력 연구: 현실, 제도, 선거

국내 정치 영역에서 미국 대통령이 가지고 있는 권력의 속성이나 용도가 대외 관계에도 그대로 적용되는지 여부는 중요하다. 일반적인 권력의 속성상 본질적인 구분은 거의 불가능하고 심지어 부적절하다. 하지만 미국의 경우 건국 당시부터 강력한 의회의 역할을 헌법에 못 박아 두었고 사법부의 적법 심사(judicial review)가 일찍부터(1803) 정착된 정치 시스템이라는 점을 고려해 볼 때, 외교 영역에서 또 다른 대통령 권력의 속성이 작동할 가능성이 존재한다(Mead 2002). 우선 의회와 법원에 의한 대통령의 권력에 대한 견제가 외교 영역에 적용될 때 정치 현실적인 문제가 발생할 수 있다. 예를 들어 앞서 설명한 대로 미국 대통령의 권력 성격에 관한 최초의 논란과 결론은 워싱턴 대통령의 중립 선언과 관련이 깊다. 초대 대통령이 발표한 이 행정 명령은 프랑스와의 대외 관계를 둘러싼 근본적인 정책 변경에 해당하므로 의회의 동의가 필요하다는 매디슨(Madison)의 주장에 대해 해밀턴(Hamilton)은 오류라고 맞선다. 외교 정책을 둘러싼 의회-대통령 연구를 축적해 온 피셔(Fisher 2004, 27)에 따르면 해밀턴의 반론은 대외 관계가 대통령의 권력 영역에 속하며 "타국과의 관계에 있어 핵심 기관(organ)이며 조약의 해석 기관(interpreter)은 대통령"이라는 내용을 담고 있다고 한다. 결국 중요한 역사적 사실은 미국 내의 정치적 논란이 지속되는 동안 군 통수권자인 대통령의 결정은 외교 현실이 된다는 점이다. 링컨(Lincoln) 대통령이 남북전쟁 초기에 시행한 인신 보호 영장(writ of habeas corpus)의 중지 결정 역시 비슷한 논란과 현실을 시사한다. 연방 헌법 1장 9조에 명시된 대로 인신 보호 정지는 오직 공공의 안전을 위해서만 가능하다. 하지만 그것이 의회 권력에 속하는지 아니면 대통령 결정으로도 가능한지에 대해서는 헌법이 명확하지 않다는 점을 링컨은 충분히 이용하였다. 대통령 취임 후 3개월도 채 되지 않은 시점에서 내려진 연방대법원장 테이니(Taney)의 반대 결정(*Ex Parte Merryman*)에 대해 링컨이 취했던 정치적 압박 조치이기도 했다. 연방 대법원장도 인신보호 영장 정지는 의회에게 속한 권력이라는 자신의 판결을 현실적으로 강제할 수 있는 방법이 없음을 토로하기도 했다. 역사학자 수리(Suri 2017)가 지적한대로 선의에 기반한 대통령의 위기 극복 리더십은 그 의도와 별개로 이후 시기의 대통령 권력 확대를 위한 연결고리가 되어 왔다. 대통령의 외교 권력은 정치적 현실으로 전환되면서 1970년대 닉슨의 “제왕적 대통령제(imperial presidency)”가 21세기 초 43대 부시의 “새로운 제왕적 권력”으로 이어져 온 셈이기도 하다(Schlesinger 1973, Rudalevige 2005).

대통령의 외교 권력이 정치 현실로 인정되는 결정적 배경에는 미국 국민들의 승인 혹은 반대 여부가 중요하다. 결국 선거라는 메커니즘을 통해 정책으로 표출 및 확증되어 온 권력이 미국 정치의 특징이기 때문이다. 국가의 역할에 관한 새로운 정의를 표방한 뉴딜(New Deal) 시대의 개막이 1932년의 루스벨트 대선 승리와 1936년의 압도적인 재선으로 가능했던 사실과도 유사한 맥락이다. 즉 미국 대통령이 정치적 현실을 바탕으로 자체 확장한 외교 권력의 지속 가능성 여부는 2년마다 치러지는 선거의 나라 미국에서 국민들이 최종 결정권을 가지고 있다. 예를 들어 1974년 중간 선거를 통해 등장하여 “워터게이트 아이들(Watergate Babies)”로 불렸던 민주당 초선 의원들은 대통령 권력을 새롭게 견제하는 세력으로 부상하였다. 2006년 중간 선거 결과 등장한 미국 역사상 최초의 여성 하원 의장 펠로시(Pelosi, D-CA)는 부시 행정부의 이라크 전쟁을 실패로 규정하는데 주도적 역할을 했다.[7] 선거와 크게 상관 없는 일시적인 현상으로서의 국민적 지지도 외교 권력과 큰 상관성을 가진다. 뮬러(Mueller 1973)가 지적한대로 국가가 위기에 처한 상황에서 대통령을 중심으로 한 결집 효과(rally-around-the-flag effects)가 나타난다. 크게 보아 경제 위기는 정권 교체를 불러오는데 반해 안보 위기의 경우 현직 대통령의 위기 관리 권력을 고양하는 방식으로 여론이 형성되어 왔다는 점도 특이하다. 경제를 국내 이슈로, 안보를 대외 이슈로 구분해 본다면 대통령의 권력 확장 혹은 축소에 대한 미국 민주주의의 결정 방식은 선거를 통해 일종의 규칙성을 보인다고 볼 수 있는 지점이다. 다만 뮬러의 지적대로 결집 효과가 오래 가지는 않는다는 것이 미국 정치의 또 다른 현실인데 이는 대통령 외교 권력의 제한적 성격을 보여준다.

윌다브스키(Wildavsky 1966)의 "두 대통령제(two-presidencies)" 가설은 이처럼 대통령 외교 권력으로 초래되는 정치적 현실을 규범적 차원에서 이론화한 연구다. 국내 정책과 달리 대외 정책과 관련된 속성들로 인해 미국 대통령의 외교 권력은 국내 권력보다 강할 뿐 아니라 냉전 시기에는 강해야 한다는 것이 결론이다. 신속한 결정에 대한 필요성, 행정부 정보력의 우위, 국민과 의회의 대통령 리더십에 대한 기대, 미디어 노출 이점 등 다양한 맥락에서 대통령의 외교 권력은 현실적 권력으로 자리잡아 왔다고 본다.[8] 한편 연방 의회에 의한 사실상의 권력 이양(de facto delegation)이나 각급 법원의 기정 사실화(fait accompli) 관행에 의해서도 미국 대통령의 외교 권력은 증대 되어 왔다(서정건 2019). 1930년에 통과된

---

7 John A. Lawrence. 2018. "How the Watergate Babies Broke American Politics," *POLITICO* May 26, 2018; Kate Zernike. 2006. "Nancy Pelosi Is Ready to Be Voice of Majority," *The New York Times,* Nov 9, 2006.

8 윌다브스키의 규범적인 결론에 대해 이후 연구들은 주로 두 대통령제의 존재를 실증적 차원에서 규명하는데 초점을 맞추었다. 대표적으로 Richard Fleisher, Jon Bond, Glen Krutz and Stephen Hanna. 2000. "The Demise of the Two Presidencies," *American Politics Quarterly* 28(1): 3-25

스무트-홀리(Smoot-Hawley) 관세 인상 법률은 미국의 관행적인 대외 경제 처방에 가까웠다. 하지만 대공황을 더욱 악화시켰고 1932년 민주당 루스벨트(Franklin Roosevelt) 후보의 당선으로 만들어진 뉴딜 시대는 적극적 정부에 대한 국민들의 합의가 가능하도록 만들었다. 스무트-홀리 이후 4년 만에 만들어진 호혜통상합의법(Reciprocal Trade Agreements Act of 1934)은 미국의 통상 정책을 근본적으로 변화시켰다. 대통령에게 관세 협상 권한을 넘기고 의회는 추후에 승인하는 방식으로 정책의 결정 순서 자체를 바꾸었다. 1936년에는 커티스-라이트(Curtiss-Wright) 상사의 무기 수출과 관련하여 제기된 소송에서 연방 대법원 역시 의회의 외교 권력 이양을 승인한 바 있다. 오직 대통령만이 외교 영역에서 국가의 대표로 인정된다는 취지의 연방 대법원의 7대 1 판결은 이후에도 계속 대통령의 대외 권력 근거로 종종 인용되고 있다.[9]

미국 대통령의 외교 권력에 대한 분석 경우 정치 현실이라는 상황 논리 못지않게 제도적 특성에 관한 이해 역시 중요하다. 권력 융합을 특징으로 하는 유럽의 의원 내각제 형태와 달리 대통령 한 명에게 권력이 주어지는 대통령 제도 고유의 성격은 외교 권력의 형태에 큰 영향을 끼친다. 특히 국제 관계에서 개별 국가가 팽창을 지향할 때 국가 내부의 권력 관계는 다양한 형태로 변화한다. 미국의 경우 대통령 권력이 증대되는 형태로 발현되었음은 주지의 사실이다.[10] 1870년대까지 미국 대통령들은 자신의 비서 월급을 직접 지불해야 했고, 1930년대까지 백악관

9 다수 의견을 작성한 서덜랜드(George Sutherland) 대법관은 루스벨트(Franklin Roosevelt) 대통령의 뉴딜 정책 대부분에 대해 위헌 판결을 내렸음에도 불구하고 외교에 관한 한 "대통령은 국제 관계에 있어 연방 정부의 유일한 기관(the sole organ of the federal government in the field of international relations)"이라고 천명한 바 있다.

10 국제정치학에서는 주로 국가가 과도한 팽창(overexpansion)을 하는 원인에 대해 관심을 기울이는데 반해(Gilpin 1981, Doyle 1986, Snyder 1991) 미국 정치학에서는 팽창된 국가가 국내 정치에 미치는 결과에 대해 연구해 온 경향이 있다(Lasswell 1941, Schlesinger 1973, Katznelson and Shafer 2002).

의 참모들은 10명을 넘지 않았을 정도다(Rudalevige 2005). 대공황의 위기를 헤쳐 나가는 가운데 1936년 당시 재선을 노리던 루스벨트 대통령은 브라운로 위원회(Brownlow Committee)를 창설하였고 위원회의 결론은 "대통령은 도움이 필요하다"였다. 1939년에 처음 만들어진 대통령실(Executive Office of the President: EOP)은 대통령 권력의 제도화를 촉진하였고 경제자문회의(Council of Economic Advisers)와 국가안보회의(National Security Council)를 산하에 두게 된다. 권력의 제도화 수준이 높아진 것은 관료화(bureaucratization)를 뜻하기도 하였다. 대외 정보의 흐름 파악이나 대처 능력, 그리고 대통령 권력의 수직적 변화를 통해 외교 권력의 성격을 바꾸어 나가게 되었다.

대통령을 정점으로 하는 권력의 속성에 제도화가 가미되면서 나타난 핵심적 변화 중 하나는 대통령의 의제 설정(agenda-setting) 권한이다. 2차 세계 대전의 전쟁 리더십과 대공황 극복을 위한 적극적 정부로 상징되는 소위 현대적 대통령제(modern presidency) 시대의 개척자로 평가받는 루스벨트(Franklin D. Roosevelt) 대통령이었지만 대외 정책을 둘러싼 대통령의 의제 설정 권력인 독트린(doctrine) 선포는 후임 대통령 트루먼이 처음 시행하였다. 한 세기도 더 전인 1823년 먼로 독트린(Monroe Doctrine)의 경우 유럽 열강의 아메리카 대륙 개입을 차단하여 미국의 지위를 지키려는 대외 전략 입장이었고 국내 권력 관계의 재편과는 무관했다. 대조적으로 1947년의 트루먼 독트린은 반공주의 이념의 기치 아래 국내적 동원을 적극적으로 모색하였고 의회를 상대로 그리스와 터키 지원을 요구하는 형식에서 알 수 있듯 대통령 외교 권력 증대의 상징과도 같았다. 중요도는 계속 달라졌지만 이후 미국 대통령의 국제 이슈 독트린은 소속 정당의 정치 철학을 적극적으로 반영하거나 대통령-의회 관계의 변화에 기초한 경우가 적지 않았다. 개디스(Gaddis 1982)는 아이젠하워의 "대량 보복(mass retaliation)" 정책이 균형 예산을 고수하려는 공화당 전통에 따른 것이라는 점, 케네디와 존슨의 "유연한 대응(flexible response)" 전략이 민주당이 다수당을 차지한 의회의 지역구 수요에 기초한 측면이 있음을 주장한다. 최근 들어 이라크 전쟁 실패와 금융 위기로 인해 미국 국내 정치에 팽배해진 비(非)개입주의(nonintervention) 선호 정서는 오바마 독트린이나 트럼프 독트린 혹은 바이든 독트린의 존재 자체에 대한 논란과도 관련이 깊다. 국제 이슈보다는 국내 문제에 집중하기 바라는 유권자들의 정서가 양극화 정치와 맞물린 상황에서 대통령의 독트린 중심 외교는 다소 약화되고 있는 추세임을 반증한다.[11]

대통령 권력이 가지는 제도적 이점의 경우 자체적인 독트린 외교가 가능하다는 것뿐만 아니라 의회를 상대로 한 대통령의 외교 권력 행사 방식에도 변화를 초래한 점도 주목할 만하다. 건국 헌법 당시의 대외 관계 방식에 대한 설정은 대통령이 조약을 체결하거나 대사를 임명하면 상원이 비준하는 형식이었다. 전쟁을 선포하는 권한은 의회에게, 수행할 권한은 대통령에게 부여한 것과 비슷하다. 2차 세계 대전 이후 미국이 글로벌 리더십 국가로 등장하면서 대사 임명은 상시적이 되었고 대규모 전쟁 수행은 드문 일이 되었다. 이에 반해 다른 나라와 맺는 빈번한 법률적 약속, 즉 조약은 또 다른 변화를 겪게 된다. 대통령과 의회의 소속 정당이 서로 다른 분점 정부의 잦은 출현으로 인해 대통령의 조약 체결과 상원의 조약 비준이 상이한 정치적 계산에 부딪히게 되었다. 1919년 윌슨 대통령의 베르사이유 조약에 대한 공화당 상원의 부결이나 1999년 클린턴 대통령의 포괄적 핵실험 금지 조약(Comprehensive Test Ban Treaty)을 둘러싼 공화당 상원의 비준 실패 등 미국 의회가 보여준 조약 관련 권력의 견제 예시는 적지 않다. 이에 대해 미국 대통령은 행정부 간의 합의인 행정 협약(executive agreements)의 방식으로 의회를 우회하는 전략을 점차 구사하게 된다. 1953년부터 1972년까지 미국이 맺

---

11 축소(retrenchment)와 적응(accommodation)을 내용으로 하는 오바마 독트린과 이에 대응하는 공화당의 비(非)개입주의, 일방주의, 보수적 국제주의 전통에 대해서는 듀엑(Dueck 2015) 참조.

은 타국과의 합의 중 75-80%가 행정 협약이라는 분석이 있을 정도다(Rudalevige 2005). 한반도 안보와 직결되었던 1994년 제네바 협정(US-DPRK Agreed Framework)부터 2015년에 오바마 행정부가 이란과 맺은 이란 핵협정(Joint Comprehensive Plan of Action)에 이르기까지 미국이 주도한 안보 질서 재편 아이디어들이 대부분 행정 협약에 근거한 내용이다. 흥미로운 점은 크러츠와 피크(Krutz and Peake 2009)가 대통령 반대 정당(party-out-of-power)이 상원 다수당인 경우 대통령은 오히려 행정 협약보다는 조약에 더 빈번하게 의지한다는 분석을 내놓음으로써 전통적인 대통령의 회피 전략 이론을 반박하고 있다는 사실이다. 책무와 관련하여 상대 국가에게 신뢰도를 높이려는 시도임과 동시에 실패하는 경우 정치적 책임을 의회에 전가할 수 있는 전략이기도 하다. 또한 시장 접근(market access)을 본질로 하는 국가 간 자유무역 합의(free trade agreements)의 경우 미국 의회가 미국 행정부에게 무역촉진권(Trade Promotion Authority)을 부여해야 실질적인 협상이 가능해진다는 점에서 대통령의 일방적 외교 권력은 제한적이라고 볼 수 있다. 또한 피크(Peake 2023)는 현재의 양극화 정치 맥락에서 미국의 국제 관계가 행정 협약에 의존하는 경향성을 분석한 후 결과적으로 대통령의 일방적 외교 권력이 약화되고 있음을 제시하기도 한다.

한편 미국 대통령의 대외 정책 성패와 그에 따른 외교 권력 변화 역시 주기적인 선거와 유권자의 평가에서 벗어나기 어렵다. 주류적 해석이라 할 수 있는 올드리치 등의 연구(Aldrich et al 1989)에 따르면 외교 정책이 미국 선거의 주요 쟁점인 경우는 흔치 않다. 만약 미국이 직면한 대외 관계가 중대하고 두 후보의 정책 입장 차이가 확연한 경우에만 미국 외교는 미국 선거의 관심사가 되는데 한국전쟁을 둘러싼 1952년 대선이 그 예다. 실제로 정치적 현실과 제도적 유리함이 미국 대통령의 외교 권력 증대에 지속적으로 기여해 온 것과는 달리 선거 평가는 주로 대통령의 외교 권력을 증대 혹은 제한하는 양면적인 역할을 수행해 왔다. 2차 세계 대전 이후로 국한해 볼 때 외교 이슈와 대외 정책이 현직 대통령의 선거에 도움이 된 사례는 적지 않다. 마셜 플랜을 통과시키며 공화당 주도의 식물 의회와 차별성을 보여주었던 트루먼의 1948년 극적인 재선 성공, 쿠바 미사일 위기를 해결한 직후 케네디의 1962년 중간 선거 선전, 소련과의 데탕트 및 중국과의 관계 개선을 주도했던 닉슨의 1972년 대선 압승, 9·11 사태 이후 효과적으로 민주당에게 공세를 퍼부었던 부시 대통령의 2002년 중간 선거 승리 등을 꼽을 수 있다. 반대로 대외 관계의 실패에 대한 유권자들의 냉엄한 심판으로 인해 선거 패배와 권력 약화를 자초했던 사례도 적지 않다. 한국전쟁 종식의 지연과 전쟁 리더십의 실종으로 인한 트루먼 대통령의 1952년 대선 불출마, 베트남 전쟁 실패와 극도의 국내적 혼란으로 초래된 존슨(Johnson) 대통령의 1968년 대선 경선 포기, 이란 내 인질 사태와 소련의 아프가니스탄 침공으로 인한 미국의 국제적 위상 급락과 그에 따른 카터(Carter)의 1980년 대선 패배, 1차 걸프 전쟁 승리에도 불구하고 경기 침체를 신경 쓰지 않은데 대한 국민들의 심판이 가져온 41대 부시의 1992년 재선 실패, 이라크 전쟁 실패 및 금융 위기를 초래한데 따른 43대 부시 공화당의 2008년 정권교체 허용 등이 있다. 결국 미국 대통령의 외교 권력이 효율적이고 민주적인 대외 정책으로 연결될 때 국민들의 지지가 선거 승리 형태로 나타났던 반면 외교 권력의 지나친 팽창 혹은 무기력한 방임은 선거 패배를 통해 견제되어 왔음을 알 수 있다.

Ⅱ 정당정치와 정책 변화: 미국의 정당은 어떻게 정책을 변화시키는가?

1 미국 정당정치와 정책 변화

버크(Burke 1770)에 따르면 정당은 원칙을 공유하는 사람들이 국익을 위해 단합하여 만든 집단이다. 방법의 차이만 있을 뿐 국가를 이롭게 한다는 공동의 목표를 중심으로 만들어졌다(Morse 1896, Mansfield 1965). 따라서 정당의 정책은 쉽게 변할 수 있는 성격이 아니며 신조와도 가깝다. 이에 대조적으로 다운스(Downs 1957)가 이해한 정당은 선거 승리를 통해 정부 조직을 장악하는 것이 목표인 단체다. 중위 투표자(median voter)의 정책 선호 방향으로 입장을 수렴시키는 다운스의 정당 모습은 목표와 조건에 충실한 합리적 선택의 결과다. 이처럼 정당에 대한 버크와 다운스의 정의는 정책 입장(policy position)과 정당 변화(party transformation)에 관한 정당의 궁극적인 딜레마를 반영하기도 한다. 정당 구성원 사이의 원칙을 굳건히 지킴으로써 유권자들에게 신뢰를 얻어야 한다. 이는 버크의 정당이다. 유권자들의 선호가 변함에 따라 정당은 민주적으로 반응해야 성공하게 되어 있는데 다운스의 정당이다. 신뢰성(credibility)과 신축성(responsiveness) 사이에서 어떻게 정당이 입장을 결정해야 할 것인지 혹은 변경해야 할 것인지 그 선택은 늘 쉽지 않다. 게다가 개별 정당이 가진 정부 수준, 유권자 수준, 조직 수준의 특성은 그 정당이 속해 있는 국가의 정당 시스템(party system) 성격에 따라 달라지기도 한다. 체제 안에서 몇 개의 정당과 어느 정도 경쟁하느냐에 따라 개별 정당 내부의 역학 구도가 영향 받게 되기 때문이다. 따라서 정당의 정책 입장 변경과 관련하여 선거 제도로 형성된 정당 시스템하에서의 정당 간 경쟁 역시 중요한 변수로 고려되어야 한다.

1950년에 미국 정치학회(American Political Science Association)가 4년여에 걸친 작업 끝에 내놓은 정당 개혁 보고서는 이러한 정당의 정책 입장과 변화에 대한 문제의식을 담고 있다(APSR 1950). 보다 통합되고 보다 책임성 있는 정당을 목표로 내건 미국 정치학회의 보고서는 미국 정당의 문제점을 적시한다. 중앙당-지방당과 사이의 괴리, 정당 지도부의 부재 현상, 정당 구성원 자격의 모호함 등으로 규정하고 있다. 해결책으로는 전국 단위의 위원회(committee)와 전당 대회(convention)를 정기 개최하고 중앙과 지방 간 정당 조직의 연계를 강화할 것을 주문한다. 또한 의회 운영 방식을 새로 정비함으로써 정당 체제를 세우되 정당 지도부를 구체적으로 정립한 후 여당과 야당 간 정책 경쟁에 나설 것도 촉구한다. 보고서의 제목을 "보다 책임성 있는 양대 정당 시스템을 향하여(Towards a More Responsible Two-Party System)"로 정한 배경이기도 하다.

흥미로운 사실은 이 보고서가 출판된 지 7년 후에 나온 다운스(1957)의 기념비적 저작에 의해 미국 정치학회의 야심찬 정당 개혁안들이 상당 부분 퇴색하게 되었다는 점이다. 앞서 살펴본 것처럼 미국 정치학회가 제안한 이상적인 정당 경쟁 모습은 각 정당이 분명한 정책 입장을 가지고 그 차이에 대해 유권자들에게 선택을 구하는 형식이다. 그런데 당대 최고의 정치학자들로 구성된 학회 특별 위원회의 제안이 실제로는 정당의 경쟁 현실과 정면으로 배치된다는 점을 다운스가 이론적으로 입증해 버린 셈이 되었다. 또 다른 정당 관련 주요 저작인 올드리치(Aldrich 1995) 역시 다운스의 정당 및 정책 변화 입장과 유사한 입장을 가지고 있다. 결국 유권자들의 이념 분포가 정규 곡선을 그리고 있는 상황에서 두 정당이 유사한 정책 입장을 취하는 것은 오히려 선거 승리를 위한 합리적 선택에 가깝다고 볼 수 있다.

실제로 두 정당 간 입장이 달라야 하며 이를 토대로 유권자가 선택을 함으로써 이후 정당의 책무성과 유권자의 민주성이 선거와 정치를 기반으로 운영되어야 한다는 것이 미국 정치학회 보고서의 핵심 제안이었다. 하지만 이는 규범적 성격에 가깝고 현실적 상황과는 괴리가 있음이 다운스에 의해 쉽게 드러났다. 이러한 전개는 일면 매우 상징적이다. 왜냐하면 미국 정치 연구의 행태주의 혁명(behavioral revolution) 흐름과 시기적으로 그리고 이론적으로 맞물리게 되었기 때문이다. 이후 미국 정치 연구의 흐름에 있어서 정당보다는 유권자, 정책보다는 선거, 제도보다는 과정에 더 큰 비중이 주어지게 되는 점을 반영한다. 실제로 더 많은 표를 얻어 선거에 승리하고 정권을 차지하려는 정당의 기본 속성상 단극화 선호를 가진 유권자 분포가 존재하는 한 정책 차별성은 비현실적이 된다. 결국 미국 정치학회의 야심찬 정당 개혁 제안은 그 영향력을 상당 부분 잃어버리고 만다. 사실 미국 정치학회 보고서와 다운스 연구 모두 정당의 정책 입장과 변화에 대해 주목한 점은 같았다. 정당이 언제 왜 변화하는가라는 질문이 그것이다. 다만 규범인가, 실증인가 한 쪽 측면을 강조한 차이를 보인 것인데 선거의 나라로 불리는 미국에서 현실을 반영하지 않은 논의는 설 자리가 없었던 셈이다.

다운스의 분석에 의해 정당의 정책 변화에 대한 관심이 커졌음에도 불구하고 정작 정당이 언제 어떻게 왜 입장을 바꾸는지에 대한 연구는 줄어들었다는 사실은 일종의 모순에 가깝다. 사실 다운스(1957)는 유권자의 이념 분포라는 조건과 환경을 분명히 한 후 자신의 정당 변화와 관련된 이론을 전개하였다. 중위적 유권자 가설(median voter theorem)의 내용에 이어서 다른 상황에 대한 설명도 추가하였다. 즉 유권자의 이념 분포가 정규 분포(normal distribution)가 아닌 양봉형(bimodal) 분포인 경우에는 두 정당의 입장이 중위 유권자(median voter)의 입장으로 수렴하는 것은 아니라고 밝힌 바 있다. 결국 다운스의 주장은 유권자의 이념적 상황이 정당의 정책 입장을 결정한다는 내용인 셈이다. 다운스가 설명하는 유권자 기권(abstention)의 논리 또한 철저히 이념적 지향과 선거 승리 목적을 반영한다. 다운스에 따르면 극단적 이념형 유권자는 이번 선거에서는 상대 정당이 승리하도록 하되 동시에 자신의 정당은 중위 유권자 쪽으로 움직이지 못하도록 하기 위해 기권이라는 수단을 사용한다고 본다. 자신의 입장과 가까운 정당이 비록 이번 선거에서는 패배하더라도 다음 선거에서 여전히 자신과 유사한 정책을 취하는 정당으로 남아 있기를 유도하는 전략이다. 이처럼 다운스의 정당 연구는 실제로 정당보다는 유권자에 더 큰 초점을 두고 있다. 유권자가 만드는 정당 변화는 민주주의의 기본 원칙에 가깝다. 하지만 정당을 종속 변수로만 볼 수는 없고 독립 변수로도 이해할 때 비로소 정당 민주주의에 대한 체계적 인식이 가능하다.

주로 정당 관점에서 유권자를 바라보되 중위 투표자(median voter)와 같은 개인이 아닌 정치 세력을 정당 연구의 중심에 둔 학자 중 대표적으로 샷슈나이더(1960)가 있다. 정당이 변화하는 목적은 "화장실이 아닌 길거리 싸움"을 통해 유권자 세력의 지지를 새로 얻으려는데 있다는 주장을 펼친다. 이전 선거에서 패배한 소수 정당이 다음 선거에서 어떻게 권력을 되찾을 수 있는지를 분석한 샷슈나이더의 핵심적 문제 제기는 정책 변화에 따라 유권자가 변한다는 새로운 방향성 관찰이다. 무엇에 관한 정치인가를 결정하는 것이 정당 경쟁의 요체이며 이는 주로 정당이 주도하고 유권자가 반응하는 양상을 띤다. 의제 설정(agenda setting)을 둘러싼 이후 정치학 연구의 단초가 되기도 하였다. 갈등의 폭을 넓히거나 갈등의 내용을 바꾸기 위해 정당이 경쟁을 벌인다는 샷슈나이더에 따르면 주로 정당 입장의 변화가 유권자 선택을 바꾼다. 이는 유권자 선호에 따라 정당 입장이 변한다고 관찰했던 다운스와 결정적으로 대조적인 지점이다. 백창재 · 정하용(2016, 23)은 미국 정당 간 이념적 대립 강화에 대해 샷슈나이더(Schattschneider)가 '갈등의 정치' 틀에서 바라보았고 이를 통해 정책 이슈에 대한 관심을 강조한 것에 주목하였다. 마찬가지 맥락에서 해커와 피어슨(Hacker and Pierson 2014)도 다운스와 샷슈나이더를 체계적으로 비교 분석함으로써 미국 정치 연구가 정당 경쟁의 산물인 구체적인 정책에 초점을 맞추어야 한다고 주장하였다.

정당과 정당 간의 경쟁 및 변동에 관한 논쟁 이후에 새로 등장한 정당 이론들은 주로 정당 내부의 역학 관계에 방점을 두고 있다. 조직체인 정당이 직면하는 리더십 이슈와 관련하여 정당 지도부와 개별 의원들 사이의 권한 이양 및 배분의 속성을 규명하는 작업이다. 이를 통해 정당이 변화하는 역학 구도를 파악하려는 시도다. 이는 1960년대 중반 이후 시작된 미국 의회의 현실 변화와도 관련이 깊다. 선거를 통해 의회 내 세력을 확보한 민주당의 진보파 의원들이 기존의 소위 "교과서 의회(Textbook Congress)" 방식의 의회 운영에 문제 제기를 하였다.[12] 남부 출신 중진 의원들이 위원장을 독식해 온 위원회(committee) 중심의 의회 정책 수립 방식으로는 자신들이 내세우는 새로운 정치 개혁 과제를 추진하기 어려웠기 때문이다. 결과적으로 이들이 추진한 의회 개혁 방식은 "초(超)분산(hyperdecentralization)" 및 "집중화(centralization)" 시대를 동시에 만들어 냈다고 할 수 있다(Smith 2007, 114).[13] 보수 성향 의원들이 차지하고 있던 상임 위원회 위원장으로부터의 권력 분산은 소위원회(subcommittee) 활성화를 통해 이루어졌다(서정건 외 2018). 위원회 산하에 더 세분화된 감시 기능과 입법 활동을 중심으로 한 소위원회를 만들고 소위원회를 소장파 위원장들이 맡게 되면서 종종 상임위원회 위원장들과 충돌하게 되는 형식이었다. 또한 집중화 현상은 당 지도부(party leadership) 및 의원 총회(party caucus)를 강화하는 방식으로 진행되었다. 예를 들어 콕스와 매커빈스(Cox and McCubbins 1993, 2005)는 정당을 "절차적 카르텔(procedural cartel)"로 간주하는 혁신적 연구를 내놓게 된다. 정당 전체의 이익을 침해하는 이슈가 아예 표결에 부쳐지지 않도록 관리하는 역할이 정당 지도부에 의해 행사된다는 점을 강조한다. 정당을 구조 혹은 목표라는 관점에

---

12 자세한 내용은 졸고 서정건. 2023. "국회 의사결정 구조의 현황과 개선방안: 미국 의회와 비교를 중심으로"『정치 양극화 시대 한국 민주주의 발전방안』(경제인문사회연구회-한국행정연구원 공편)

13 정당 지도부의 영향력에 관한 논쟁을 체계적으로 정리한 연구로는 Steven S. Smith. 2007. *Party Influence in Congress.* (Cambridge: Cambridge University Press)를 참조.

서 이해하던 이전 방식에서 벗어나 개별 의원들이 부딪치는 집단 행동의 딜레마에 대한 해결 방식의 하나로 본 점이 특이하다. 소속 상임위원회 배정 등 의원들에게 중요한 의회 운영 방식에 대해 정당 지도부가 특별 위원회 방식으로 보다 큰 권한을 가질 수 있도록 당내 절차를 개정한 점도 주목할 만하다. 또한 위원장 자리를 두고 경합이 발생하는 경우 위원회 내부의 임의적인 결정이 아닌 의원 총회의 표결로 인선을 정리하는 방식도 도입하였다. 아래로는 소위원회 활성화, 위로는 정당 지도부와 의원 총회 활성화라는 두 축을 바탕으로 한 전략이다. 새로 진입하여 세를 불린 민주당 내 소장파 진보 의원들이 같은 당 소속이지만 남부 출신의 보수 중진 의원들이 주도했던 정당 정책과 입장을 바꾸는데 성공했던 사례다.

2 계파(faction) 정치와 정당 변화: 역사적 사례

한편 정당의 입장 변화와 관련된 버크, 다운스, 샤슈나이더의 주장들을 살펴보면 정당 내부의 상황에 대한 분석은 상대적으로 충분하지 않다. 본 연구가 제시하는 주요 문제의식이 바로 여기에 있다. 과연 정당은 변화하고자 할 때 원하는대로 변화할 수 있을까? 정책 입장을 바꾸려는 정당의 시도는 언제나 성공할 수 있는가? 정당의 입장 변화가 신속하게 이루어지지 않고 지체된다면 그 원인과 결과는 무엇일까? 버크의 신뢰 중심 규범적 정의에 따르면 정당은 입장을 쉽게 바꾸지 말아야 한다. 선거 승리를 위해 유권자의 분포에 맞는 정당 입장을 정해야 한다는 것이 다운스의 선거 중심 실증적 접근법이다. 다음 선거를 대비하는 소수 정당이 어떤 전략을 구사해야 하는지 규명한 것이 샤슈나이더의 전략 중심 이해다. 이들은 모두 정당을 하나의 단위(unity)로 다루는 경향을 가진다. 그런데 정당의 기존 입장 변화는 정당의 내부 사정을 고려하지 않으면 제대로 파악하기 어렵다. 결국 버크, 다운스, 샷슈나이더가 공통적으로 다룬 정당의 정책 변화 주제에 대해 다른 차원의 문제 제기가 필요한 이유다. 양대 정당제(two-party system)를 특징으로 하는 미국 정치의 경우 필연적으로 정당 내부에 다양한 그룹이 존재하고 이들 간의 협력과 경쟁이 수반된다. 정당 내부의 계파들 간 정책 선호와 운영 전략을 주목해야 미국의 정당 및 정책 변화를 제대로 설명할 수 있다.

예를 들어 미국의 북부 출신 진보 성향의 민주당 의원들은 1958년 선거를 통해 의회에 교두보를 구축했다. 1860년대 남북 전쟁 이후 남부는 민주당, 북부는 공화당이라는 지역 구도가 고착화되어 있던 미국에서 의미 있는 첫 변화가 아닐 수 없었다. 노동, 환경, 복지, 교육 등 각종 진보적인 성격의 사회적 이슈에 관심이 많았던 이들 민주당 소장파 의원들이 직면했던 정치적 현실의 벽은 높았다. 쉽게 재선 기록을 쌓으면서 중진 의원으로 자리잡게 된 남부 출신 의원들이 상임위원장 자리를 모두 차지하고 있었다. 따라서 개혁 의제들은 설 곳이 없었다. 연방 의회에 새로 진입한 민주당 의원들이 택한 전략은 민주당 연구 그룹(Democratic Study Group)이라는 이름의 정책 계파를 결성하는 것이었다. 의회 정치의 운영과 사정에 정통했던 볼링(Bolling, D-MO) 미주리 하원 의원의 리더십하에 북부파는 정기 모임을 통해 의회 권력을 상임위원장으로부터 의원 총회로 옮기는 전략을 세운다. 의회 내 기명 투표 활성화, 소위원회 강화 등 의회 개혁 아이디어들이 국민의 지지를 받게 되었고 민주당은 점차 시간이 흐르면서 남부에만 기반을 두었던 보수 성향 정당에서 북부 중심의 진보 정당으로 변모하게 된다. 1974년 닉슨의 워터게이트 사건 이후 치러진 11월 중간 선거에서 54명의 진보 성향 민주당 의원들이 대거 당선되면서 민주당의 변화는 정점에 이르게 된다.

공화당 의원들이 공화당을 바꾸어 간 변혁의 경로 역시 비슷했다. 1954년 이후 단 한 차례도 하원 다수당을 차지해 본 적이 없던 공화당은 만년 소수당의 무력감에 사로잡혀 있었다. 그나마 전통 텃밭인 북부 지역, 그리고 농촌 출신 의원들이 명맥을 유지하고 있었고 대선 승리를 통해 대통령을 꾸준히 배출하는 정당으로서 만족하고 있었다. 1978년 조지아에서 당선된 깅그리치(Newt Gingrich) 하원 의원은 당의 현실을 바꾸기 위해 보수적 기회의 사회(Conservative Opportunity Society)라는 명칭의 정책 계파를 결성한다. 냉전 시기의 반공주의 정서 뿐만 아니라 복음주의 기독교 세력들, 그리고 재정 건전성을 수호하려는 남부 출신 젊은 보수 성향 의원들을 모아서 새로운 정당 노선을 모색하게 된 것이다. 1992년 대선에서 클린턴에게 정권을 다시 내주고 말았지만 민주당 행정부의 성급한 의료 보험 개혁 시도는 곧바로 역풍을 맞게 된다. "미국과의 계약(Contract with America)"으로 불린 대대적인 정치 개혁 아이디어들을 만들어냈던 "기회의 사회(COS)" 계파는 1994년 중간 선거 승리의 선봉장 역할을 하게 된다. 40년만에 처음으로 의회 권력을 민주당으로부터 빼앗아 온 것인데 세금 인하, 균형 예산, 의원 다선 제한, 위원장직 중임 제한 등의 현실적이고 구체적인 아이디어들이 미국 유권자들의 지지를 얻게 된 결과다.

역사적으로 미국은 435개의 하원 선거구와 50개의 상원 선거구 모두 최다 득표자 한 명만이 당선되는 선거 제도를 건국 시기부터 운영해 오고 있다. 따라서 미국 사회, 경제, 인종, 외교 등 각종 이슈들을 대변하는 다양한 입장과 움직임은 두 정당 내부로 수렴될 수밖에 없다. 정치 양극화 현상에도 불구하고 당 내부에 다양한 집단 정치가 지속되어 오는 이유가 여기에 있다(서정건 2025). 지역, 이념, 정책, 외교 등과 관련하여 유사한 이해관계를 가진 의원들이 정당 내부 혹은 당적을 초월하여 집단을 만들기도 한다. 이들은 주로 코커스(caucus), 연구 그룹(study group), 비공식 조직(informal member group) 등의 이름으로 불린다. 트럼프 대통령과도 종종 대립각을 세우는 보수 강경파 프리덤 코커스(Freedom Caucus)와 민주당 출신 흑인 의원들의 영향력을 결집하여 행사하기 위한 의회 흑인 코커스(Congressional Black Caucus) 등 그 예는 많다. 민주당 연구그룹

(Democratic Study Group)은 1970년대 미국 의회 개혁을 주도했던 북부 출신 진보파가 결성한 단체였고 보수 이념 실현을 위한 공화당 쪽 유사 단체로는 공화당 연구 위원회(Republican Study Committee)가 있다.

이러한 정당 내 계파들은 미국 외교정책의 결정과 변화에 어떤 영향을 미칠까? 잘 알려진 대로 미국의 대외 관계는 대통령과 행정부가 주도적 역할을 담당한다. 동시에 미국 헌법과 정치 현실은 국제 정치와 관련된 권한을 의회에게도 부여하고 있다. 다시 말해 대통령의 외교, 안보 리더십은 일정 정도 의회의 협조 혹은 견제의 틀 안에서 이루어져 왔다. 예컨대 대통령이 전쟁을 수행하기 위해서는 의회의 재정 지원이 반드시 필요하고 대통령이 체결한 조약은 상원의 비준을 거쳐야 국내법적 효과가 생긴다. 1860년대 남북 전쟁을 기점으로 미국 의회는 공화당과 민주당에 의해 운영되어 왔고 두 정당 모두 내부적으로 분열 혹은 단합의 경험을 반복적으로 경험해 왔다. 국내 정치적인 이유로 입장을 달리하는 동일 정당 내 다른 그룹들이 세력 확장을 위해 종종 대통령 주도의 외교정책에 찬성하기도 하고 반대하기도 한다. 만약 자신의 외교정책을 자신의 소속 정당이 반대하는 경우 대통령은 상대 정당의 찬성파와 손잡고 법안 통과를 추진하기도 한다. 두 정당 모두 내부적으로 단합되고 두 정당의 이견이 없는 초당파적 입장이 발생하는 경우 쉽게 대통령의 대외 정책에 동조하기도 한다. 결국 대통령이 주도하고 의회가 견제하는 미국 외교정책 결정 과정을 제대로 살펴보기 위해서는 공화당과 민주당의 내부를 면밀히 관찰하고 그 다양한 역학 관계를 이해해야 한다.

미국 외교의 역사를 돌이켜 보면 정당 내부 그룹의 역할과 활동을 확인해 볼 수 있다. 예를 들어 건국 이후에도 여전히 영국과의 충돌이 악화되던 상황에서 개원된 12대 의회(1811-1813)의 경우 제퍼슨 공화당이 하원의 75%와 상원의 82% 의석을 차지하고 있었다(Zelizer 2004). 이 중 약 10여 명으로 구성된 "전쟁파(War Hawks)" 의원 집단은 영국과의 1812년 전쟁을 촉발시키는데 주도적 역할을 담당한다. 클레이(Henry Clay) 의원을 중심으로 전쟁파는 미국 역사상 최초로 매디슨(James Madison) 대통령의 전쟁 메시지까지 이끌어내는데 성공했다. 훗날 윌슨(Woodrow Wilson)의 국제주의에 맞서 대안을 제시한 것은 상원 내 "평화 혁신파(Peace Progressives)"였다(Johnson 1995). 1920년대 미국이 추구해야 하는 국제 질서는 자본 이익 중심의 제국주의적 국제 관계가 아니라 반(反)연방파의 전통을 따라 도덕주의와 자립주의를 전파하는 것이라고 역설한 그룹이었다. 대공황을 겪는 과정에서 평화 혁신파의 영향력은 줄어들게 되었고 소수파 고립주의 세력으로 전락하게 되었다. 하지만 윌슨 대통령이 주창했던 미국식 국제주의에 대한 대안적 사고는 미국 진보 진영 내부에 여전히 남아 있다. 또한 냉전 초기라는 시대적 맥락과 1932년부터 이어진 대선 5연패라는 정치적 상황하에서 공화당 내부에 등장한 "중국 로비(China Lobby)" 그룹은 이후 반공주의가 미국 정치에 막강한 영향력을 발휘하는데 발판이 되었다(Blum 1982). 1948년 대선에서 역전승한 트루먼 행정부를 견제하기 위한 방편으로 장개석 정부에 대한 원조를 끈질기게 요구하였는데 반공주의라는 미국적 가치를 보수 정당인 공화당이 정치적으로 선점하는데 기여하였다. 이처럼 미국 외교 관계를 되짚어 보면 두 정당 내부에 속한 계파들, 즉 하위 정당 집단(sub-party groups)이 과격한 주장을 하거나 이념적 대안을 제시하거나 혹은 정치적 전략을 마련했던 경우를 자주 발견할 수 있다.

다른 나라와 마찬가지로 미국 경우에도 의회와 대통령 관계는 정치 전반에 영향을 미치는 핵심 기제다(백창재 2020). 건국의 아버지들이 헌법 1장에 정해 놓은 구체적인 권한에 기초하여 20세기 초까지는 주로 의회 권력이 미국 정치 전반을 지배하였다. 연방 은행 설립을 반대했던 잭슨(Jackson) 대통령의 정치력과 남북 전쟁 당시 링컨(Lincoln) 대통령의 리더십은 예외적 사례였다. 그런데 세계 대공황과 2차 세계 대전을 거치면서 루스벨트(Roosevelt) 대통령이 뉴딜 개혁의 기치 아래 시장과 정부, 개인과 헌법 간의 관계를 새롭게 규정하였고 현대적 대통령제가 시작되었다(Neustadt 1960, Greenstein 1995). 적극적 정부 중심의 새로운 미국 정치 질서가 형성된 셈이다. 이는 베트남 전쟁 과정에서 등장한 제왕적 대통령제로까지 연결된다. 결국 대통령의 지나치게 비대해진 권력에 대한 의회의 견제와 균형 역할이 다시 주목받게 만드는 계기로 작용하였다(Schlesinger 1973, Rudalevige 2006). 이후 하웰(Howell 2003)의 주장대로 현대 대통령 권력은 설득적 성격보다는 일방적 차원이 더욱 강조되었고 플라이셔 등(Fleisher et al 2000)이 검증한대로 대통령의 외교 권력이 누리던 상대적 우위, 즉 두 대통령제(Wildavsky 1966)의 특징 역시 레이건 2기 행정부 이후 상대적으로 약화되기 시작하였다. 이처럼 미국 정치의 변화와 지속은 의회와 대통령 간의 상대적인 권력 견제 혹은 타협에 의해 결정되어 왔음을 알 수 있다.

그런데 대통령과 관계를 의회 차원에서 분석할 때 주목할 점은 의회 내 두 정당, 즉 공화당과 민주당이 내부적으로 단일한 정당일 수도 있고 아닐 수도 있다는 사실이다. 단순 다수제 선거 제도를 건국 이후 한 차례의 변화도 없이 유지하고 있는 미국에서 제3당의 출현 가능성은 현실적으로 낮다. 대신 제3당적인 요소와 세력이 양대 정당 시스템 안으로 편입되는 경향을 보인다. 따라서 두 거대 정당의 내부적 단합 혹은 분열의 정도가 두 정당 간 경쟁 혹은 연합의 단초를 제공하게 된다. 일찍이 번스(Burns 1963)는 진보 성향의 대통령 정당 두 개와 보수 성향의 의회 정당 두 개를 합하여 총 네 개의 정당이 미국 정치 안에 공존 중이라고 보았다. 이로 인해 선거를 통해 드러난 민의가 제대로 실현되기 어렵다는 주장을 펼치기도 했다.

한편 민주당과 공화당이 보여 온 내부 단합의 정도는 상대적 차이를 보여 왔다. 두 정당은 사실 근본적으로 다른 성격의 정당이다. 예를 들어 1930년대에 민주당의 루스벨트 대통령이 창설한 뉴딜 연합은 실제 북부 민주당과 남부 민주당 간 타협 및 연합에 따른 결과물이었다(Milkis 1993). 의회 다수당으로 등극한 민주당은 내부적으로 해소되지 않은 이념 및 경제적 차이에도 불구하고 일종의 거대 연합으로 상당 기간 미국 의회 정치를 좌지우지하게 된다. 반대로 공화당은 의회 내 소수당 지위를 오랫동안 벗어나지 못했다. 만년 야당 지위였던 탓에 오히려 적은 인원 사이에 당내 이견이 줄어들고 단합도가 올라가게 되었다(Mann 1988). 소수 정당이었던 공화당은 이념적으로 더욱 보수화되기에 이른다. 그로스만과 홉킨스(Grossmann and Hopkins 2016)는 이를 두고 "비대칭 정치"라 칭한다. 즉 공화당은 일종의 이념 집단에 가까워졌고 민주당은 사회 그룹 연합과 유사하다는 주장이다. 최근에 해커와 피어슨(Hacker and Pierson 2019)은 특히 공화당에 대해 통상적인 보수 정당에서 미국 민주주의를 위협하는 반란 세력으로 변질되었다고 비판 중이다. 결국 민주당과 공화당 내부의 그룹 정치는 유사점과 상이점을 동시에 보여 준다.

정당 내부 그룹 정치의 핵심에 자리 잡고 있는 것이 바로 계파 혹은 코커스(caucus)다. 코커스를 본격적인 연구 주제로 제시한 해몬드(Hammond 1998)에 따르면 정당 지도부 혹은 위원회가 해결하지 못하는 의원들의 이해관계를 충족하기 위해 만들어진 단체를 코커스라고 볼 수 있다. 코커스는 자발적으로 의원들이 조직한 단체인데 의회 규칙이나 예산과 상관없이 운영되며 정책 결정 과정에 영향을 미치는 것을 목적으로 한다. 의회조사국(Congressional Research Service 2019)의 분류에 따르면 하원 행정 위원회(Committee on House Administration)에 등록해야 하는 의원 조직(Congressional Members Organizations)과 등록 의무가 없는 비공식 의원 조직(Informal Member Organizations)을 통칭하여 비공식 의원 그룹(informal member groups)이라 부른다. 코커스는 일반적으로 그룹 명칭에 주로 사용되는 경우가 많다. 정당 내부의 공식 조직들, 즉 하원 민주당 코커스(House Democratic Caucus)나 하원 공화당 회의(House Republican Conference)와는 다른 성격의 단체다. 자발적인 의원들의 모임인 코커스가 정책 결정에 영향을 미치는 방식은 주로 "연구, 정보 교환, 의제 설정, 정책 형성, 연합 결성"을 통한다(Hammond 1998, 8).

해몬드가 특히 주목한 점은 정당 시스템 혹은 상임 위원회 제도로 채워지기 어려운 의원들의 다양한 의정 활동과 동기다. 기존 연구는 2차 세계 대전 이후 미국 의회를 분석할 때 주로 상임 위원회 중심의 '교과서 의회' 시대와 정당 지도부 주도의 의회 개혁 시대로 구분한다. 그런데 의회 내 동력 및 질서의 변화 이면에는 정당 지도부도 아니고 상임 위원장도 아닌 의원들의 자발적 단체 역시 영향을 미쳤다. 앞서 지적한대로 1959년에 창설된 민주당 연구그룹(Democratic Study Group)과 1983년에 만들어진 보수 기회 사회(Conservative Opportunity Society)를 살펴본다면 두 그룹 모두 민주당과 공화당 내부의 기득권 질서를 깨뜨리기 위해 등장한 새로운 정치 세력이었다. 이들로 인해 정당이 차츰 변화하였고 결국 향후 의회 다수당 지위를 차지하게 되었다. 에인스워스와 에이킨스(Ainsworth and Akins 1997) 역시 코커스가 제공하는 소속 의원들 사이의 정보 교환 기능으로 인해 위원회 중심주의로 인한 정보 파편화가 어느 정도 상쇄된다고 보았다. 결국 정당 간 경계를 넘어선 정책 연합의 형성과 와해가 미국 의회 정치의 핵심이라고 본다면 해몬드의 주장대로 미국 의회 내부에는 강력한 코커스 시스템, 즉 계파 정치가 자리 잡고 있음을 알 수 있다. 비공식적이고 유연한 정당 내부 그룹이 오히려 정당 경쟁과 의회 개혁의 출발점과 종착점이 되기도 한다. 즉 코커스의 구성과 정보 교환 양상, 정당 지도부와의 관계, 행정부와의 협력 혹은 갈등, 법안 통과를 위한 의회 내 영향력 등은 의회 정치와 미국 정치의 중요한 변수로 작동하고 있다.

미국 의회 정치와 정당 내부 계파가 외교정책에 미치는 영향에 대한 기존 연구는 다양한 차원에서 이루어져 왔다. 정당의 단합과 대외정책에 대해 피크(Peake 2002)는 1947년부터 1998년까지 미국 의회를 통과하지 못한 주요 외교정책 법안들을 대상으로 원인을 분석하면서 정당 내 계파의 상대적인 영향력 여부를 탐색하였다. 가설대로 민주당의 정당 분열 정도가 대외정책 교착에 유의미한 변수로 작용한 반면 공화당 단합도는 별 영향을 미치지 않았다. 피크는 이 결과가 플라이셔 등(Fleisher et al 2000)의 분석과 일치시키면서 외교 안보 영역에서 인정되는 "두 대통령제(two-presidencies)"가 의회 소수파인 공화당 대통령에 국한하여 적용된다고 보았다. 다만 양극화가 심화되면서 민주당 역시 계파 간 경쟁보다는 지도부 중심으로 단합하고 있으므로 피크의 분석은 또 다른 검증을 요구한다고 볼 수 있다(Coleman 1999).

의회와 대통령 관계를 둘러싼 당내 그룹 정치의 중요한 사례로는 루스벨트 대통령 시대 만들어진 "보수 연합(Conservative Coalition)"이 있다. 브레이디와 불록(Brady and Bullock 1980)은 일찍이 보수 연합의 성격에 대해 리더나 조직, 정기적 회합 등을 발견할 수 없는 특이한 구조라 밝힌 적이 있다. 특히 보수 연합은 루스벨트 대통령이 1936년에 압도적 재선을 통해 뉴딜 시대를 공고히 하는 와중에 이듬해인 1937년 자신의 뜻을 따르지 않는 연방 대법원을 재편하려는 시도에 반발하여 만들어진 그룹이라고 알려져 있다. 이후 거의 40여 년간 미국 의회 내부의 강력한 정책 연합으로 건재하면서 복지를 우선시한 민주당 내의 진보파 의제를 가로막는 역할을 하였다. 젠킨스와 먼로(Jenkins and Monroe 2014)는 다수당 법안이 최종 통과에 실패하는 비율(roll rates)을 분석하면서 보수 연합의 '부정적 의제 조절(negative agenda control)' 기능에 대해 조명한 바 있다. 이는 콕스와 맥커빈스(Cox and McCubbins 2005)가 주장한 카르텔(cartel)로서의 다수당이 가진 의제 독점 권한과 같은 성격이기도 하다. 또한 정당의 경계를 넘어선 의회 그룹이 가지는 정책적 위상에 대한 재검토이기도 하다.

한편 대표적인 정당 내부 집단인 민주당 연구그룹(Democratic Study Group)과 보수 기회 사회(Conservative Opportunity Society)는 각각 민주당의 뉴딜(New Deal) 시대와 공화당의 깅그리치(Gingrich) 혁명 시대를 주도한 바 있다. 최근에도 여전히 정당 내부 그룹과 미국 외교정책 간의 상관성은 확인되고 있다. 1992년 당시에 민주당 대선 후보 클린턴 주지사가 들고 나온 "신(新)민주당(New Democrat)" 아이디어에 기반한 민주당 지도자 회의(Democratic Leadership Council)는 이전의 뉴딜 연합으로서의 민주당과 차별화를 시도했다. 마치 공화당처럼 자유무역과 국방 강화에 방점을 두는 민주당 내 그룹이었다(Medvic 2007). 이들은 힐러리와 오바마, 바이든에 이르기까지 민주당 중도파와도 맥이 닿아 있는 상황이다. 한편 래쓰번(Rathbun 2013)은 2010년 중간 선거를 통해 전격적으로 미국 정치에 등장한 티파티(Tea Party)의 경우 윌슨(Wilson) 식의 이상주의적 외교정책을 반대하며 잭슨(Jackson) 식의 강경한 군사주의 및 미국 이익 우선주의를 선호한다고 주장한다(차태서 2024). 2012년에 오바마가 재선된 이후에 급격히 약화된 티파티 세력이 2016년 트럼프 지지 그룹으로 탈바꿈하고 이후 프리덤 코커스(House Freedom Caucus) 창설을 통해 트럼프의 대외정책을 옹호하게 된 유래다(이종곤 2020). 미드(Mead 2011)에 따르면 티파티 그룹은 미국 예외주의를 신봉하지만 이를 달성하기 위한 미국의 적극적 역할에 대해서는 회의적인 이중적 태도를 보인다. 이는 트럼프의 대외 정책을 고립주의라고만 지칭할 수 없는 이유이기도 하다.

3 미국의 정당과 계파 정치: 기존 연구

기존의 정당 연구들은 정당을 단일 조직으로 여기는 경향에 주로 기초하고 있다.[14] 연방과 주 단위로 확연히 구별되는 정당 시스템에 관한 연구나, 의회에서 정당을 상대로 입법에 성공 혹은 실패하는 대통령에 관한 연구나, 후보 선출을 둘러싼 정당의 주별 조직이나 규칙, 선거 전략에 관한 연구나, 분점 정부의 원인과 결과를 파헤치는 연구들 대부분은 정당의 내부 동학, 즉 정당의 계파 간 갈등과 협력으로까지 그 분석 수준을 넓히고 있지는 않다. 건국 이후 단순다수제 선거 방식을 고수하고 있는 미국의 경우 양대 정당 시스템(two-party system)하에서 각 정당 내

14 계파 정치에 관한 기존 연구 정리는 이종곤 교수와의 공저 논문(2025) 중 일부를 대폭 보완한 내용임을 밝혀둔다.

부의 계파 존재가 거의 필연적인 현상이다. 그럼에도 불구하고 정당의 하위 단위인 계파에 관한 연구가 충분치 않은 사실은 또 다른 이론적 어려움을 반증한다. 무엇보다 정당 계파와 관련된 가설 정립과 검증이 쉽지 않다. 최종적이고 객관적인 지표로 널리 사용되는 의원의 법안 관련 찬반 표결이 정당 구성원로서 내린 선택인지 계파 일원으로서 한 결정인지에 대한 구분이 실증적으로 쉽지 않기 때문이다. 또한 계파 구성원 여부 자체가 분명하지 않은 점도 있다. 개별 의원의 정당 소속은 확실하지만 의원이 어느 계파에 속하였는지에 대해서는 공식적인 판별이 쉽지 않을 때가 많기 때문이다. 언론의 현상 관찰이나 역사적 서술 방식에 따른 대통령과 정당 계파 관계 분석은 어렵지 않게 찾아볼 수 있다. 대조적으로 정책 형성과 변화를 둘러싼 상호 작용에 관한 이론적 연구는 흔치 않은 것이 미국 정치학의 현실이다.[15]

미국 정당과 계파 정치를 제대로 분석하기 위해서는 정당을 조직체(apparatus)보다 연합체(coalition)로 이해하는 것이 중요하다. 다운스(Downs)가 강조한 선거와 정치인 중심의 조직체 접근법이 이후 올드리치(Aldrich 1995) 등의 정당 분석에 이르기까지 일종의 주류적 흐름으로 연결되고 있다. 정치인의 야심(ambition)에 기초한 정당 연구에 몰두한 올드리치는 로디(Rohde 1991)와 함께 정당 리더십에 관한 이론(conditional party government)을 제시할 때도 지도부에 조건부로 권한을 이양하는 의원들을 전체로 다룬다. 이처럼 정당을 조직체로 인식하는 것과는 대조적으로 UCLA(University of California Los Angeles) 학파는 정당을 연합체로 파악한다(DiSalvo 2012). 코헨(Marty Cohen), 캐롤(David Karol), 노엘(Hans Noel), 젤러(John Zaller) 등을 중심으로 한 UCLA 그룹에 따르면 분명한 이념 지향

15 일찍이 미국 정당의 계파 연구를 개척한 바 있는 레이(Rae 1998)는 "미국 정당의 계파는 모호한 조직이라 분석이 힘들다(American party factions have proven to be elusive, and thus resistant to analysis.)"고 지적하였다. 이후 거의 15년이 지난 후에도 디살보(DiSalvo 2012)에 따르면 "미국의 정당 계파 연구는 많지 않고 대부분 체계적이지도 않다."

및 정책 노선을 가진 계파들의 집합체가 정당이다. 개인 중심(politician-centered) 대 그룹 중심(group-centered)의 시각 차이다. 메이휴는 의원의 우선 목표가 재선(single-minded seekers of reelection) 이라는 명제에 기초하여 유권자들과의 관계를 설명하는 것과 비교해 볼 때 UCLA 학파의 정당 접근법은 다양한 이해 관계를 가진 정당 내 그룹 간 갈등과 협력이 정당 변화에 영향을 미친다는 것이 요체다.

이러한 맥락에서 디살보(DiSalvo 2012)의 연구는 정당의 계파 연구를 체계적으로 시도했다는 중요한 의미를 가진다. 디살보는 우선 자신의 계파 연구가 UCLA 학파의 접근법과 어떻게 다른지 제시한다. 우선 개인 대 그룹이라는 이분법적 시각을 엮으면서 그룹 연합 역시 정치인 개인과 연결되어 있다는 관점을 제시한다. 그룹 연합이 지속적으로 변화한다는 UCLA 학파의 이해와 달리 디살보는 미국 정당 내의 계파 구도가 가진 일정 정도의 지속성을 강조하는 편이다. 이는 계파의 역사를 따져보는 작업이 정당 변화를 이해하는데 핵심이라는 주장과도 일맥상통한다. 또한 그룹 연합의 총합이 정당 전체를 구성한다는 UCLA 학파의 관찰과는 달리 디살보는 정당 내부의 계파 간 비중이 다르다는 전제하에 경쟁 계파들의 존재에 주목한다. 구체적으로 현상 유지 계파(status-quo faction)와 변화 추진 계파(change faction) 간의 경쟁이 정당 내부 정치에서 중요한데 이는 대통령 정치 및 선거 수준과 의회 정치 및 선거 수준 등 다차원적으로 발생한다.

디살보에 따르면 계파가 발생하는 원인을 다음과 같이 정리해 볼 수 있다. 첫째, 양당제(two-party)가 필연적으로 초래하는 선거 관련 의원들의 전략적 필요성이다. 남북 전쟁을 전후하여 수립된 미국의 양당 체제는 단순 다수제(simple plurality) 선거의 지속으로 인해 현재도 그대로 유지 중이다. 거대한 동일 정당의 구성원이지만 한편 지역구별로 상이한 이해 관계를 가진 의원들이 정당 지도부와는 다른 형태와 내용의 선거 동기를 가질 수 있다는 측면이다. 둘째, 정당 전체의 이념과는 다른 이념을 소유한 정당 구성원들이 계파를 결성한다고 본다. 국가와 정부의 정책과 관련된 다양한 이념적 요소들로 인해 동일 정당 내에 계파가 만들어지기도 한다. 셋째, 미국의 경제 발전 및 현실과 관련하여 지역별 편차가 계파를 만든다는 관찰도 가능하다. 벤젤(Bensel 1984)의 연구대로 미국에서는 지역별 산업의 특수성이 정당의 정책 방향에 큰 영향을 미쳐왔다. 예컨대 중서부 공업 지역과 남부의 농업 지역을 기반으로 하는 정당의 경우 정당 내에 다른 정책 선호를 가진 계파 등장이 오히려 자연스럽다. 넷째, 전쟁이나 경제 위기 같은 외부 충격은 정당 내 구성원들의 정책 선호를 크게 바꾸기도 한다. 2차 세계 대전 이후 미국의 국방 분야가 통합되면서 남부 민주당 의원들의 결속력을 높이기도 했고 베트남 전쟁에 반대하면서 민주당 내 진보 계파가 활성화되기도 한 것이 그 예다.

미국 정당 내의 계파 정치에 관한 디살보의 체계적 연구는 무엇보다 계파의 기능과 관련한 분류에 의해 두드러진다. 첫째, 계파는 정당의 아이디어를 만들어 내고 이를 확산하는 역할을 한다. 새로운 정책 아이디어를 창출하기도 하고 기존의 아이디어를 재규정하기도 한다. 정당 내 아이디어의 변화는 정당의 변화 및 나아가 미국 정치의 변화를 견인하는 역할을 한다. 둘째, 계파는 미국의 대통령 선거를 위한 후보 선출 과정에 깊숙이 관여한다. 공화당과 민주당 모두 온건파와 급진파가 공존해 온 상황을 고려해 볼 때 계파의 지지 혹은 반대는 대선 후보 선출을 좌지우지 한다고 볼 수 있다. 셋째, 계파는 미국 의회의 운영과 역할에 큰 영향을 미친다. 예컨대 위원장을 선출하는 방식이나 호명 투표를 도입하는 과정 모두 민주당 연구그룹(Democratic Study Group) 계파와 큰 관련이 있다. 넷째, 계파는 대통령의 정치적 선택 및 전략과 관련된 중요한 역할을 수행한다. 의회 입법을 위한 하원의 과반이나 상원의 60표 확보는 현실적으로 정당 전체의 단합이 아닌 계파 간 합종연횡으로도 가능하다. 예를 들어 정당의 리더이지만 국가 지도자이기도 한 미국 대통령이 소속당의 소수 계파와 라이벌 정당 전체를 한데 묶어 자신이 속한 정당 지도부의 입장과는 다른 정책 변화를 시도하여 성공한 사례는 적지 않다. 다섯째, 계파는 미국이라는 국가의 기능과 역할을 재정의하기도 한다. 행정부의 권한을 둘러싼 정당의 대립을 넘어서서 계파 간의 미세한 입장 차이와 공조는 종종 미국이라는 나라의 국가 정체성을 재정의해 왔다. 관료의 역할이나 정부 제도의 신설 혹은 폐지는 정당 간 경쟁과 함께 계파의 시각과 전략에 따라 이루어지기도 하고 혹은 미루어지기도 하는 것이 미국 정치의 현실이다.

미국 정당의 내부 동학을 이론 검증과 역사 사례로 연구한 루빈(Ruth Bloch Rubin 2017) 또한 눈여겨 볼 만하다. 1910년 캐논(Joseph Cannon) 하원의장이 축출된 사례나 1세기가 지난 2015년 베이너(John Boehner) 하원의장을 몰아낸 경우가 모두 공화당의 당내 정치 산물임을 강조한 루빈은 계파(faction) 보다는 "당내 조직(intraparty organization)"이라는 개념을 사용한다. 이는 루빈의 정당 내부 정치 연구의 출발점이 미국의 정당이 직면한 집단 행동 문제(collective action problem)에 있기 때문인 것으로 추측된다. 즉 루빈은 정당 지도부와는 다른 정책적 이해 관계를 가진 동일 정당 내 의원들이 존재할 수밖에 없는 미국 양대 정당 시스템의 특징으로부터 문제 의식을 도출한다. 특히 지도부와 다른 동기와 이해를 가진 의원들이 당내 조직을 결성하여 자신들의 특정 선호를 관철시키는 과정에 주목한다. 첫째, 당내 조직은 참여 의원들에게만 부여되는 선별적 유인(selective incentives)을 제공한다. 위원회 배정이나 지도부 진입, 지역구 사업 등이 이에 해당된다. 둘째, 당내 조직은 정당 구성원 전체에 의해 입법 과정에서 발생하는 일종의 무임 승차(free-ride) 행태를 차단하고 참여 의원들에게만 제공되는 입법 혜택을 추구하는데 효과적이다. 쉽게 말해 대형 법안에 특정 지역구를 위한 조항을 추가하는데 있어서 당내 조직의 결속력과 정보력은 매우 유용하다. 셋째, 당내 조직은 정당 지도부와는 상이한 정책 목표를 선호하는 경우 협의체(forum) 기능을 담당한다. 정기적인 회동을 통해 자신들의 입장과 이해를 공유할 뿐만 아니라 소속 정당 전체의 정책 지향을 어떻게 바꾸어 나갈 것인지에 대해 전략을 모색하기에 적합한 곳이다.

| 표 1 미국 정당 계파의 종류와 변화

시기	계파
1868	Stalwart Republicans/Liberal-Mugwump Republicans
1872	Half-Breed Republicans
1896	Old Guard-Conservative Republicans
1896	Populist Democrats
1908	Progressive Insurgency
1937	Southern Caucus(Senate)
1938	Southern Democrats
1938	Liberal Republicans
1956	Democratic Studgy Group
1958	Liberal-Labor Democrats
1963	GOP Wednesday Group
1964	New Right Republicans
1966	New Politics Democrats
1970	Republican Study Committee
1983	Conservative Opportunity Society
1986	New Democrats
1991	Congressional Progressive Caucus
1994	GOP Tuesday Group
1994	Blue Dog Coalition
2010	Tea Party Caucus
2014	Freedom Caucus

출처: DiSalvo(2012, p.12)와 Rubin(2017, p.3)을 원용하여 저자가 정리

미국 정당의 계파에 관한 최근 연구 중 하나인 클라크(Andrew Clarke 2020) 역시 계파 생성의 원인과 동기에 대해 초점을 맞추고 있다. 클라크 분석의 특징은 정당 내 계파가 보유한 이념적 차별성이 가지고 오는 정치적 효용성에 관심을 두고 있다는 점이다. 다시 말해 "브랜드(brand)"로서의 정당 내부에 계파가 일종의 "자매품(sub-brand)"으로 정치 자금 시장에 등장함으로써 이념에 기초한 정치 자금 기부자들(donors)이 자신들의 이념 성향에 맞게 정당 내 특정 정치인들을 지원한다는 설명이다. 또한 클라크에 따르면 공화당 내 계파들 간의 이념적 거리는 상대적으로 멀지 않은 반면 민주당 계파들은 이념적 차이가 비교적 크다. 이는 전통적으로 민주당이 "대형 장막(big-tent)" 정당으로 알려져 온 것과도 일맥상통한다(그림 1 참조).

한편 블럼(2020)은 개인적 성장 과정과 배경을 접목시킨 티파티(Tea Party) 분석을 제공한다. 철저한 기독교 가정에서 성장한 블럼은 자신의 가족이 어떻게 기성 공화당을 점차 배격하고 티파티 운동에 빠져들게 되었는지를 묘사하고 있다. 특히 반란군 계파(insurgent faction)라는 개념을 제시함으로써 티파티가 어떻게 공화당 지도부에 대해 반기를 들고 자신들의 주장을 관철시키는지에 대해 연구하였다. 공화당이 다시 기독교 보수 규범 및 재정 건전성 보수 이념 정당으로 회귀하는데 티파티가 미친 영향을 다양한 관점에서 정리한 작업이기도 하다. 티파티가 현재 미국 하원 공화당에서 강경파로 자리잡은 프리덤 코커스(House Freedom Caucus)의 전신이라는 점에서 더욱 흥미롭다. 현재의 미국의 정치 양극화 상황과 결부된 연구로는 미국 정당 내에 온건 성향 계파가 지속되는 이유에 관한 모색(Seo and Theriault 2012)과 트럼프가 공화당 계파들과 어떻게 연결되는지에 관한 분석(이종곤 2020) 등이 있다.

| <그림 1> 미국 정당 내 계파 현황 예시(2009-2010)

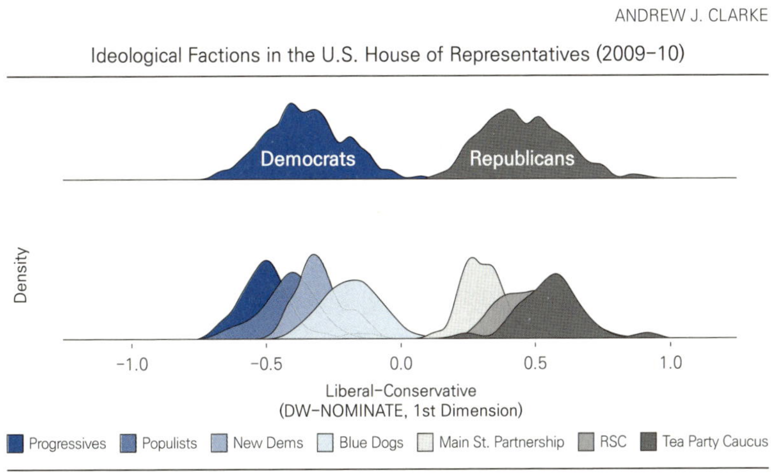

출처: Clarke(2020, 458)

Ⅲ 대통령 리더십과 정당정치: 미국 외교정책은 어떻게 변화하는가?

1 미국의 대통령과 정당 관계: 기존 연구

미국의 대통령과 정당 사이에는 긴장(tension)과 변형(transformation)의 관계가 역사적으로 이어지고 있다. 미국의 건국 헌법 어디에도 정당에 관한 규정은 없다. 정당을 일종의 파벌로 규정하여 폄하했던 매디슨(Madison)을 위시한 건국의 아버지들이 정당정치 자체를 부정적으로 인식하였기 때문이었다. 반(反)연방주의자(Anti-Federalist)인 매디슨은 의회 중심의 공동체적 국정 운영을 신봉하였다. 건국 헌법 제정 당시에 협력자 관계를 맺었던 해밀턴(Hamilton)도 마찬가지였다. 연방주의자 논고(The Federalist Papers)에서 대통령 선출을 위해 선거인단 방식을 제안했던 해밀턴은 "음모와 부패 집단(cabal, intrigue, and corruption)"인 정당을 배격하는데 동참한다.[16] 하지만 현실 정치가 전개되면서 의회 정치는 곧바로 정당정치로 전환되기 시작했다. 정부 역할과 국가 비전을 둘러싼 철학적 입장의 차이는 해밀턴을 필두로 한 연방주의자들(Federalists)과 제퍼슨과 매디슨 중심의 반(反)연방주의자들(Anti-Federalists) 간의 대립으로 구체화되기 시작했다. 건국 초기 대부분의 입법 활동이 새롭게 태어난 국가의 성격과 방향을 규정하게 되면서 향후 미국은 어떤 나라가 되어야 하는가에 관한 격론이 벌어지게 되었나. 정당 간 대립과 경쟁은 점차 대통령의 권력을 둘러싼 논쟁과도 연결되었다. 대통령의 권력 및 행정부의 역할은 연방 국가의 위상 및 기능을 규정하는데 필수적인 요소였기 때문이다. 초대 대통령 워싱턴이 1793년 중립선언부터 1795년 제이 조약(Jay Treaty)에 이르기까지 연방주의자들의 입장을 지지한 것도 비슷한 맥락이었다. 정당 없는 정치를 기대했고 가능하다고 믿었던 건국의 아버지들이 고안해 낸 대통령 제도가 건국 이후 현실 정치에서 정당정치의 핵심적 주제로 떠오른 점은 역사와 정치의 아이러니다.

대통령-정당 관계 연구가 충분치 않은 현상은 미국 정치 연구 관련 또 하나의 역설이다. 대통령 제도와 양당제 시스템은 미국 정치의 가장 중요한 작동 원리다. 그럼에도 불구하고 대통령과 의회 간 상관 관계 분석이 다양한 것에 비해 대통령과 정당이 어떤 관계를 맺고 있는지에 대한 학문적 모색은 쉽게 찾기 어렵다. 추정컨대 몇 가지 이유를 생각해 볼 수 있다. 우선 미국의 정당 시스템이 가지는 분권화 현상이다. 예컨대 미국의 공화당과 민주당에는 우리에게 익숙한 당 대표가 없고 당 대변인도 없다. 미국의 정당 체계는 연방 의회 내의 다수당 혹은 소

---

16 Alexander Hamilton. 1788. "The Mode of Electing the President," *The Federalist Papers No. 68,* March 14, 1788.

수당 성격의 원내 정당(congressional party)과 각 주에서 운영되는 주 정당(state party)으로 이원화되어 있는 구조다. 의회 정당은 2년마다 전국 단위의 선거를 통해 선출되는 연방 의회를 구성하며 대통령과 긴밀한 관계를 맺는다. 의회가 견제와 균형의 원리, 즉 권력 분립(separation-of-power)의 기초와 입법 정치 현실에 따라 대통령과 국정 운영 파트너가 되는 셈이다. 한편 주 정당은 각 주의 상황에 따라 다른 성격을 가진다. 사우스캐롤라이나 민주당과 매사추세츠 민주당은 같은 민주당이지만 구성부터 이념까지 매우 다르다. 결국 주 정당은 각양각색인데 특히 대통령 선거를 관장한다는 의미에서 그 중요성이 포착된다.

전국적 수준의 정당이 움직이는 제도적 및 정책적 공간은 연방 의회이므로 대통령과 의회 간의 상호 작용을 이해하는 것이 정당에 대한 이해를 대신한다고 보는 경향도 있다. 실제로 대통령의 헌법적 파트너는 의회이며 입법을 위한 대통령의 의회 전략은 정당 전략이기도 하다. 따라서 의회를 분석하면 대통령과 정당 간의 관계를 이해할 수 있다는 미국 정치학계의 합의가 지속되어 온 셈이다. 이는 대통령-의회 관계를 다룬 연구 저술이 대통령-정당 역학을 다룬 저작에 비해 압도적으로 많은 배경이기도 하다. 한편 대통령과 정당 간의 관계가 주로 후보 선출 과정에 집중되어 온 것 역시 주목할 만하다. 현직 대통령을 포함한 대선 후보는 1972년 이래 양대 정당의 프라이머리(primary) 방식을 통해 정해져 왔다. 따라서 대통령과 정당 간 상호 작용을 정치 제도보다는 정치 과정 시각에서 파악한 것이 행태주의 혁명 이후의 미국 학계가 보여 준 주류적 흐름이 되었다. 다시 말해 대통령 선출 과정에 미치는 정당정치에 초점을 맞추다 보니 선출 이후에 달라질 수밖에 없는 대통령과 정당 간 상호 작용에 대한 연구는 비교적 소홀해졌다.

한편 2차 세계 대전 이후 미국 정치의 특징 중 하나인 분점 정부(divided government)의 빈번한 등장을 고려해야 한다. 정치 개혁이 점점 어려워지고 입법 교착(gridlock)이 일반화되는 상황에서 미국 정치학계는 대통령 소속 정당(party-in-power)과 의회 다수 정당(congressional majority party)이 불일치하는 분점 정부 현상에서 그 원인을 찾게 되었다. 민주당이 하원의 다수당으로 1954년부터 1994년까지 무려 40년을 지배하는 상황이었던 것과는 달리 대통령 선거에서는 공화당이 종종 선전함에 따라 2차 세계 대전 이후 미국에서는 분점 정부가 비교적 자주 형성되었다. 이에 따라 분점 정부는 왜 형성되는가 혹은 분점 정부는 어떤 영향을 미치는가에 대해 주로 연구자들의 초점이 맞춰지게 된다. 대통령과 정당은 어떤 구체적인 관계를 맺게 되는가에 대해 분석은 상대적으로 경시되었다. 미국의 현대적 대통령제(modern presidency)가 가진 핵심 요소로 거론되는 소통적 대통령제(rhetorical presidency)와 행정부 대통령제(administrative presidency)를 예로 들어 알아보자. 클링하드(Klinghard 2005)는 미국 대통령 정치가 1880년대에 들어와 잭슨식 정당 조직(Jacksonian party organization)과 결별하지 않았더라면 이 두 가지 요소 모두 생성되기 어려웠을 것이라고 주장한다. 미국 정당의 전국 정당화 과정과 대통령 정치의 본격화가 서로 맞물리게 되었다는 설명이다. 이처럼 미국의 대통령 정치와 정당정치는 역사, 이념, 선거, 정책, 조직 등 거의 모든 영역에 걸쳐 상호 작용을 주고 받는 가운데 다양한 질문들을 던지고 있다. 그중 몇 가지는 다음과 같다.

첫째, 대통령과 정당 중 누가 정치적 주도권을 가지는가? 누가 누구에게 더 큰 영향력을 행사하는가 문제는 대통령-정당 관계의 핵심적 이슈 중 하나다. 미국 정치 역사를 살펴보면 주로 정당에 선거를 의존하던 대통령이 선출 이후에 제도적으로 독립된 권력을 가지게 됨에 따라 대통령-정당 관계가 변화되었다는 점을 밝힌 밀키스(Milkis 1993)의 연구 의의가 매우 크다. 뉴딜 시대를 거치면서 미국 정치는 정당정치에서 행정부 정치로 변화되었다는 사실이 밀키스 분석의 주요 발견이다. 각 주의 정치적 활동을 주도했던 정당이나 연방 의회에서 입법을 맡았던 정당이나 모두 루스벨트(Franklin D. Roosevelt) 대통령의 뉴딜(New Deal) 시대 이전의 산물이다. 밀키스의 주장에 따르면 대통령 중심의 적극적인 국가(active govenrment)가 뉴딜 시대에 탄생하게 되었고 대통령이 기존의 정당 영향력에서 벗어나 행정부를 장악함으로써 새로운 리더십을 정립하게 된다. 이에 따라 미국 정당의 역할과 위상이 달라지게 되었다. 루스벨트 이전의 씨어도어 루스벨트(Theodore Roosevelt)나 우드로우 윌슨(Woodrow Wilson) 대통령 역시 유사한 정치적 노력을 기울였다(Tulis 1987). 대공황(Great Depression)과 2차 세계 대전이라는 미증유의 국내외적 위기 상황 속에서 등장한 루스벨트 리더십은 대통령-정당 관계를 근본적으로 뒤바꾸어 놓았다. 전통적인 미국 정당들이 주(state) 정부를 중심으로 엽관주의(patronage)에 기초하고 있었다면 루스벨트 이후의 미국 정당들은 국가 전체의 정치 및 정책 경쟁에 관심을 쏟는 조직체로 변신했다. 특히 대통령 선거와 관련하여 정치 자금 및 미디어 캠페인이 중요해지면서 주 단위를 넘어선 전국 차원의 정당 조직이 대폭 강화되었다. 이러한 정당의 전국화(party nationalization)는 미국의 대통령-정당 관계에 결정적 역할을 미치게 된다. 대통령의 권한 강화가 전국 단위 대통령 선거 경쟁에 의해 추동됨에 따라 전통적인 연방주의 정치 시스템에 변화가 발생하였다. 주로 정당에 영향을 받던 대통령 시기가 마감되고 대통령이 정당을 주도하는 시대가 열린 것이다.[17] 현대 대통령(modern presidency)의 등장이 대통령과 관련된 정당의 성격을 바꾸었고 이는 결국 대통령과 정당 사이의 관계를 변화시킨 셈이다.

둘째, 대통령은 국가의 지도자인가 혹은 정당의 지도자인가? 이 질문은 미국 대통령 리더십의 근원적인 딜레마와도 관계가 깊다. 클린턴 대통령은 재선 임기의 마지막 해였던 2000년에 중국과의 최혜국 대우 조항 영구화(Permanent Normal Trade Relations)에 공을 들이게 된다. 1989년 톈

---

17 예를 들어 아놀드(Peri Arnold 1994)는 밀키스(1993) 저작에 대한 서평을 통해 "대통령은 정당에 의해 강화되기도 하였고 제한되기도 하였는데 루스벨트는 이 연결 고리를 끊었다"고 정리한다.

안먼 사태 이후 1990년대 내내 중국과의 자유무역을 놓고 연방 의회가 매년 중국의 최혜국 대우 자격에 대해 정치적 표결을 반복해 오고 있던 터다. 더 이상 자신의 선거가 없는 클린턴 대통령은 자신의 소속 정당인 민주당의 격렬한 반대에도 불구하고 중국을 국제 사회의 일원으로 끌어 들여야 한다는 자신의 정치적 소신과 업적을 위해 초당적 리더십을 발휘하였다. 민주당 의원들 중 찬성 71명, 반대 138명이라는 표결 결과만 놓고 보면 단순한 정당 리더로서의 클린턴 대통령은 실패한 사례로 치부되었을 것이다. 2010년 중간 선거에서 참패한 직후 오바마 대통령은 부시 행정부 당시의 세금 감면 법안을 연장하는데 공화당과 전격 합의하였다는 발표를 한다. 샌더스(Bernie Sander, I-VT) 상원 의원은 필리버스터를 주장하며 거세게 반대했고 같은 당 중진 의원인 하킨(Tom Harkin, D-IA) 역시 대통령의 굴복이라고 비판했다. 이처럼 미국 대통령은 기본적으로 소속 정당의 리더이지만 종종 국가의 지도자로 리더십을 발휘하기도 한다. 소속 정당을 항상 외면하고 국가 이익만 챙길 수는 없다. 국익을 위해 항상 라이벌 정당과 제휴할 수도 없다. 대통령의 리더십 딜레마(leadership dilemma)는 미국 대통령-정당 관계의 복잡성을 상징적으로 보여 준다.[18]

셋째, 대통령은 정당의 건설자인가 아니면 파괴자인가? 통상적으로 주요 정당의 후보로서 선거를 치러야 하는 대통령이 프라이머리(primary)를 포함한 선거 과정에서 소속 정당과 대립하는 일은 거의 일어나지 않는다. 자신을 대통령으로 만들어 준 정당과의 본격적인 협력 혹은 갈등 관계는 당선 이후에 대통령 직책을 수행하면서 형성되는 것이 일반적이다. 이를 건설자 대 파괴자로 구분하여 분석한 연구자는 갤빈(Daniel

18 대통령 리더십에 관한 권위적 연구자인 하그로브(Erwin Hargrove 1966)에 따르면 직무와 리더십 에 대한 대통령의 시각(view)과 신념(beliefs)이 정당 리더십을 추구할지 혹은 국가 리더십을 추구할지 결정한다고 한다. Erwin C. Hargrove. 1966. *Presidential Leadership: Personality and Political Style.* (New York: McMillan)

Galvin 2010)이다. 갤빈의 대통령-정당 관계에 관한 시각은 대통령 정치에 관한 새로운 관점을 제공한다. 개인과 제도라는 강조점의 차이는 있을지라도 뉴스태드 이론과 합리적 선택 이론은 모두 대통령 정치가 운영되는 시스템을 일종의 주어진(given) 것으로 본다는 것이 갤빈의 주된 문제 제기다. 기존의 시스템하에서 권력 자원을 극대화하여 성공적인 대통령이 되려고 한다는 관점에서 벗어나 시스템 자체를 변혁하려는 변화의 추동자(agents of change)로 대통령을 인식할 필요가 있다는 주장을 내놓는다. 이처럼 시스템을 바꿔 보려는 대통령의 역할과 전략이 가장 밀접하게 닿아 있는 부분이 정당과의 관계다. 갤빈의 연구에 따르면 2차 세계 대전 이후에 공화당 출신 대통령들은 주로 정당 건설자(party builder)였다. 민주당 소속 대통령들은 정당 파괴자(party predator)에 가까웠다. 정당 건설과 파괴의 기준점은 정치 자금 모금 활동, 선거 지원 유세, 정당 당원 확충, 유권자 동원, 당내 행사 지원, 정당 조직에 대한 재정 지원 등을 포함한다. 아이젠하워, 닉슨, 포드, 레이건, 부시 대통령 등은 대부분 이러한 정당 건설(party-building) 활동에 적극적이었다. 케네디, 존슨, 카터 등 민주당 대통령들은 반대였다. 다만 클린턴 대통령은 민주당 소속이지만 2기 행정부 당시 정당 건설에 매우 적극적인 역할을 하였다. 이는 오바마 대통령 1기 행정부와도 연결되는 새로운 관행이 된다.

넷째, 대통령은 정당의 위상과 정책을 어떻게 바꾸는가? 아자리 등(Azari et al 2013)의 연구에 따르면 헌법 책무와 정당정치 사이에 위치한 미국 대통령의 리더십 딜레마는 개인적 차원과 구조적 차원으로 나누어서 고려해 볼 수 있다. 구조적 차원은 선거 및 정치적 시간의 변수, 분점/단점 정부 여부, 그리고 행정부 수반으로서의 대통령 역할 등에 영향받는다. 리더십 딜레마의 해결을 위해 "연합 결성자(coalition-builder), 행정부 지도자(chief executive), 그리고 대중을 향한 소통자(bully-pulpit communicator)"로서의 역할을 대통령이 감당한다. 제이콥슨(Jacobson 2019)의 경우 설문 조사 방식을 통해 대통령이 정당에 미치는 영향을 체계적으로 분석하였다. 대통령은 후보 이전부터 후보 시절, 재임 동안, 그리고 퇴임 이후에도 정당의 평판과 지위 및 선거 승리에 총체적인 영향을 미친다고 한다. 특히 정당의 역량(party competence)에 관한 유권자들의 인식에 미치는 대통령의 역할이 중요하다. 페트로식(Petrocik 1996)이 고안한 정당의 "이슈 소유권(issue ownership)" 개념도 이와 관련이 깊다. 예컨대 유권자의 인식 속에 경제를 잘 다루는 정당이 있는가 하면 안보에 강한 정당이 있다는 식이다. 당면한 정책 현안마다 강점 혹은 약점을 보이는 정당이 유권자의 이해 범주 안에 존재한다는 주장이다. 결국 이슈에 관련된 국민들의 정당 관련 인식은 같은 정당 대통령의 재임 당시 업적 혹은 실패와 큰 연관성을 가질 수밖에 없다.[19]

일례로 루이스(Lewis 2017)는 미국 정당의 외교정책 이데올로기, 즉 해외 문제 개입과 관련된 정당의 입장 변화를 역사적으로 추적하였다. 주요 독립 변인은 소속 정당 대통령의 집권 기간으로 삼았다. 연구 결과 1900년부터 2009년까지 109년 동안 장기적인 대통령 권력의 정당 지배(long-term party control of the presidency)는 총 아홉 차례 변동하였다.[20] 이 중에서 1961년부터 1969년간의 사례 한 번을 제외한 여덟 번의 경우가 모두 대통령의 개입적인 외교정책 방향으로 정당 역시 변화하였음을 밝혔다. 예외는 민주당 정권 하의 베트남 전쟁 실패였으며 민주당 존슨(Lyndon B. Johnson) 대통령의 베트남 확전과 재선 포기 등 대통령과 민주당 간의 관계가 정치적 굴곡을 겪었던 경우에 해당된다. 결론적으로 루이스에 따르면 장기적인 대통령의 권력 점유가 정당 변화의 핵심이다. 한편 탈냉전 도래와 미·중 경쟁 심화, 이라크 전쟁 실패, 금융 위기 등 격변하는 국제 정세를 미국은 비교적 짧은 시간에 경험하는 중이다. 게다가 양극화 현상의 심화는 대통령 권력의 정당 지배를 불안정하고 극

---

19 개이블과 홈(Gable and Holm 2009)은 부시 대통령의 이라크 전쟁 실패로 인해 안보 분야에 있어 공화당이 우위라는 국민들의 기존 인식이 크게 약화되었다고 분석한 바 있다.

20 루이스는 장기적인 대통령 권력의 정당 지배를 적어도 대통령의 연임 성공으로 정의한다.

단적인 상황으로 몰고 가는 중이다. 이러한 맥락에서 대통령이 정당에 미치는 영향은 어떤 변화를 겪고 있는지 살펴보는 것도 중요하다. 새로운 국제 정세가 새로운 정치 환경과 만나고 있는 중이다. 보다 근본적인 질문은 소속 정당이 가지고 있던 정책 입장을 대통령이 과연 어떻게 변경시킬 수 있는가에 관한 것이다.

2 정책 연합(coalition building)과 외교 변화: 미국 대통령 리더십과 정당정치

본 연구의 목적은 외교정책을 둘러싸고 형성되는 미국의 대통령과 정당 관계를 정치 연합 차원에서 분석하는 것이다. 특히 미국이 중국 정책을 만드는 과정에서 대통령 단독이 아닌 정당 및 계파와의 정책 연합 형식으로 이루어진다는 것을 설명하고자 한다. 대통령 정치를 후보 선출 과정과 당선 이후 정치로 크게 대별해 보는 경우 전자에 관한 연구는 적지 않은 반면 후자의 경우 주로 분점 정부 상황 같은 의회와의 관계가 주요 내용인 경우가 많다. 견제와 균형의 제도적 원리가 주로 대통령과 의회 사이에 작동한다. 게다가 대통령이 가진 국가 지도자와 정당 지도자 사이의 균형도 현실적으로는 애매하기 때문이기도 하다. 이러한 맥락에서 셀리그만과 코빙턴(Seligman and Covington 1989)의 연구는 의의가 크다. 그들은 존슨(Lyndon Johnson)과 닉슨(Richard Nixon) 대통령으로 대표되는 제왕적 대통령제(imperial presidency)와 직후에 등장한 포드(Ford)와 카터(Carter) 유형의 제한적 대통령제(imperiled presidency)에 우선 주목하였다. 그리고 1980년대에 등장한 레이건 대통령이 어떻게 이를 극복하였는지에 대해 연구를 진행하였다. 두 학자의 핵심적인 문제 의식은 20세기에 접어들면서 미국 대통령이 처한 리더십 위기에 관한 것이었다. 새로운 정책 결정을 둘러싼 대통령의 주도적인 역할을 놓고 국민과 정치권 전반에서 기대와 요구는 점점 커졌다. 그런데 대통령을 선출하는 방식의 독특성 등의 이유로 인해 대통령에 대한 선거 지지(electoral support)가 당선 이후의 정치 연합(governing coalition)으로 연결되지 못하는 현실도 동시에 발생하였다. 이 두 가지 요소 간의 괴리가 현재 대통령 리더십이 처한 위기의 본질이라는 주장이다. 일찍이 헌팅턴(1975) 역시 대통령 후보가 승리하기 위한 선거 연합과 당선 이후 통치하기 위한 정책 연합 간의 불일치를 주목한 적이 있다. 성공적인 선거 연합이 성공적인 정책 연합으로 이어지는 것을 보장할 수 없다는 성격이 미국 대통령제의 특징이라는 관찰이다.

따라서 미국의 대통령과 정당, 그중에서도 특히 정당 내 계파와의 상호 작용에 대한 이해는 현대 미국 대통령이 직면하고 있는 리더십 위기를 분석하는데 유용하다. 본 연구의 주된 분석 내용인 대통령과 정당 계파 간의 정책 연합 형성은 셀리그만과 코빙턴에 의해 강조된 "연합적 대통령(coalitional presidency)"과 궤를 같이 한다. 정당 조직에 별로 의지하지 않고 후보 개인 중심으로 선거를 치른 뒤 대통령으로 당선되었다고 하더라도 워싱턴 정가에서 대통령 정치를 수행할 때 필수적인 것은 바로 정책 연합(policy coalition)의 결성이다. 이러한 정책 연합은 선거 지지 세력이나 조직과는 다소 동떨어진 성격을 가진다. 뉴스태드 원칙처럼 대통령의 성공은 궁극적으로 연방 의회를 설득하여 입법에 성공하는데 달려있다. 이러한 내부자 게임(insider-game)은 선거 당시에 형성된 지지 그룹과는 별개의 성격을 가진다. 미국의 정당이 선거 연합과 정책 연합 간의 매개체 역할을 점점 더 수행하지 못하게 된 것이 미국 대통령제 실패의 원인이 되었다고 셀리그만과 코빙턴은 주장한다.

결국 정책 연합 성격의 대통령 리더십을 발휘하기 위해서 우선적으로 필요한 것은 두 정당 내부의 계파 상황과 선호에 대한 이해다. 대통령이 추진하는 정책을 의회에서 통과시키기 위해서는 하원의 218표 이상과 상원의 60표 이상의 확보 여부가 중요하다. 이미 상하원의 찬성 세력 규모가 충분히 크다면 대통령의 입법 노력은 크게 필요하지 않겠지만 이는 미국 정치에서 흔하지 않은 상황이다. 게다가 대부분의 주요 법안 경우에는 의원들의 입장이 갈리거나 유동적인 때가 적지 않다. 이 경우 대통령의 입법 리더십이 연합적 대통령제 형태로 발휘되어야 한다. 특히 미국 대통령의 정책 연합 리더십은 영구하거나 단일한 성격이 아니다. 정책 영역마다 등장하는 정책 수혜 그룹 혹은 피해 집단의 규모와 변화에 정치적으로 민감할 수밖에 없다. 대통령과 정당 계파 사이의 정책 연합이 주로 특정 입법 시도를 둘러싼 일회성 연합이 될 가능성이 높다는 뜻이기도 하다. 셀리그만과 코빙턴의 연합적 대통령제는 정당 내부의 계파 정치에 직면한 미국 대통령의 리더십을 뜻한다고 해석할 수 있다.

양대 정당제를 운영해 온 미국 의회 내의 정책 연합 가능성들에 대해서는 많은 학자들이 관심을 가지고 분류 작업을 펼쳐 왔다. 예를 들어 쿠퍼와 영(Cooper and Young 1997)은 공화당과 민주당이 결성할 수 있는 정책 연합을 초당파(bipartisanship), 당파(partisanship), 그리고 교차당파(crosspartisanship)로 분류한다. 두 정당이 함께 찬성 혹은 반대 입장을 공유하는 상황은 초당파적 연합(cooperation)을 뜻한다. 반대로 두 정당 내부의 상당수 의원들이 상대방 정당과 같은 입장을 취하지 않는 상황은 당파적인 대립(confrontation)으로 치닫는다. 두 정당 모두 내부적으로 찬성과 반대가 엇비슷하게 공존하면서 상대 정당의 찬반 그룹과 입장이 유사한 경우는 교차당파적 교착(gridlock)에 이르게 된다. 다만 한 정당 내부에서 과반 이상이 다른 정당 내부의 과반 이상과 같은 정책 입장을 공유한다면 이는 광의의 초당파적 연합으로 이해할 수 있다.

〈그림 2〉는 미국의 양당제 시스템이 도출할 수 있는 정책 형성 시나리오를 보다 세분화하여 유형별로 정리해 본 내용이다. 특히 쿠퍼와 영(1997)이 교차당파적인 상황으로 처리한 사례와 관련하여 분열 이슈(wedge issue) 상황 한 가지를 더 추가하였다. 즉 예를 들어 왼쪽 아래 경우를 살펴보면 공화당이 다수당 지위를 차지하고 있고 민주당은 소수당이

다. 다수당인 공화당은 특정 이슈에 대해 공화당1과 공화당2로 내부적인 분열을 겪고 있다. 이에 비해 소수당인 민주당은 단합된 정책 선호를 유지하고 있다. 이 이슈를 놓고 표 대결을 한다고 가정해 보자. 공화당2 그룹과 민주당이 일종의 정책 연합을 결성하게 되는데 공화당2와 민주당의 표를 합하면 공화당1의 표보다 더 많으므로 이 법안은 통과된다. 이 법안이 마침 대통령의 외교정책 내용을 담고 있다면 대통령과 정당 계파 사이의 연합 정치 성격을 가지게 되는 셈이다. 의회 소수당인 민주당의 정책 선호가 대통령의 리더십을 통해 입법에 반영되는 특이한 경우가 발생하는 결과이기도 하다. 이를 분열 이슈 상황이라고 부르기로 한다. 실제로 미국 하원에서 소수당이 자신의 정책 선호를 입법 성과로 연결하는 경우는 매우 드물다.

| 그림 2 양당제 미국 의회의 정책 연합 4가지 시나리오

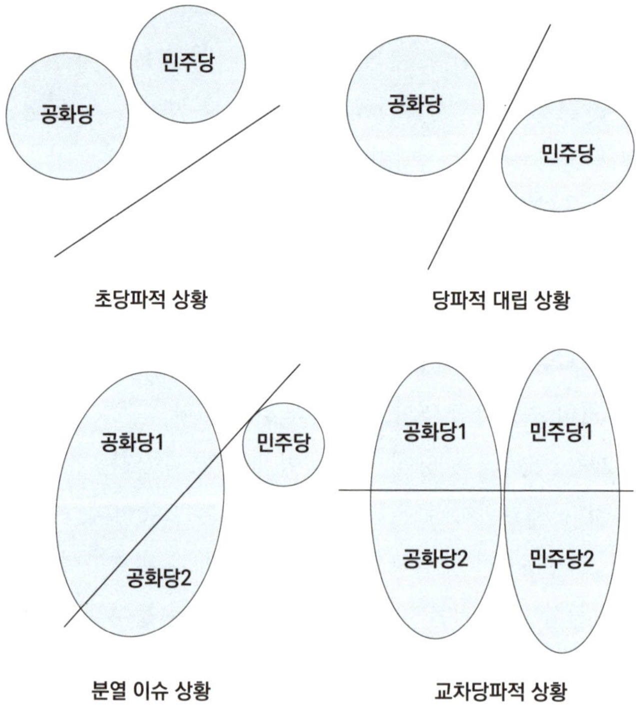

오른쪽 아래의 교차당파적인 상황은 두 정당 내부의 균열이 거의 비슷한 규모로 유지되고 있는 경우를 상정한다. 공화당1 그룹과 공화당2 그룹의 찬반 크기에 별 차이가 없는데 이는 민주당1과 민주당2도 마찬가지 상황이다. 이러한 경우 새로운 정책 변화를 이끌어 내기 어렵다. 찬성 혹은 반대가 비슷함에 따라 표결로 결과가 정해지지 않을 가능성이 크기 때문이다. 게다가 정당 내부의 극심한 분열을 부추기게 되는 상황에 대통령이나 정당 지도부가 적극적으로 나설 가능성도 적다. 결론적으로 〈그림 2〉는 특정 이슈가 의회에 주어졌을 때, 다시 말해 대통령의 외교 혹은 입법 어젠다를 의회가 대응하게 될 때 공화당과 민주당의 내부 계파들의 정책 선호에 따라 정책 연합이 다양하게 발생할 수 있음을 보여준다. 일종의 정지 화면(snap-shot) 성격의 묘사에 가까운데 실제로는 더 복잡하고 변동적인 양상을 띠게 됨은 물론이다.

한편 대통령과 정당 간 연결은 대통령의 의제 설정 권한(agenda-setting power)과도 관련이 깊다. 위의 〈그림 2〉에는 정책 이슈에 관한 공화당과 민주당의 내부 상황이 다양하게 반영되어 있다. 그런데 직선으로 표시되어 있는 정책 연합 분할선(dividing line)이 실제로 만들어지는 과정에서는 대통령의 역할이 매우 크고 역동적이다. 구체적으로 분할선이 언제, 어떻게, 왜 그어지는가를 대통령이 결정한다고 보아도 과장이 아니다. 물론 인권 증진과 민주주의 수호 등 의회가 주도하여 성과를 낼 수 있는 대외 정책 현안들이 없지는 않다. 하지만 대부분의 외교와 안보, 통상 및 이민 문제 등은 대통령의 정책 리더십과 의제 설정 권한에 크게 영향받기 마련이다. 예를 들어 기후 위기 해결을 위한 중국과의 협력을 주도하는 대통령이 등장함에 따라 의회가 국내적 실천을 위한 입법을 시도한다고 가정해 보자. 오른쪽 위의 그림과 같은 사례가 발생할 수 있는 경우에 해당된다. 만약 자기 소속당의 반대를 상당 부분 해소하고 상대 정당의 선호를 동시에 반영하는 정책을 추진하는 대통령이 있는 경우 왼쪽 위의 초당파적 협력에 성공할 수도 있게 된다. 아니면 반대로 공화당 대통령이 라이벌 민주당의 단합된 입장과 연합하여 자신의 공화당 내 일부 반대를 무릅쓰고 입법을 추진하는 경우 왼쪽 아래의 분열 이슈 상황을 통해 정책 성공을 이끌어 낼 수도 있다.

때로는 이슈 성격 자체가 변화함으로써 새로운 분할선 및 정책 연합이 만들어지기도 한다. 우선 정당 지도부가 이슈의 성격 변화에 주목하여 해당 이슈를 진화시키는 경우(issue evolution)가 있다. 그리고 정책의 성격 자체가 정당의 인식이나 전략과는 무관하게 달라지는 경우도 있다. 카민스와 스팀슨(Carmines and Stimson 1989)이 제시한 이슈 진화 이론은 소수 정당이 가진 이슈 관찰 능력으로부터 출발한다. 뉴딜 시대 내내 의회 소수당이었던 공화당 지도부는 "이하 동문(me, too)" 입장에서 탈피해야 했고 가능하도록 만들어주는 이슈를 발굴해야 했다. 적극적인 정부 개념과 선제적인 경제 정책 차원에서는 차별성을 보여줄 수 없었던 공화당 입장에서 볼 때 남부 백인 유권자들의 정서를 파고들 수 있는 인종 문제가 민주당을 방해하는 분열 이슈(wedge issue)로 떠올랐다. 〈그림 2〉의 분열 이슈 상황에서 두 정당의 이름만 바꾸면 민주당의 분열과 공화당의 단합을 가져온 1960년대 이후 미국의 인종 문제 변화를 가리키고 있다. 이러한 이슈의 성격 변화 과정은 남북전쟁 이후 링컨 정당이었던 공화당과 차별주의적 정당이었던 민주당 간의 당파적 입장 차이에서 진행된 것으로 파악해 볼 수 있다.

정당의 직접적인 전략과 별 상관없이 이슈 성격 자체가 변한 사례로는 이민 정책과 노동 시장의 변화를 꼽을 수 있다. 라티노(Latino) 인구가 대거 미국에 유입되면서 전통적으로 노조 친화적이었던 민주당은 라티노 노동 계층에 비판적인 그룹과 소수 인종을 보호해야 한다는 두 그룹으로 내부가 갈리게 되었다. 그런데 시간이 흐르면서 라티노 노동자들이 종사하는 노동 시장이 주로 서비스 산업에 국한된다는 사실이 드러나게 되었고 주로 제조업 노조와 연대감이 강했던 민주당 그룹이 경계심을 점차 풀게 된다. 소수 인종의 권익을 지키자는 정당의 전통적 입장

뿐만 아니라 인구가 급속히 증가하는 라티노 유권자 그룹을 포섭해야 하는 선거 전략적 이유 때문에라도 민주당의 분열은 사라지게 되었다. 〈그림 2〉로 되돌아가 보면 라티노 노동자들을 둘러싼 정당 간 정책 연합 양상은 원래 오른쪽 아래와 유사했다. 이민 노동자 친화적인 공화당 내 그룹(pro-business GOP)과 법 질서 유지에 민감한 공화당 그룹(law-and-order GOP)으로 인해 공화당 역시 분열되어 있었음을 알 수 있다. 이후 이슈 자체의 정치경제학적인 성격이 변함에 따라 〈그림 2〉 왼쪽 아래의 분열 이슈 상황으로 전환되는 변화를 감지해 볼 수 있다. 앞서 설명한대로 민주당 내의 갈등은 점차 해소된 반면 공화당 내부의 분열 양상은 그대로이기 때문이다. 만일 트럼프 2.0 시대에 강경 이민 정책 드라이브가 가속화됨에 따라 이민 노동자를 보호하려는 공화당 그룹이 대폭 위축되어 공화당 역시 한 가지 입장이 된다면 다시 한번 이슈 성격의 변환이 가능해진다. 오른쪽 위의 당파적 대립 상황으로 바뀔 수 있다는 것이다.

Ⅳ 소결

미국 대통령의 외교정책에 관한 권력이 대통령의 리더십의 성격 및 국제 관계 특성과 관련이 크다는 점에 대해서는 이론의 여지가 없다. 권력의 속성상 국내 정치적 권력과 대외 관계를 위한 권력이 크게 다르기 또한 어렵다. 국내에서 약해진 권력 상황에 처한 대통령이 대외 관계에서 강력한 리더십을 발휘하는 일도 드물다. 국제 문제라는 예측 불허의 외생 변수가 초래하는 불확실성 역시 미국 대통령이 행사하는 외교 권력을 다차원적으로 규정한다. 위기 시에 발생하는 대통령을 향한 결집 효과에도 불구하고 단기적이고 가시적인 성과를 거두지 못하는 대통령의 외교 권력에 대해서는 2년마다 유권자들이 심판해 온 것이 미국 외교 역사다. 본 연구는 미국 대통령의 외교정책 권한이 대통령의 일반적 권력과 별개라거나 혹은 국제 이슈보다 국내 정치가 대통령의 외교 권력에 더 중요한 요소라고 주장하지는 않는다. 대외 문제를 둘러싼 대통령 권력의 경우 기존의 권력에 비해 별도의 특수한 속성이 존재하는지, 국제 관계 못지않게 민주주의 시스템이 만들어내는 대통령의 외교 권력의 특이점은 없는지 살펴보려는 것이 본 연구의 목적이다.

정리해보자면 외교 권력과 관련하여 미국 대통령이 만나게 되는 특수한 상황은 정치적 현실, 제도적 차원, 그리고 선거 주기 등을 꼽을 수 있다. 의회, 정당, 언론, 여론, 이익 난체 등의 복잡한 상호 작용에 의해 생산 및 재생산되는 국내 정책과 달리 다른 나라와의 관계 속에 규정되는 외교정책 경우 일단 현실화되면 구조적인 변경이 쉽지 않다. 외교 현실이 미국 정치와 경제, 사회에 영향을 미치는 경우에도 마찬가지인데 이에 따른 대통령 외교 권력의 선제적이고 독점적인 성격이 두드러진다. 또한 견제와 균형을 제도적 원칙으로 수용하여 탄생한 미국에서 대통령 권력의 제도화가 촉진된 계기는 국제적인 대공황과 전쟁이었음을 주목할 필요가 있다. 관료화 절차와 함께 발생한 미국 대통령 권력의 확대 과정은 기본적으로 외교 영역에도 적용되었다. 기존의 대통령-의회 관계와는 다른 특수한 정책 결정 과정으로 이어졌다. 사법부가 분쟁적인 외교 문제 사례에 대해 대부분 대통령 권력을 지지하거나 묵인하는 제도적 전례들을 만들어 낸 것도 큰 영향을 끼쳤다. 설득 권력(power-to-persuade)으로 이해되던 대통령 권력에 대해 일방 권력(unilateral power) 관점의 연구가 점점 더 활발해진 배경이기도 하다. 한편 외교 권력과 선거 정치의 상관성 역시 미국 정치의 특수성을 보여준다. 2년에 한 번씩 투표소로 향할 때 국제 문제를 가장 중요한 이슈로 염두에 두는 미국 유권자들은 많지 않았다. 외교정책이 선거의 핵심 쟁점으로 부각된 미국 선거가 흔치 않은 이유다. 그럼에도 불구하고 안보와 관련하여 전쟁의 개시 혹은 신속한 승리 및 대처가 선거에 도움이 된 경우는 적지 않다. 반대로 결론 없이 지속되기만 하는 무력 개입이나 확실한 군사 작전 실패는 선거 과정과 결과를 매개로 하여 대통령의 권력에 직접적인 영향을 끼쳐 왔다.

트럼프의 등장과 재집권으로 인해 변화된 미국 대통령의 외교 권력에 대한 최종적인 평가는 아직 이르다. 실제로 트럼프로 인한 미국의 변화는 포스트-트럼프 시대에 가서야 비로소 확증될 수 있다고 보기 때문이다. 2차 세계 대전 이후 글로벌 리더십을 제공하던 시기에도 언제나 경제적 이해 관계에 민감했던 미국이 점차 국제 경쟁력을 상실하게 되었다. 오바마 대통령 이후 공화당 지지 세력으로 탈바꿈한 백인 노동자 계층이 중서부 경합주에 밀집해 있는 사실이 트럼프의 주된 정치적 성공 배경임에는 틀림없다. 하지만 자신의 막말 및 예측 불가능성 때문이든 팬데믹으로 인한 불운 때문이든 트럼프 대통령은 2020년 재선에 실패한 적이 있다. "트럼프 연합(Trump coalition)" 혹은 트럼피즘(Trumpism)이 완전히 구축되었다고 보기는 어렵게 만들기도 했다. 하지만 2024년 대선 결과 7개 경합주 완승을 통해 복귀에 성공한 트럼프와 트럼프 시대를 이해하는 일은 미국 정치와 외교를 분석하는데 필수적인 사안이 아닐 수 없다. 물론 양극화 시대에 중도 및 외연 확장에 관심이 없고 오직 지지층 중심의 정치에만 집중하는 트럼프의 미국이 전체의 미국이 되기는 쉽지 않다. 반(反)트럼프의 미국에도 항상 주의를 기울여야 한다. 특히 행정 명령과 행정합의를 주요 외교정책 도구로 사용하는 트럼프의 리더십은 미국 대통령의 외교 권력 변화를 제도적으로 가늠하기에도 충분치 않다. 하지만 대통령의 외교 권력에 대한 의회의 견제가 크게 약화되었고 백악관 중심의 미국 외교로 인해 관료 전문성이 떨어진 현 상황은 트럼프의 외교 권력을 단순히 일회성 변화로만 볼 수 없도록 만드는 측면이 있다. 결론적으로 정치 양극화 맥락이기에 가능한 미국 대통령의 일방주의 대외정책이 그동안 국제 정치와 경제 질서하에서 견고하게 유지되어 온 미국의 기득권 세력과 유권자 정서를 완전히 바꾸어 놓을 것인지가 관건이다. 그 변화의 과정 자체도 거꾸로 미국 대통령의 외교 권력에 큰 영향을 미칠 것임은 분명하다.

chapter 03

1868년 벌링게임 조약과 2000년 영구적 최혜국 대우: 초당파 외교는 어떻게 형성되는가?

CHAPTER
03

1868년 벌링게임 조약과 2000년 영구적 최혜국 대우: 초당파 외교는 어떻게 형성되는가?

"공자의 나라가 워싱턴의 나라에 인사하러 왔다."

– 벌링게임(Burlingame, 1868)

I 서론

어느 나라를 막론하고 국제 정치와 국내 정치가 만나는 영역에서 빈번히 언급되는 주제 중 하나는 초당파 외교다. 다양한 이해 관계가 얽혀 있는 국내 이슈들과 달리 국가 간 외교 문제에 대해서는 국가 내부의 단결만이 국익을 증진할 수 있다는 오래된 믿음에 기초한 현상이다. 2차 세계 대전 종결 이후 냉전이 막 시작되던 시점에서 미국 상원의 반덴버그(Arthur Vandenberg) 외교위원장은 공화당 소속이었지만 민주당 출신의 트루먼(Truman) 대통령과 정파를 뛰어넘는 대응을 구축하는데 협력하였다. "정치는 국경선 앞에서 멈춰야 한다(Politics should stop at the water's edge)"라는 주장과 함께 반덴버그 위원장은 1947년 트루먼 독트린, 1948년 마셜 플랜, 1949년 나토(NATO) 창설 등을 위한 지속적인 공화당의 협력을 이끌어낸 주역이었다. 유엔(UN) 안전보장이사회의 거부권을 가지고 있는 소련에 맞설 수 있는 서구 중심의 동맹 조직 창설을 제안한 1948년 3월의 반덴버그 결의안(Vandenberg Resolution)은 1949년 4월 4일 북대서양 조약 서명의 토대가 되었다. 실제로 이러한 미국 국내 정치적 전개는 1차 세계 대전 종결 이후 민주당 소속의 윌슨(Wilson) 대통령이 착안하였던 국제 연맹(League of Nations)과 집단 안보(collective security) 구상이 공화당 상원에 의해 철저히 가로막혔던 것과는 대조적이다. 상원 외교위원장이자 동시에 공화당 지도부였던 롯지(Henry Cabot Lodge) 의원은 "롯지 보류법(Lodge Reservations)"을 동원하여 윌슨의 다자주의 및 국제주의 외교정책을 비판하였다. 그 결과 베르사이유 조약은 연방 상원에서 부결되었고 1920년대 미국은 다시 고립주의로 되돌아가게 되었다. 국내적인 초당파 합의가 가능한가 여부에 따라 미국의 글로벌 리더십이 강화되기도 하고 후퇴하기도 했음을 외교사가 증언하고 있다.

그런데 초당파 외교에 관한 이론적 분석은 여전히 충분치 않다. 초당적(bipartisan)이라는 개념 자체가 모호함에 따라 발생하는 측정(measurement)의 문제가 우선 제기된다. 초당파 외교는 흔히 만장일치 외교로 오해되는 것과 무관치 않다. 언론 보도나 역사 분석에서 주로 초당파적 외교가 다루어지고 있고 사후적 평가 중심의 접근이 주를 이루면서 가설 검증을 통한 사회과학적 이론화 시도는 상대적으로 많지 않다. 초당파적 외교란 구체적으로 어떻게 정의할 수 있을까? 초당파적 외교는 언제 가능하며 왜 필요한가? 초당파적 외교는 언제나 국익을 증진하는가? 등 다양한 질문들에 대한 답을 내놓기에는 학문적인 공백이 엿보인다. 학제적 관점에서 보면 초당파 연구 관련 특이점이 존재한다. 전통적으로 정당정치와 외교정책이 정치학 내의 상이한 분야에서 연구되어 왔다는 사실이다. 미국을 예로 들면 정당정치는 미국 정치학 연구자들에 의해, 외교정책은 국제 정치학 연구자들에 의해 분석되어 온 경향이 있다. 정당정치는 주로 선거와 의회를 주제로 다루어 왔고 국제 정치는 국가 간 경쟁과 협력의 차원에서 외교정책을 살펴보고 있다. 정당과 외교의 연결 지점에 대해 정치 과정 이론과 국제 관계 이론의 융합적 접근이 필요하지만 현실에서는 그러한 시도가 드물다. 냉전 시기 반공주의를 토대로 당연시되었던 미국의 초당파적 외교가 냉전 종식 이후 현재의 정치적 양극화 시대에는 사라져 버린 것인가에 대한 질문 정도가 정치학 연구의 주제로 지속되고 있는 형편이다.

본 연구는 초당파 외교를 어떻게 정의할 수 있고 언제 어떻게 가능했는지 혹은 실패했는지에 대해 미국의 정치와 외교 사례를 통해 분석해 본다. 우선 미국의 초당파 외교에 관한 현실과 이론을 살펴본다. 대통령제하에서 초당파 외교의 현실은 의회 차원과 대통령 차원으로 나누어 이해할 필요가 있다. 실제로 외교에 관한 초당적 합의는 정당 간 선택 결과 못지않게 의회-대통령 간 전략 결과 역시 중요하다. 이론적 쟁점은 주로 미국의 초당파 외교는 이제 사라졌는가, 그리고 다시 가능한가 등에 초점이 맞추어져 있다. 이후에는 두 가지 유사한 정치적 맥락에서의 유사한 정책적 선택인 초당파 외교의 역사적 사례에 대해 탐색한다. 1868년에 체결된 벌링게임 조약(Burlingame Treaty)은 미국과 중국 간 최초의 조약인데 공화당이 다수당인 하원에서 탄핵당한 민주당 대통령이 공화당과 협력하여 추진한 결과물이었다. 2000년에 통과된 중국을 위한 영구적 최혜국 대우 법안(Permanent Normal Trade Relations) 역시 공화당 하원이 탄핵한 민주당 대통령이 공화당과 힘을 합쳐 만든 정책이었다. 정치적 갈등이 첨예한 상황에서 특정 정당 소속 대통령이 상대 정당의 지지를 통해 관여적 성격(engagement)의 대중 외교 성과를 이끌어냈다는 사실이 공통점이다. 정치적 배경과 결단, 전략과 선택을 중심으로 미국의 중국 정책을 살펴보는 작업인 셈이다. 두 가지 사례 분석을 통해 정파적 차이를 넘어선 미국 외교가 이후에도 가능할 것인지, 가능하다면 어떤 영역에서 어떻게 이루어질 것인지에 대해 소결을 대신해 전망해 보기로 한다.

Ⅱ 미국 정치와 초당 외교: 현실과 이론

1 초당적 외교의 정치 현실

2차 세계 대전 과정을 통해 세계 자유진영 리더 국가로서의 위상을 공고히 하게 된 미국의 국내 정치적 맥락은 잘 알려져 있다(Gaddis 1982, 권용립 2010). 1차 세계 대전 종결 당시와는 대조적으로 소련의 스탈린(Joseph Stalin) 공산주의 세력에 대항하는 반공주의(anti-communism) 이념이 미국 국내에 팽배해졌고 이를 막기 위한 적극적인 국제주의 정책을 내용으로 하는 미국 내부의 합의를 가능케 하였다(Heale 1990).[1] 실제로 이러한 전개는 미국 정치의 전국화(nationalization) 현상과 큰 상관성을 가진다. 1800년 제퍼슨의 대선 승리 이후 줄곧 연방주의 시스템을 기본으로 운영되던 미국이었지만 우선 경제 영역에서는 1932년 루스벨트 대통령의 당선을 기점으로 뉴딜(New Deal) 연합이 부상하게 된다. 대통령과 행정부의 적극적인 시장 개입과 금융 정책을 전국 단위에서 승인하는 대전환이 일어났다. 안보 영역 역시 2차 세계 대전 종결 이후 소련(Soviet Union)이 내건 공산주의 사상에 맞서는 미국 중심의 자유주의 이념을 통해 미국이 비로소 단일하고 확실한 대외 정책 기조를 보유하게 되었다. 즉 국내 정책을 위한 적극적 정부(active government policy)와 국제 정치를 위한 초당파 외교(bipartisan foreign policy)는 전후 미국의 국가 정체성 변화와 관련된 구체적 내용에 해당된다. 경제와 안보를 아우르는 대통령의 새로운 리더십이 의회와 국민 모두에게 공히 인정받게 되었음을 의미하기도 한다.

초당적 외교를 통해 정책 성공을 거두고 국내 지지율도 높이고자 하

---

1 미국 국내의 뿌리 깊은 "색깔론(Big Red Scare)"이 무정부주의, 사회주의, 공산주의를 척결해 온 역사에 관해서는 힐(Heale 1990)이 상세하게 설명하고 있다.

는 정치적 동기는 대부분의 전후 미국 대통령에게서 발견된다. 초당파적 외교 성과를 주저하거나 당파적인 외교 실패를 선택할 대통령은 상상하기 어렵다. 즉 대통령의 초당파 외교에 대한 수요는 일종의 상수에 해당된다.[2] 따라서 초당적 외교의 필요성을 공급하는 국제 정세의 변화와 미국 내 정파적 세력 및 정책 리더들의 실천 역량이 초당파 대외 정책의 성패를 좌우한다. 권용립(2010)에 따르면 우선 전후 세계 질서 재편 과정에서 미국의 안보 인식에 커다란 변화가 찾아왔다. 19세기 동안 누렸던 미국의 "공짜 안보(free security)" 시대가 지나가고 유럽과 아시아까지 모두 미국의 안보에 중요한 지역이 되었다는 공감대가 등장한다. 특히 핵무기의 보유와 달러의 기축통화 시스템은 냉전 시대의 세계 안전과 번영을 미국이 책임져야 한다는 당위론을 미국 국내에 일반화시키는데 촉매제였다.

특히 민주당 내 남부 출신 보수 중진 의원들과 소수 정당이었던 공화당 간의 보수 연합(conservative coalition)은 "냉전 합의(Cold War Consensus)"를 결성하고 주도하였다. 초당파적 외교정책을 일종의 규범으로, 당파적 외교 논쟁을 예외로 만드는 계기로 작동하였다. 경제 및 사회 정책은 뉴딜 연합을 유지하되 외교와 안보 이슈는 민주당과 공화당의 보수 성향 의원들에 의해 초당파적 접근법을 견지한 셈이다. 예컨대 민주당의 넌(Nunn, D-GA) 상원 의원과 공화당의 루거(Lugar, R-IN) 상원 의원 간 초당적 협력은 1991년에 협력적 위협감축(Cooperative Threat Reduction: CTR)이라는 입법 프로그램을 가능하도록 만들었다. 냉전이 종식된 직후에 우크라이나 등 과거 소련 연방 국가들의 핵무기 완전 폐기를 미국 의회가 재정적으로 지원하는 방식인데 다른 정당 소속의 두 중진 상원의원들 간 초당적 협력의 결과였다. 넌-루거 방식에 의한 미국 의회 개입 해법은 2018년

2 물론 지지층 중심의 정치(base-only politics)에 집중하는 트럼프 대통령과 초당파 외교는 별도의 논의가 필요한 주제지만 트럼프 1기 행정부 후반 2년(2019-20) 동안 민주당 하원과 NAFTA를 개정한 USMCA 통과에 합의한 예도 있다.

트럼프-김정은 회담 당시에도 북한 비핵화 대안 중 하나로 회자된 바 있다.

냉전 시대는 미국의 초당적 외교를 촉진한 시기임에 분명하지만 그 일관성과 지속성 여부에 대해서는 논란 역시 적지 않다. 예컨대 월트(Walt 2019)에 따르면 일찍이 1940년대 말 중국 공산화(Fall of China)에 관한 책임론, 1950년대 초 한국전쟁을 둘러싼 공방전, 1960년대 미사일 전력 차이(Missile gap)와 베트남 전쟁 관련 논쟁, 1970년대 카터의 이란 참사 비판, 1980년대 레이건의 중남미 정책 비판 등 미국 외교를 둘러싼 당파적 정쟁은 오히려 규칙에 가깝기도 했다. 특히 미국 경제가 쇠퇴하는 국면에서는 안보 질서 비용에 대한 미국 내 비판과 불만이 증폭되었음은 주지의 사실이다. 그럼에도 불구하고 냉전 시기 전반에 걸친 미국의 자유주의적 국제주의 질서를 향한 일관되고 합의적인 외교 관행은 대체로 부인하기 어려운 현실이기도 했다. 나토 동맹에 기초한 안보 질서와 수 차례에 걸친 자유무역 라운드를 통한 무역 질서는 미국 국내의 합의된 원칙을 반영한 것이었다. 그런데 대략 레이건 시기 후반부터 미국 정치의 양극화(polarization)가 본격화되었고 이는 특히 남부 보수 성향의 민주당 의원들이 낙선하거나 은퇴하면서 보수 공화당 의원으로 대체되었음을 의미한다(Fleisher et al 2000). 민주당은 북부 중심의 진보 성향 의원들로 구성되기에 이르렀고 공화당은 남부에 세력을 갖춘 정당으로 변모하였는데 1991년 냉전 종식이라는 국제 정세와 맞물려 외교정책의 국내 정치화가 본격화되었다. 특히 양극화의 성격이 "부정적 당파성(negative partisanship)"으로 점점 흐르면서 이전에는 초당파적 영역이었던 대외 정책조차도 당파적 갈등 영역으로 변질되기에 이르렀다(Abramowitz and Webster 2016, Smeltz 2022).

한편 초당파 외교는 어떤 형태로 형성되는가에 대한 이해가 중요하다. 미국의 초당파 외교 경우 의회 차원과 대통령 차원으로 나누어 생각해 볼 수 있다. 우선 초당적이라는 용어로 인해 초당파 외교는 정당과 정당 사이에 만들어지는 것으로 이해되는 경우가 많다. 이는 주로 의회 정치 차원을 가리킨다. 국제 인권 문제, 기후 위기 대응, 민주주의 옹호, 국제 개발 협력 등 다양한 이슈에 걸쳐 공화당과 민주당 사이에 초당파적인 협력이 가능하고 빈번하다.[3] 대부분 결의안(resolution) 형태로 발의되어 통과되어 온 미국 의회의 초당파적 외교정책은 냉전 시기나 그 이후에도 중요한 미국 외교의 한 형태로 자리잡고 있다. 예를 들어 1982년에 레이건(Reagan) 행정부가 대만 관련 무기 수출이나 양안 관계 안정을 위해 제시했던 6대 보장(Six Assurances) 정책을 2016년에 미국 상하원이 결의안 채택을 통해 지지를 재천명한 경우는 중요한 사례다. 우리의 경우 천안함 사태 당시 미국 의회의 즉각적인 북한 비난 결의안은 국제사회의 한국 지지를 재확인시켜 주는 역할을 하였다. 북한의 핵 개발과 관련하여 미국의 제재 정책 경우 의회가 제재 법안을 초당파적으로 통과시키면서 행정부의 공세적 대북 정책을 압박하기도 하였다. 중국 내 인권 상황이나 홍콩의 민주화 운동에 대해 보여준 미국 의회의 초당적인 비판 혹은 지지 입장 역시 중요한 변수였다. 다만 의회 차원의 초당파 외교는 즉각적이며 합의적인 성격을 지니는 동시에 상징적이고 선언적인 의미에 그치는 경우도 적지 않다. 결국 외교와 안보 정책은 행정부에 의해 주도되는 것이 미국의 현실이기 때문에 초당파 외교가 단순히 의회 차원에만 머무는 경우 그 실효성은 재검토가 필요하다.

또 다른 초당파 외교의 실질적이고 중요한 형태는 대통령 정치 차원

3 예컨대 유신스키 등(Uscinski et al 2009)은 아프리카 다퍼(Dafur)에서 발생한 집단 학살 사태에 관한 미국 의회의 대응 연구를 통해 정당 경쟁이 약화되는 외교정책을 설명하였다. Seo(2013)가 분석한 북한 이슈와 미국 의회 정치에 있어서도 초당파적 분위기와 더불어 북한 문제에 특별한 관심을 가지는 개별적 의원들이 존재함을 알 수 있다. 다만 2024년에 미국 의회에서 최종 승인되지 못했던 북한인권법(North Korean Human Rights Reauthorization Act)의 경우 하원에서 공화당 의원 37명이 반대했는데 이는 대외 문제 해결을 위해 미국 재정을 사용하는 것을 집단적으로 반대하는 프리덤 코커스(Freedom Caucus) 계파와도 관련이 있다. 이라크 전쟁 실패와 금융 위기를 겪은 이후 오바마-트럼프 시대에 새로운 양극화 현상과 수준을 경험 중인 미국 정치가 초당파적 외교와 관련해서도 변화를 겪고 있음을 시사한다.

에서 발생한다. 대통령의 외교정책 리더십과 관련된 초당파적 합의를 가리킨다. 잘 알려진대로 미국이나 한국처럼 대통령제로 운영되는 국가의 경우 대통령이 가진 대외 관계 주도권은 강력하고 광범위하다. 군사 안보, 통상 정책, 다자 협력, 기후 위기, 공급망과 과학 기술 등 전반적인 미국의 대외 영역에 있어 대통령의 적극적인 역할은 2차 세계 대전 이후 미국의 글로벌 리더십 그 자체와 더불어 지속적으로 증대되어 왔다. 우선 미국 대통령의 외교 권력 자체가 커진 측면이 있다. 건국의 아버지들이 헌법에서 보장한 대통령 고유의 군 통수권(commander-in-chief) 조항, 2차 세계 대전 이후 연방대법원이 일관되게 인정해 온 대통령 우위의 외교정책 결정 과정(sole organization 판결), 미국 대외 정책을 둘러싼 연방 의회의 상대적인 기능과 역할 쇠퇴, 여론과 언론이 현실적으로 인정하는 대통령의 적극적인 대외 정책 리더십 등이 그 배경이다. 미국 의회 정치 관점에서 보면 외교정책 전문성을 지닌 의원 수가 크게 감소하는 추세(Goldgeier and Saunders 2018), 정당 양극화로 인해 초래된 미국 의회의 외교정책 역할 포기(Marshall and Haney 2022), 정당 지도부 권력이 커지면서 개별 단위의 외교정책 기업가 의원(congressional foreign policy entrepreneurs)의 의정 활동 영역이 줄어든 상황(Carter and Scott 2021) 등은 미국 대통령의 외교 권력 증대 현상을 부추기고 있다.

따라서 대개의 경우 대통령이 외교정책을 결정하고 추진하는 과정에서 특히 의회 다수당과 대통령 소속 정당이 다른 분점 정부(divided government) 상황일 때 본격적인 초당파적 합의가 요구된다고 볼 수 있다. 대통령의 외교정책 결정은 국내 정책과 마찬가지로 대통령 소속 정당의 지지와 동의를 대체로 얻는다.[4] 우선 대통령을 배출한 정당은 대통령과 유사한 이념적 지향 및 정책적 선호를 가질 가능성이 높다. 또한 정당의

4 순수 대통령제를 운영하고 있는 미국에서는 여당(ruling party)과 야당(opposition party) 같은 표현을 거의 쓰지 않는다. 대통령과 의회의 독립된 선출 방식과 권력 분립 구조, 대통령과 정당의 분산된 역할, 입법부의 독립성 등에서 그 이유를 찾을 수 있다.

선거 승리가 대통령의 정책 성공에 긴밀히 연결되어 있기도 하다. 결국 대통령과 경쟁 정당(party-out-of-power) 간의 협력이 초당파적 외교의 필수적 조건이 된다고 볼 수 있다. 실제로 대통령은 자신의 소속 정당 의원들 대부분이 반대하는 대외정책을 종종 추진하기도 한다. 이때 라이벌 정당 의원들의 지지와 협력을 얻어 펼치는 초당파적 외교가 등장하는 경우도 있다. 역사적으로 민주당 소속 대통령과 공화당 소속 의원들 간의 협력 성공 혹은 타협 실패가 두 차례 세계 대전 이후에 형성된 국제 질서의 중요 결정 변수로 작용하였음은 앞서 지적한 바와 같다. 초당파 외교의 범주를 의회 차원과 대통령 차원으로 나누어 고려해 볼 때 다양한 초당파 외교의 성격과 형태를 보다 체계적으로 파악할 수 있다.

2 초당파 외교와 정치학 이론

미국의 초당파적 외교를 둘러싼 정치학 연구는 전통적으로 초당파 외교 등장 혹은 퇴장의 원인 및 배경에 집중해 왔다. 초당파 외교의 원천(sources)이라고도 해석해 볼 수 있는 배경에 관해서는 크게 국제 관계 차원과 국내 정치 차원으로 구분해 볼 수 있다. 가장 잘 알려진 초당파 외교의 원천적 요인은 국가 안보 위기가 초래하는 외부적 환경이다. 전쟁 혹은 군사적 충돌 시기에 국가의 존립과 안보를 지키기 위해 국내적으로는 정파적 갈등을 멈추고 위기 리더십을 중심으로 통합의 정치를 만든다는 논리이자 현실이다. 미국의 경우 대통령이 국가 안보 위협 단계에서 초당파적인 정책을 추구하고 의회가 호응하는 형태를 가리킨다. 뮬러(1973)의 "결집 효과(rally-around-the-flag effects)" 주장이 이를 뒷받침한다. 반대로 1960-70년대 베트남 전쟁 실패나 1980-90년대 냉전의 종식 등 국제 안보 환경의 급격한 변화가 초당파 외교의 쇠퇴를 불러왔다는 주장도 제기된다. 베트남 전쟁과 미국 외교의 변화는 "베트남 증후

군(Vietnam Syndrome)"이라는 표현이 시사하듯이 큰 연관성을 가진다. 예컨대 데슬러 등(Destler, Gelb, and Lake 1985)은 베트남 전쟁 이후 미국의 국내 정치가 미국 외교의 방향을 놓고 급격한 대립 구도로 변질되어 가는 것을 기술한 바 있다. 단순한 국제 환경의 변화가 미국 외교의 방향 전환으로 직접 이어지는 것이 아니라 미국 고유의 제도적 미비 및 단기적 접근 등이 주요 원인이라 본다. 맥코믹과 위트코프(McCormick and Wittkopf 1990) 역시 베트남 전쟁을 미국의 초당파 외교 붕괴의 기점으로 분석하는데 동시에 탈냉전 시기 또한 당파적 외교의 복귀를 촉진하였다고 본다. 2001년에 발생한 9·11 사태 이후에 미국의 초당파 외교가 잠시 등장했다가 곧바로 쇠퇴한 이유에 대해서는 트루보위츠와 멜로우(Trubowitz and Mellow 2011)가 국내 경제 상황과 정당 연합의 변화를 변수로 꼽은 바 있다.

한편 초당파 외교를 둘러싼 국내 정치적 원천은 다양한 차원에 걸쳐 있다. 무엇보다 냉전 초기부터 미국 전체를 지배했던 이념적 정서인 반공주의(anti-communism)는 초기의 맥카시즘(McCarthyism)이라 불린 광풍과 역풍에도 불구하고 냉전 시기 전반에 걸쳐 미국 외교정책의 근원적 합의 정서로 작동하였다(Acheson 1969).[5] 반공주의 정서는 이후 베트남 전쟁 실패와 미국 경제 쇠퇴, 닉슨(Nixon)부터 카터(Carter)에 이르기까지 소련과의 네탕트(detente) 시도 등으로 인해 그 이념적 강도가 점차 약해진다. 하지만 1980년대에 들어서 레이건(Reagan) 대통령이 국방력 강화와 개신교 기반의 결집 전략 등을 토대로 미국 남부를 공화당 세력화하는 과정에서 다시 한 번 중요한 역할을 하게 된다(Leffler 2008, Zelizer 2012). 또한 제도적 차원에서 볼 때 민주당 대통령과 공화당 의회가 냉전 초기에 안보 정책을 둘러싼 초당파 외교에 성공했던 반면 이후 미국의 글로벌

---

5 냉전 초기 트루먼(Truman) 대통령과 반공주의 간의 다양한 관련성에 대해서는 서정건(2022) "전시 대통령의 초당파적 리더십 연구: 한국전쟁과 미국 정치를 둘러싼 트루먼(Truman) 사례를 중심으로"를 참조할 수 있다.

리더십 시기에는 주로 자유무역 영역에서 초당파적 협력을 이룬 경향을 엿볼 수 있다. 공화당 대통령이 상대적으로 초당파적 외교에 큰 관심을 보이지 않고 성공도 덜 거둔 것과 대조해 볼 수 있다. 이는 대통령이 의회에서 얻는 정책 지지의 정도 차이에도 기인한다. 냉전 시기를 거의 아우르는 1954년부터 1994년까지 공화당은 단 한 차례도 미국 하원의 다수당이 된 적이 없다. 다시 말해 민주당 대통령이 보다 높은 수준의 의회 지지를 통해 초당파적 외교를 이룩해 온 배경이라고도 볼 수 있다. 민주당 의원들이 보여 온 국제주의적 접근 및 선호 역시 주요 변수였다(Meernik 1993). 반대로 냉전 종식 이후에는 보호무역주의 성향을 가진 민주당 의원들을 대체하여 공화당 그룹과 연합함으로써 자유무역 질서를 유지하려고 한 클린턴(Clinton)과 오바마(Obama) 등 민주당 대통령들의 초당파적 경향성도 두드러진다.

| 그림 1 미국의 군사력 사용을 둘러싼 초당파적 외교의 변화 양상

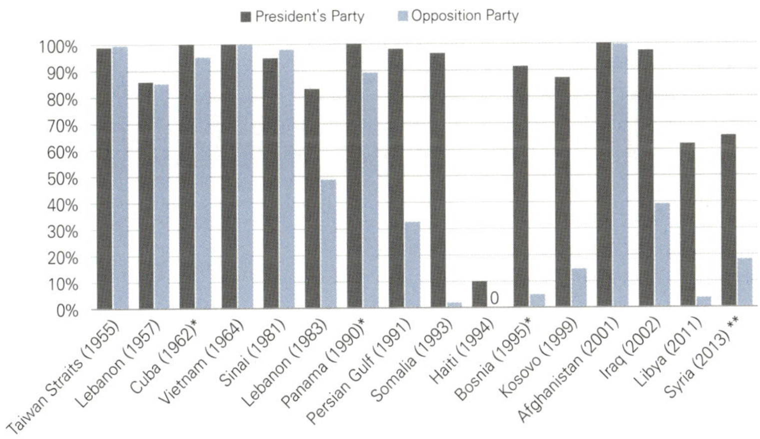

출처: Schultz(2018), p.12 재인용

최근의 초당적 외교와 관련된 미국 정치 및 국제 관계 연구는 주로 정치 양극화 시대에 초당파 외교가 쇠퇴했는가 혹은 아예 사라졌는가에 초점을 맞추고 있다. 초당파적 외교와 양극화 시대의 외교가 정확히 대칭되는 반대 개념은 아님에도 불구하고 양극화된 두 정당이 대외 정책 영역에서 타협과 합의를 거부하는 현상은 초당파 외교의 약화에 해당된다. 예컨대 쿱찬과 트루보위츠(Kupchan and Trubowitz 2007)는 미국 정치 내 양극화로 인한 중도 그룹의 소멸이 미국 주도의 자유주의적 국제주의 질서를 쇠퇴시켰다고 분석한다. 이념적 양극화, 지역적 분열, 그리고 재정적 압박 등 미국 국내 정치적 요소들의 변화로 인해 냉전 합의가 무너지고 국제 질서 변화에도 영향을 미쳤다는 주장이다. 슐츠(2018)는 미국 국내 정치의 양극화가 미국 외교에 미치는 폐해로 초당적 외교의 쇠퇴, 외교 실패의 교훈에 관한 합의 부재, 중장기 미국 외교의 신뢰도 저하 등을 꼽는다. 특히 2003년 이라크 전쟁 개시 직전에 실시된 여론 조사에서 북한에 대한 군사 공격에 관한 공화당 지지층과 민주당 지지층 간의 찬성 비율 차이가 18%였던 것에 반해 2017년에는 45%로 증가했음을 예로 들면서 슐츠는 이라크 전쟁의 실패에 관해 양극화된 정당 지지층이 서로 다른 해석을 하고 있다는 점을 제시한다. 〈그림 1〉은 미국의 군사력 사용에 관한 미국 의회의 초당파적 합의가 급격히 줄어들고 있음을 잘 보여 주고 있다.

애초부터 미국의 초당적 외교 전통이 강하게 존재하지 않았다거나 초당파 외교 현상은 사라지지 않았다는 내용의 반론도 제기된다. 우선 미국 외교정책과 관련하여 두 정당 간 선호가 분명히 다르다는 점에 주목한 연구들이 있다. 그리스(Gries 2014)는 공화당 및 지지자들은 매파적 성향을 가진데 비해 민주당과 유권자들은 비둘기파 정책을 선호한다고 파악한다. 민주당은 다자주의 외교 방식을 추진하는데 비해 공화당은 일방주의를 채택한다고 본 래스번(Rathbun 2011)은 초당파 외교를 일종의 위대한 사기극이라고까지 폄하한다. 밀너와 저드킨스(Milner and Judkins 2004) 역시 50여 년 동안 25개 선진국을 비교 분석하면서 보수 정당의 자유무역 성향과 진보 정당의 보호무역 성향이 각각 존재함을 구분하였다. 커처(Kertzer et al 2021) 등의 경우 보다 체계적으로 "당파적 유형(partisan type)"이라는 개념을 설정한 후 외교정책을 둘러싼 양대 정당 정책의 유권자 평판에 대해 분석하였다. 그런데 그 결과 대외 정책 이슈마다 다르긴 해도 당파적 유형의 차이가 국내 정치 영역에 비해 크지 않다는 점을 발견한다. 물론 유권자들 수준의 당파적 유형 관련 유사성이 외교정책 엘리트 사이에도 적용되는 것은 아닐 수 있다는 점도 인정한다. 즉, 초당파적 합의가 존재했다고 여겨지는 냉전 시기를 포함하여 2차 세계 대전 이후 미국의 대외 정책에 관한 미국 내의 당파적 선호 및 지지의 차이는 분명히 이어져 왔음을 밝히는 연구가 적지 않다.

당파적 외교 형태의 등장이 초당파적 외교의 붕괴로 바로 귀결되는 것은 아니라는 주장도 적지 않다. 이는 초당파 외교의 퇴장을 부인하는 연구의 핵심 내용이기도 하다. 쇼도인(Chaudoin et al 2010) 등은 초당파 외교의 종말을 선언한 쿱찬과 트루보위츠(2007)의 분석 결과에 대해 의문을 제기하며 같은 데이터를 사용하더라도 정파적 분열이 자유주의적 국제주의 질서를 훼손했다고 볼 근거가 희박하다는 결론에 이른다. 당파적 외교 행태가 강화되었다고 해서 자유주의 국제 질서를 위한 초당적 지지가 불가능해졌다는 주장은 실증적으로 검증되지 않는다는 반론이다.[6] 미국의 글로벌 리더십이 확장하면서 두 정당의 외교정책 관심 이슈가 늘어나면서 당파적 갈등이 발생한 것일 뿐 미국의 초당파적 외교 원칙 자체는 크게 달라지지 않았다고 보는 주장도 있다. 예를 들어 프리드만(Friedman 2024)은 압도적인 군사적 우위, 동맹 방어, 통상 확대, 다자주의적 제도 활용 등을 이른바 "트루먼-아이젠하워 합의(Truman-Eisenhower consensus)"의 내용으로 정리한다. 그리고 미국의 국제 관계 역할이 점점 늘어남에 따라 트루먼-아이젠하워 합의의 내용을 넘어서는 외교 의제가 늘어나게 되었고(enlargement thesis) 이를 둘러싼 정당 간 갈등과 경쟁이

6 이에 대한 쿱찬과 트루보위츠의 반박 논문 역시 *International Security* 저널 35호 1권에 실려 있다.

증대되었을 뿐 냉전 초기에 확립된 초당파적 원리들은 유지되고 있다고 해석한다. 초당파 합의의 쇠퇴(erosion thesis) 주장에 대해 적절하지 않다는 논지인데 당파적 갈등이 초당파 원칙을 무너뜨린 것은 아니라는 주장이다.

양극화 시대의 초당파 외교에 관한 체계적 연구를 진행 중인 타마(Tama 2024)의 경우 1991년(102nd Congress)부터 2020년(116th Congress) 시기에 걸쳐 미국의 대외 정책과 관련된 주요 이슈들을 추출하여 데이터를 구축한 후 594개의 주요 외교정책 법안들과 2,141개의 주요 국내 정책 법안들을 정리하였다. 그리고 미국의 대외 정책을 국제 안보, 국제 협력, 국제 통상, 그리고 이민 이슈 등으로 세분화한 후 미국의 초당파적 표결이 국내 정책보다 외교정책에서 여전히 더욱 빈번하게 이루어지고 있음을 밝혀 냈다. 타마의 주목할 만한 연구 성과로는 다양한 형태의 초당파적 표결이 지속적으로 미국 대외 정책 토론을 규정하고 있다는 분석이다. 특히 대통령의 외교정책에 초당파적으로 반대하는(anti-president bipartisanship) 특이한 형태의 초당파 외교가 트럼프 등장 이후 늘어났음을 상기시키고 있다. 보다 근본적으로 손더스(Saunders 2024)에 따르면 정치가 부재한 외교정책을 논하거나 바라는 것 자체가 부적절할 수 있다. 미국의 국가 안보 정책은 건국 이후 줄곧 정치적이고 당파적이었으며 냉전 시기 초당파적 합의 역시 정당 간 치열한 협상의 산물이었다는 것이 손더스의 주장이다.

Ⅲ 1868년 벌링게임(Burlingame) 조약과 초당파 외교

미국 역사상 실패한 대통령들 중 하나로 자주 꼽히는 존슨(Andrew Johnson)은 남북 전쟁 발발 당시 남부 주들이 연방을 탈퇴하고 남부 연맹(Confederacy)을 구성할 때에도 분리 독립을 반대하고 기존의 연방 상원 의석을 지키고 있었던 유일한 남부 출신 상원 의원이었다(Foner 2004). 가난한 유년 시절과 자수 성가형 정치인이라는 배경을 공유했던 링컨(Lincoln)은 1862년 2월 존슨을 테네시(Tennessee) 주지사로 임명했고 존슨은 1864년 10월 테네시 주에서 흑인 노예 해방을 선언하기에 이른다. 이즈음 존슨은 1864년 대통령 선거를 위한 링컨의 부통령 러닝 메이트로 지명되었다. 남북 전쟁 종결 이후 남부를 정치적으로 장악하기 위한 공화당의 전략적 선택이기도 했다. 1865년 3월 4일에 링컨이 두 번째 임기를 시작한지 6주 만에 암살당하자 존슨은 대통령직을 승계하게 된다. 리(Robert Lee) 장군이 북부 버지니아(Virginia) 군대와 함께 항복함으로써 남북 전쟁이 실질적으로 마무리된 지 일주일이 채 안 된 시점이었다. 흑인 참정권 부여와 남부 반역자 처벌을 내세웠던 급진파 공화당원들(Radical Republlicans)에게 존슨은 남부 재건(Reconstruction)을 위한 적임자로 인식되던 시기였다.

존슨 대통령이 백악관에 입성한 후 차츰 드러내기 시작했던 정치적 신념은 빈곤한 백인 소작농들(yeomen) 중심의 남부 재건이라는 정치 경제적인 차원과 함께 연방 정부에 의한 각 주의 흑인 투표권 부여는 불가하다는 연방주의 차원 두 가지로 구분해 볼 수 있다. 의회 연설 등을 통해 흑인 노예들에 대한 차별주의적 시각을 점차 노골화하였던 존슨은 여전히 남부의 사회와 정치를 장악하고 있었던 대지주(planters)들과 새로 참정권을 얻은 흑인들과의 정치적 결탁 가능성을 특히 우려하였다(Foner

1988). 노예를 소유하지 않았던 백인 소작농들의 궁핍한 상황이 지속되고 반대로 흑인들이 남부 재건의 정치 전면에 나서게 되는 것은 존슨에게 받아들일 수 없는 흐름이었다. 백인 소작농들에 대한 애착은 재단사(tailor)로 처음 사회 생활을 시작했고 시장, 주의원, 연방 하원의원, 주지사, 연방 상원의원 등 정치적 지위 향상을 통한 신분 상승을 평생 도모했던 존슨의 개인적 삶과도 연관이 적지 않다.[7] 또한 남부 주에 흑인 참정권(black suffrage)을 연방 정부가 강요하는 것은 미국의 연방주의 운영 원리에 배치된다는 믿음하에 존슨은 1866년 6월 미국 의회를 통과한 수정헌법 제14조에 대해 거부권을 행사하였다. 속지주의를 근간으로 한 미국 시민권 획득 방침과 적법 절차(due process) 및 평등 보호(equal protection) 등을 골자로 한 수정헌법 제14조에 대한 존슨의 완강한 반대는 급진적 공화당과 완전히 결별하는 계기가 된다.

| 그림 2 존슨(Andrew Johnson) 대통령 탄핵 표결

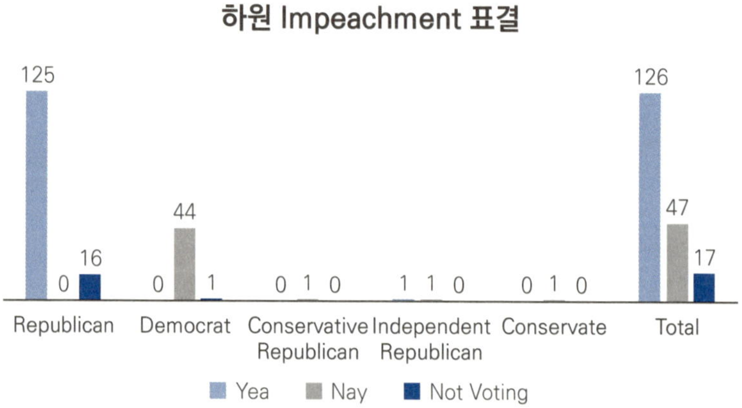

---

7 기대와 달리 민주당이 자신을 대선 후보로 지명하지 않자 1869년 임기를 마치고 백악관을 나와 테네시로 돌아왔다. 존슨은 1875년 테네시 주 의회의 선출에 따라 연방 상원의원이 되어 다시 워싱턴으로 돌아온다. 미국 역사상 유일무이한 사례이지만 몇 달 후 1875년 7월 31일에 사망하게 된다.

상원 Trial 표결

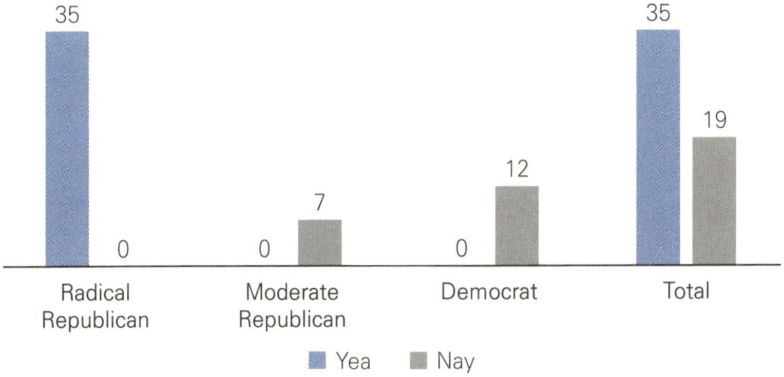

출처: www.house.gov; www.senate.gov

정치적으로 수정헌법 제14조 논란은 존슨 대통령의 탄핵을 초래하는 결과를 낳았다. 특히 1866년 중간 선거(midterm elections) 기간 동안 존슨 대통령은 기존의 관행을 깨고 수정헌법 제14조와 관련하여 자신을 지지하는 후보들을 돕는 선거 운동을 직접 주도하였다. 남부 주들이 완전히 복귀하지 않은 상황에서 수정헌법 통과는 절차 위반일 뿐만 아니라 남부를 군사 구역으로 분할한 급진 공화당의 시도는 연방주의 위배라는 주장을 펼쳤다. 존슨이 행했던 "전국 순회 연설(swing around the circle)" 형식의 선거 운동은 현직 대통령이 중간 선거에 개입하는 최초의 사례가 되었다. 자신의 주변에 측근을 두지 않았고 일기를 남기지도 않았던 고립형 인간 존슨의 자기 파괴적인 정치적 선택이었다고 평가되기도 한다(Benedict 1973).[8] 결국 존슨 대통령이 중간 선거에서 참패한 이후 1867년 3월에 제정된 해임 제한법(Tenure of Office Act)을 둘러싼 존슨 대통령

---

8 존슨 대통령에 대한 평가는 포너(Foner 1988)처럼 흑인 시민권을 부정하고 민주주의 확대를 가로 막은 실패한 대통령이라는 주장이 다수다. 한편 베네딕트(1973)는 존슨 대통령 시기에 대해 주로 헌정 체제를 둘러싼 급진 공화당과 남부 정치인 간의 이념적 갈등 시각에서 분석한다.

과 공화당 급진파 간의 갈등은 미국 역사상 최초의 대통령 탄핵에 이르게 하는 기폭제로 작용하였다. 전쟁 장관 스탠턴(Edwin Stanton)에 대한 존슨의 해임 결정을 놓고 하원은 헌법에서 규정한 탄핵 사유인 중범죄(high crimes) 및 비행(misdemeanors)에 의거하여 11개의 탄핵 죄목을 작성하였다. 1868년 2월에 126명 찬성, 47명 반대로 탄핵(impeachment) 소추안을 가결하게 된다. 이어진 5월 16일의 상원 표결에서는 유죄 35표, 무죄 19표, 다시 말해 단 한 표 차이로 존슨의 최종 파면(conviction)은 부결된다(그림 2 참조). 급진파가 통과시킨 해임 제한법 자체의 위헌 가능성에 대해 상당수 상원 의원들이 가졌던 우려와 존슨 탄핵 시 웨이드(Benjamin Wade) 상원 의원이 대통령직을 승계하게 되는 상황에 대한 거부감 등으로 인해 존슨은 겨우 생존하게 된 셈이다.[9] 상원에서의 탄핵 심판 사회자 역할을 했던 체이스(Salmon Chase) 연방 대법원장이 같은 오하이오 출신인 웨이드 상원 의원과 대권 경쟁자였던 구도 역시 존슨에게 유리했다. 해임 제한법으로 인한 탄핵 국면은 존슨 대통령과 정치적 대립 양상으로 치달았던 급진 공화당 세력들에 의한 정치적 압박으로 평가된다. 포너(Foner 1988)는 존슨 탄핵 과정에 대해 단순한 법률 위반 논란이 아니라 시민권과 재건을 둘러싼 헌정 질서 투쟁이라고 해석하기도 한다.

존슨 행정부와 청(淸) 왕조 간에 맺어진 벌링게임 조약(Burlingame Treaty)은 현직 대통령 탄핵 심판이라는 초유의 헌정 위기가 마무리된지 두 달밖에 되지 않은 시점에 이루어진 “매우 예외적인 초당파적 합의”였다(Gyory 1998, 27). 존슨의 임기 마지막 해였던 이때 미국 정치는 급격한 변화 중이었다. 남북 전쟁 종결 이후 치르는 첫 번째 대선을 위한 두 정당의 후보를 선출한지 몇 주 밖에 지나지 않았고 존슨 대통령의 정치적 몰락을 가져온 수정헌법 제14조의 최종 승인을 나흘 앞두고 있던 시점이

9 당시에도 위헌 논란이 일었던 해임 제한법(Tenure of Office Act)은 1879년에 연방 의회에서 폐지되었고 1926년 연방 대법원은 Myers v. United States 판결을 통해 대통령은 연방 상원의 동의 없이 고위 행정부 공직자를 해임할 수 있다고 결정한 바 있다.

었다. 1868년 7월 24일 상원의 만장 일치로 승인된 벌링게임 조약이 특히 중요했던 이유는 남북 전쟁 이후 급격히 줄어든 미국의 노동력을 중국인 이민자들로 충당할 수 있는 국가 간 합의였기 때문이었다. 권용립(2010)에 따르면 벌링게임 조약 체결은 남북 전쟁 이후 공화당 주도하에 채택된 미국의 새로운 이민 정책으로서 미국 산업자본주의 성장에 큰 역할을 하게 된다. 민주당 계열 신문이었던 뉴욕 월드(New York World)는 당시에 벌링게임 조약이 가져올 막대할 상업적 이익을 강조하였고 공화당 계열의 뉴욕 해럴드(New York Herald)에 따르면 미국과 중국 간 조약 체결은 콜럼버스의 신대륙 발견에 견줄만 하다고 보았다. 특히 알래스카(Alaska) 매입을 둘러싼 정치적 논란을 거듭하던 시기에 중국이라는 나라 및 알려지지 않은 경제적 기회에 대한 선망이 당시 미국의 혼탁한 정치적 분위기에 일종의 신선한 자극제 역할을 한 셈이다.

미국과 중국 간의 최혜국 대우 조약 체결은 링컨 행정부의 실력자이자 링컨 암살 이후에도 국무장관 역할을 수행하였던 슈어드(William Seward)와 매사추세츠 연방 하원 의원이자 링컨이 임명한 청나라 공사였던 벌링게임(Anton Burlingame) 간의 긴밀한 협력의 결실이기도 했다. 슈어드 국무장관은 1865년 링컨의 암살 이후 존슨이 행한 첫 번째 의회 메시지에 중국 이슈를 포함시켰다. 과학, 문학, 상업 영역에서의 중국과 교육 교류 프로그램에 관한 것이었다(Riccards 2000). 당시 서구 열강이 개입으로 혼란을 겪고 있던 청 왕조는 초대 베이징 주재 미국 공사인 벌링게임에게 미국 관련 외교 임무를 맡겼다. 청나라 사신들로 구성된 벌링게임 사절단은 워싱턴에서 존슨 대통령과 내각 구성원들, 의회 지도부와 회담을 가진 이후 나이아가라(Niagara) 관광까지 갈만큼 환대를 받았다. 시인이자 사상가였던 에머슨(Ralph Waldo Emerson)도 참석했던 보스턴(Boston) 환영 행사에서 벌링게임은 “공자의 나라가 워싱턴의 나라에 인사하러 왔다”는 연설까지 할 정도였다(Gyory 1998). 실제로 벌링게임 조약의 초안은 슈어드 국무장관이 작성했던 것으로 알려져 있다. 뉴욕 주지사 및 상원 의원을 역임했던 슈어드 국무장관의 경우 개방된 이민 정책을 옹호했던 정치인이었고 중국인 노동자들의 대거 유입은 남북 전쟁 이후 경제 발전을 원했던 공화당의 정치적 이해에도 크게 부합하였다. 벌링게임 조약은 미국과 중국 간에 상호 및 최혜국 대우를 포함하여 이민(제5조), 여행(제6조), 교육 특권(제7조) 등을 설정하였다. 이미 대부분의 중국 이민자들은 태평양 연안의 신대륙에 정착하였는데 중국인 노동자들은 서부 주에서 꾸준히 증가하였다. 1873년에 2만 명으로 시작해서 1876년에 2만 3천 명이 도착하였고 1860년에서 1870년 사이 샌프란시스코(San Fransisco) 인구는 두 배 이상 증가하여 거의 15만 명이 되었고 1871년에는 도시의 노동자 중 3분의 1이 중국인으로 채워지기도 했다(Mink 1986, Tichenor, 2002).

1868년에 초당파적으로 체결된 벌링게임 조약은 상호 내정 불간섭 원칙을 명시하고 청나라 국민들의 미국 내 이민, 통상, 교육의 자유를 보장하였을 뿐만 아니라 중국인의 권익 보호 및 양국 간의 평등한 외교 관계를 설정하였다는 점에서 의미가 적지 않다. 혼란스러웠던 남북 전쟁 이후 재건 시기에도 안정적인 대외 관계를 확립하고 아시아 지역 외교를 위한 발판을 마련했다는 점에서도 미국 외교에 기여한 바가 크다. 당시 서구 열강의 영향력 경쟁으로 곤경에 처해 있던 청 왕조에게도 미국과 맺은 최혜국 대우 조약은 새로운 외교 돌파구로 평가되었다. 캘리포니아 지역에 정착해 있던 소수의 중국인 노동자들과 백인 노동자들 간의 갈등이 점차 심해지던 시기였지만 벌링게임 조약 체결로 인한 중국인들의 미국 노동 시장 유입은 당시에 환영받은 조치였다. 중국인의 귀화 권한은 부여하지 않는다는 원칙을 미국 상원이 분명히 했다는 점에서 조약의 한계도 존재하였다. 자유주의적 국제주의 이상과 인종적 배타주의 현실이 뒤섞인 지점이기도 하다. 실제로 이후에 중국인 노동자들이 미국에 대거 입국하게 되면서 특히 서부 지역에서 백인 노동자들과 문화 및 경제적 갈등에 휩싸이게 된 점은 공화당 내의 논란 요소가 되었다. 불과 10여 년 후인 1879년에 미국 의회가 15명 이상의 중국인이 탑승한 선박의 미국 출입을 제한하는 법안을 통과시킨 배경이기도 하다. 서부 지역에서의 백인-중국인 사이 인종 갈등을 공화당 내부의 분열 요소로 이용하고자 했던 민주당과 당시 대선 경합주였던 캘리포니아(California)와 콜로라도(Colorado)의 정치적 중요성에 취약했던 공화당은 1880년 대통령 선거를 앞두고 중국 친화적 정책에서 급속히 이탈하게 된다. 결국 1882년 중국인 배제 법안(Chinese Exclusion Act)이 미국 의회를 통과하였고 1943년 루즈벨트(Franklin D. Roosevelt) 대통령이 2차 세계 대전 와중에 공식 사과할 때까지 중국인 이민 노동자에 대한 차별 대우는 미국의 또 다른 초당파적 합의 이슈가 되었다.

IV 2000년 중국에 대한 영구적 최혜국 대우(PNTR)와 초당파 외교

1980년 공화당 레이건(Ronald Reagan)의 백악관 입성 이후 진보 성향 후보를 잇달아 내세웠다가 패배했던 민주당은 남부 출신 젊은 주지사와 상원 의원을 러닝 메이트 삼아 12년 만에 대통령 선거 승리를 가져온다. 부시 대통령이 급격한 경기 침체를 외면하고 1차 걸프 전쟁 성과만 강조하는 바람에 클린턴 후보의 "문제는 경제야" 슬로건이 효과적이었다. 반대로 임기 첫 해인 1993년에 성급한 의료보험 개혁과 증세 논란으로 인해 클린턴 대통령은 1994년 중간 선거에서 공화당에게 40년 만에 상하원 다수당 지위를 내주게 된다. 당내 대표적인 진보 후보들이 모두 주저하고 있던 상황에서 경선을 뚫고 등장했던 클린턴 대통령은 중간 선거 이후 기존의 뉴딜(New Deal) 정책 방향성을 크게 바꾸기 시작했다. 1996년 자신의 재선을 목표로 삼고 복지와 노동을 연계했던 클린턴의 우클릭 행보는 민주당의 정치적 정체성에 일대 혼란을 가져 오는데, “큰 정부의 시대는 끝났다(The era of big government is over)”라는 국정 연설이 대표적 예다. 스코우로넥(Skowronek 1997)은 이를 두고 레이건 보수 레짐 시기에 발생한 “선공의 정치(politics of preemption)”라고 해석했다(백창재 2020). 대선 기간 동안 클린턴 진영은 돌(Bob Dole) 후보와 깅그리치(Newt Gingrich) 하원 의장을 한데 묶어 워싱턴 정치꾼으로 규정하고 실업률 하락, 인플레이션 억제 등의 경제 호황 성과에 힘입어 1996년 대선에서 선거인단 379명 대 159명의 낙승을 거두게 된다.

존슨(Andrew Johnson) 이후 130년 만에 이루어진 미국 역사상 두 번째 대통령 탄핵은 바로 클린턴의 정치적 성공 시기에 벌어졌다. 1998년 초에 터진 백악관 인턴 스캔들은 복지와 통상, 안보와 경제 영역에서 공화당 지지층을 잠식해 오던 민주당 대통령을 공격할 절호의 기회로 인식되었다. 거의 1년 가까이 진행된 스캔들 정국에서 클린턴의 위증이 드러나는 등 공화당 입장에서는 1998년 중간 선거를 대통령의 도덕성에 기초해 치르고 싶은 유인이 충분했다. 깅그리치 하원 의장 주도하에 클린턴 대통령의 개인적 약점을 집중 공격했고 여론 역시 대통령의 부도덕함에 비판적이었다. 11월 3일에 치러진 선거 결과 유권자의 선택은 전혀 달랐다. 연평균 4%에 달하는 경제성장률, 절반으로 떨어진 실업률, 연평균 2-3% 내외로 안정된 물가상승률, 1969년 이후 최초로 1998년에 흑자 전환된 연방 재정, 사상 최고치의 주가 갱신 등 유례를 찾기 힘든 경제 호황 속에 민주당은 하원에서 오히려 의석을 다섯 석 더 늘리는데 성공했다. 대통령 소속 정당이 중간 선거에서 의석을 잃는 역사적 경향성과는 반대 현상이었고 1934년 루스벨트(Roosevelt) 대통령의 첫 중간 선거 이래 처음 나타난 일이었다. 중간 선거 한 달이 지난 후인 12월에 공화당은 위증(perjury)과 사법 방해(obstruction of justice) 두 가지 죄목을 밀어붙이면서 탄핵 소추를 가결하였지만 1999년 2월 상원에서 유죄 정족수인 67표에 크게 모자라는 표결로 클린턴 대통령의 무죄 판결이 이루어졌다. 깅그리치는 선거 패배 이후 하원 의장직과 의원직을 모두 사퇴하게 된다.

백악관에서의 두 번째 임기 마지막 해인 2000년에 클린턴(Bill Clinton) 대통령은 중국에 대한 영구적 최혜국 대우(Permanent Normal Trade Relations, 이하 PNTR) 지위 부여를 관철시키기 위해 전면적인 의회 설득 작업에 착수하였다. 민주당 대통령은 중국과 관련한 통상 정책을 자신의 정치적 유산(legacy)을 상징하는 핵심 과제로 간주하였다(Shoch 2001, Suettinger 2003). 연도별로 최혜국 대우 법안을 심의하고 통과시켰던 의회와는 대조적으로 클린턴은 중국에게 부여하는 최혜국 대우 조항을 영구화함으로써 중국이 세계무역기구(WTO)에 가입할 수 있는 기반을 제공하고자 하였다. 당시 하원에서 최소 70명의 민주당 의원 지지를 확보해야 했던 클린턴 행정부는 전통적으로 자유무역에 우호적이었던 공화당 의원들과의 협력에 나서기 시작하였다(Victor 2003). 얼마 전 자신을 탄핵하려던 정당과 손잡고 중국과의 획기적인 무역 질서 수립에 나선 셈이었다. 당시에 게파트(Dick Gephardt) 의원을 중심으로 한 하원 민주당 지도부는 다가오는 2000년 연방 의회 선거에서 다수당 탈환을 위한 총력전을 준비하고 있었다. PNTR 법안(HR 4444)의 통과는 민주당의 핵심 지지 기반을 심각하게 자극할 수 있다는 점을 우려할 수밖에 없었다. 특히 노동 조합, 인권 단체, 환경 운동가들과 더불어 보수 성향의 재향군인 단체 및 종교 단체까지도 중국에 대한 영구적 자유무역 지위 부여에 반대 입장을 분명히 하고 나섰던 시점이었다(Jackson and Engel 2003).

실제로 2000년 5월 24일 하원의 중국 PNTR 법안 최종 표결을 앞두고 있었을 당시 여전히 100여 명 이상의 의원들이 찬반 입장을 결정하지 못한 상태였다. 공화당 내에서는 전통적인 친기업 성향의 의원들이 중국 내 종교의 자유 문제에 민감한 사회적 보수주의자들과 갈등을 빚기도 하였다(Rosin and Mufson 2000). 공화당 지도부가 대중 자유무역을 강하게 밀어붙였음에도 불구하고 일부 공화당 의원들은 종교 자유 악화 및 국가 안보 복합성에 대한 불만을 지속적으로 제기하고 있었다. 앨라배마 출신의 애더홀트(Robert Aderholt) 의원은 종교적 보수주의자였고 캘리포니아의 헌터(Duncan Hunter) 의원은 강경한 안보 매파였는데 이들은 모두 당론의 압력에도 불구하고 결국 반대표를 던지게 된다.

민주당 의원들 역시 복잡한 이해관계 속에 놓여 있었다. 매사추세츠주 북서부의 첨단 산업이 밀집한 지역을 지역구로 둔 미한(Martin Meehan) 민주당 의원은 중국과의 자유무역이 자국 산업에 도움이 된다고 판단하였다. 동시에 의회에서 선거자금 개혁을 공동 발의했던 인물로서 영구적 최혜국 대우 조항이 중국의 인권 및 지적 재산권 문제에 대한 외부 압력을 무력화시킬 수도 있기에 주저하였다(2000 CQ Almanac). 대중 관여(engagement) 정책을 지지하던 온건 민주당 의원들조차 노동 조합 지지층의 반발로 인해 쉽사리 찬성 입장을 밝히기도 어려운 상황이었다(Jackson and Engel 2003). 이처럼 중국의 통상 지위를 둘러싼 의회 논쟁이 본격화되자 하원 민주당 원내 총무였던 보니어(David Bonior, D-MI)는 같은 정당 소속의 클린턴 대통령과 입장을 달리하며 최혜국 대우 영구화 반대 진영을 이끌게 되었다. 보니어 의원은 오랜 기간 노동 조합의 확고한 지지자였으며 공화당 측에서도 울프(Frank Wolf, R-VA) 의원과 하원 국제관계 위원장이었던 길만(Benjamin Gilman, R-NY) 의원이 보니어와 보조를 같이 하였다. 이들은 모두 중국의 인권 및 종교 자유 억압에 대해 지속적으로 비판해 온 대표적인 사회적 보수파 의원들이었다.

반면 민주당 대통령이 밀어붙인 중국과의 통상 전면 자유화를 적극 지지한 쪽은 공화당 하원 지도부였다. 상원의 경우 전통적으로 자유무역을 선호해 왔던 점을 고려해 볼 때 관건은 다수제 기관(majoritarian institution)인 하원에서의 법안 통과 여부였다(Bailey, Goldstein and Weingast

1997).[10] 사실 하원 다수당인 공화당의 원내 대표 딜레이(Tom DeLay, R-TX) 의원은 클린턴과 중국 모두와 앙숙이었다. 1998년 클린턴에 대한 하원 탄핵을 주도하였을 뿐만 아니라 망치(Hammer)라는 별명의 소유자 답게 클린턴 대통령에 대한 원색적 공격을 서슴치 않는 텍사스 정치인 스타일이었다. 또한 잘 알려진 반공주의자로서 주미 중국 대사에세 대통령의 나약함(weakness)을 미국 국민의 나약함으로 오해하지 말라고 촉구한 적도 있을 정도다. 따라서 "클린턴-딜레이 커넥션(Clinton-DeLay connection)"이라고 뉴욕 타임스가 명명할 정도로 반전이었던 초당파 협력은 중국과의 자유무역 영구화에 크게 기여하였다.[11] 하원에서 통과에 필요한 218명 중 공화당에서 약 150명 이상의 찬성 의원을 구해야 한다는 예측을 뛰어 넘는 164명의 공화당 내 지지 세력을 규합하는데 딜레이의 리더십이 핵심적이었다.

클린턴의 중국 관련 대대적인 정책 전환에 대해 하원 규칙위원장(Rules Committee Chair)인 드라이어(David Dreier)와 세입위원장(Ways and Means

---

10 전통적인 정치경제학과 제도 연구에 따르면 유권자 크기에 따라 무역 정책에 대한 선호가 달라진다. 자유무역을 공공 이익, 보호 무역을 특수 이익이라고 구분한 후 유권자의 크기 순서대로 대통령이 가장 자유무역을 선호하고 하원 의원이 보호 무역을 지지한다는 내용이다. 한편 캐롤(Karol 2007)은 유권자의 크기와 대표자의 무역 선호는 이론적 상관 관계가 없다고 반박한다.

11 관련한 뉴욕 타임스 분석 기사는 다음과 같다. "클린턴 대통령 탄핵을 주도했던 딜레이 의원은 표결을 불과 2주 앞둔 시점에서 중국에 대한 영구적 자유무역관계를 부여하기 위한 전면전에서 대통령의 주요 지원자라는 믿기 힘든 역할을 맡고 있다. 딜레이 의원은 최근 클린턴에 대해 미국의 국익을 보호할 도덕적 권위를 결여한 인물이라며 비판했지만 이러한 개인적 혐오감이 자신에게 주어진 표 확보 임무를 흐리게 만들지는 않는다고 주장한다(With the vote just two weeks away, Mr. DeLay, who led the charge to impeach Mr. Clinton, now finds himself in the improbable role of the president's chief water-carrier in an all-out battle to grant China permanent normal trading privileges. Mr. DeLay insists that his personal distaste for Mr. Clinton, whom he criticized recently as "lacking the necessary moral authority to protect U.S. interests in the world," is not clouding his professional task at hand: rounding up votes.) "Unlike Alliance is Formed to Pass Bill on China Trade," Eric Schmitt, *The New York Times,* May 9, 2000.

Chair)인 아처(Bill Archer) 의원 역시 협력하였다. 특히 미시간의 레빈(Sander Levin, D-MI)과 네브래스카의 베로이터(Doug Bereuter, R-NE) 두 의원이 초당파적으로 공동 제안한 "반덤핑 보호장치(anti-surge safeguards)" 조항이 PNTR 법안에 포함됨으로써 최종 통과 가능성이 크게 높아졌다. 해당 조항은 중국산 수입품의 급증이 미국 시장을 교란한다고 미국 국제무역위원회(International Trade Commission)가 판단할 경우 대통령이 해당 품목에 대한 관세 및 수입 쿼터(quota)를 일시적으로 상향 조정할 수 있도록 허용하는 내용이었다. 중국 최혜국 대우 영구화 법안은 2000년 5월 24일 하원에서 237대 197로 가결되었다. 최종 표결에서는 민주당 하원의원 73명(전체 211명 중 139명 반대)과 공화당 하원의원 164명(전체 221명 중 57명 반대)이 찬성표를 던졌으며 상원에서도 83명 찬성, 15명 반대함으로써 초당파적인 승인이 이루어졌다. 중국은 다음 해인 2001년에 국제무역기구(WTO)에 가입하게 됨으로써 새로운 글로벌 경제 질서 속으로 편입되었다.

| 그림 3 중국 무역 법안에 대한 상원과 하원 표결(2000)

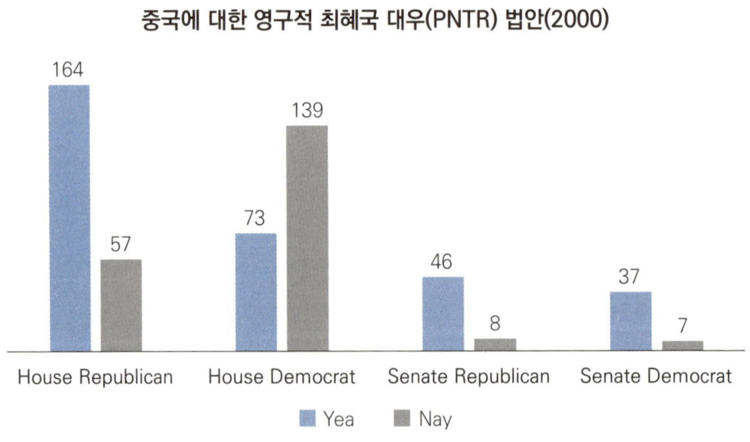

출처: https://www.govtrack.us/congress/bills/106/hr4444

V 소결

본 연구는 미국의 초당파 외교에 대해 현실적 차원과 이론적 틀에 대해 정리해 보고 미국 역사상 극히 드물게 탄핵당한 대통령이 자신을 탄핵한 의회와 협력하여 중국과 관련된 획기적인 정책 전환을 추진했던 사례에 대해 살펴보았다. 반공주의 이념에 기초한 냉전 합의는 미국의 글로벌 리더십에 대한 공화당과 민주당의 큰 틀에서의 합의를 의미하는 것이었다. 전후 약 20여 년간 지속된 초당적 협력은 집단 안보와 자유무역을 국제 질서의 두 축으로 삼았다. 1960년대 후반부터 베트남 전쟁 실패와 미국 경제의 쇠퇴라는 또 다른 국내외적 상황 변화가 발생함에 따라 두 정당은 대통령 선거를 기준점 삼아 새로운 정치 경제적 이해관계를 내세우고 달라진 지지 세력을 동원하게 된다. 초당파적 협력을 가능하게 했던 미국 내부의 정당 질서가 달라지면서 외교정책 대응에도 다시 영향을 미치는 순환적 양상이 정당정치와 대외정책 간에 발생해 온 셈이다. 정당 간 협력과 갈등의 변화는 외교정책 영역에서도 예외가 아님을 알 수 있다. 한편 의회 차원과 대통령 차원으로 나누어 볼 수 있는 미국 외교의 초당파적 협력은 최근 들어 양극화 현상이 심각해짐에 따라 더욱 찾아보기 어려운 정치적 성과가 되고 있다. 그럼에도 불구하고 2019년 북미자유무역협정(NAFTA)를 대체하는 미국-캐나다-멕시코협정(USMCA)을 트럼프 행정부와 민주당 하원이 협력하여 통과시키는 예에서 알 수 있듯이 초당적 외교가 완전히 사라졌다고 보기는 어렵다.

한편 정당과 정당, 의회와 대통령 등 제도적 혹은 조직적 차원에서의 초당파 협력 못지 않게 정치 리더십의 역할을 주목하지 않을 수 없다. 미국과 중국 간 역사상 중요한 관계 정립, 즉 1868년의 문호개방과 2000년의 자유무역 사례에서 알 수 있듯이 대통령의 초당적 리더십과 이에 호응하는 협력적 리더십이 실제로 존재하느냐 여부가 매우 중요하다. 존슨(Johnson) 대통령에 대한 탄핵 절차가 상원에서 마무리된 지 불과 두 달만에 체결된 벌링게임 조약의 경우 슈어드(Seward) 국무장관이 가진 공화당 내의 조정 역할과 기능이 주효했다. 조약 체결의 특성상 상원만이 개입하는 구조 속에서 만장 일치의 승인 결과는 슈어드 국무장관이 링컨(Lincoln) 대통령의 임기 첫 해인 1861년에 벌링게임 의원을 선교사로 청 왕조에 파견하면서부터 기획된 것으로 분석해 볼 수 있다. 조약 초안 작성에 직접 작성하였을 뿐만 아니라 당시 팽배해 있던 중국에 대한 낭만적인 경제, 문화적인 분위기를 이용해 벌링게임 조약 체결에 성공하였다. 존슨 대통령의 적극적인 리더십을 확인하기는 쉽지 않지만 백악관에서 청 왕조 사절단을 맞이하기 위해 초당적 인사들을 초대했던 역사는 잘 알려져 있다. 마찬가지로 대통령에 대한 개인적 적대감과 중국에 대한 반공주의로 잘 알려져 있던 딜레이(DeLay) 공화당 하원 원내대표의 리더십도 중요했다. 클린턴과의 근본적인 정책 노선 차이를 숨기지 않았지만 대통령이 국가를 위해 올바른 일을 한다고 믿었을 때 적극 지지한다는 발표문도 주저하지 않았다. 2000년 당시 중국과의 자유무역 영구화 법안에 대한 특이한 정치적 연합(strange bed-fellows)은 클린턴-딜레이 간 정치인 수준에서 끝나지 않았다. 1979년 이후 증폭되어 온 중국과의 경제 및 사회 교류가 불러일으킨 미국 내의 새로운 "이상한 연합"은 노동 조합과 종교 집단이 같은 편에서 반대하고 농업 종사자들과 첨단 산업이 같은 편에서 영구적 최혜국 대우를 찬성하는 현상도 빚어냈다.

결론적으로 최근에는 정치 양극화와 초당파 외교 간의 상관성에 관한 연구가 활발해지고 있다. 이와 관련하여 프리드릭스와 타마(Friedrichs and Tama 2022)가 제시하는 향후 연구 주제들은 매우 흥미롭다. 우선 정당 내 단합과 정당 간 차이를 특징으로 하는 양극화 현상이 외교정책에도 영향을 미치는 것은 사실이지만 두 정당 내부가 대외정책과 관련하여 어느 정도 동일한 입장인지에 대해 연구가 더 필요하다. 세금 이슈, 이민 정책, 사회 문화적 접근법 등을 포함한 국내 정치 영역에서의 높은 내부 단합도에 비해 중국 통상, 우크라이나 지원 같은 외교정책의 단합도는 상대적으로 떨어지기 때문이다. 한편 양극화의 다양한 양상이 외교정책 형성에 미치는 영향도 주목할 만하다. 전통적인 이념적 양극화와 최근의 정서적 양극화 간 차이가 지지자들의 결집도에 미치는 영향을 고려할 때 정당 간 외교정책 입장 역시 달라질 수 있다. 예를 들어 트럼프의 통상 정책과 이민 정책이 공화당 내부의 이념적 주류 집단과 어떤 상관성을 가지게 되는지 연구가 더욱 필요하다. 자신의 정당에 대한 지지보다 상대 정당에 대한 혐오가 더 큰 비중을 차지하는 정당정치 현상에서 대외 정책에 대한 지지와 반대 역시 이전과는 다른 양상을 보이고 있다. 또한 의회가 대통령에 대한 견제와 균형 역할을 수행하는지에 대한 연구도 여전히 중요하다. 특히 이전의 의회-대통령 간 교과서적인 상호 작용이 아닌 의원 개인의 선호와 정당 전체의 입장 사이에 차이를 드러내는 방식으로 대통령의 외교정책에 대해 제동을 거는 방식에 대한 분석도 필요하다. 보다 사회과학적인 방식을 원용한 정치 리더십 연구 역시 언제나 중요한 영역이다. 제도적 차원의 초당파적 협력의 배경에는 동기와 선택, 그리고 전략이라는 개인적 차원의 초당파적 동력이 존재하기 때문이다.

chapter 04

1880년대 중국인 배제 법안 논란: 정당 간 분열 이슈는 어떻게 작동하는가?

I. 서론

II. 분열 이슈 정치와 정당 입장 변화

III. 중국인 입국 금지를 둘러싼 미국 의회 역사: 1868년부터 1943년까지

IV. 중국인 노동자를 둘러싼 정당 입장 변화에 대한 실증 분석

V. 소결

CHAPTER

04

1880년대 중국인 배제 법안 논란: 정당 간 분열 이슈는 어떻게 작동하는가?

"태평양 연안을 앵글로색슨 인종이 차지할 것인가, 아니면 몽골 인종이 차지할 것인가. 오늘 우리는 선택해야 한다. 우리의 입법이 미국의 자유노동자를 위한 것이 될 것인지, 아니면 중국에서 온 예속노동자를 위한 것이 될 것인지를."

– 블레인(James G. Blaine) 상원의원(공화 · 메인)
(Congressional Records, 제45대 의회)
1879년 2월 14일

I 서론

정당의 정책 입장이 형성되고 변화하는 경로는 다양하다. 선거 광고, 전당 대회에서의 정강 정책, 대통령 연설, 의회 지도부의 메시지와 스캔들 등이 그 예다. 이 가운데 의회에서의 공동 정책 결정, 특히 표결과 같은 활동은 선거라는 일종의 시장에서 '브랜드 네임'을 형성하는 경향이 있다(Cox and McCubbins 1993, Kiewiet and McCubbins 1991, Snyder and Ting 2002, Woon and Pope 2008). 이러한 브랜드화 과정을 통해 유권자는 정당이 의회에서 어떻게 행동할지를 낮은 비용으로 파악할 수 있다. 정당 입장에 관한 정보 가치를 높이는 것이 소속 후보자들에게 선거를 위한 이익을 준다는 점을 알고 있기 때문에 당 구성원들은 내부 결속을 유지하고 입법 과정에서 모호하지 않은 정당 입장을 대표하고자 한다. 실제로 명확하고 신뢰할 수 있는 정당 브랜드를 확보하는 과정은 본질적으로 역동적이다. 미국의 양당제 역사에서 당 구성원이 항상 단결된 것은 아니었기 때문이다. 따라서 정당을 결속시키는 문제가 걸려 있는 상황에서 당 구성원들은 내부 이견을 어떻게 해소할지를 두고 방법을 모색하게 된다.

정당 내부의 분열을 봉합하고 당의 평판을 관리하는 문제에 대해 기존 연구는 대체로 당 지도부가 주도하는 하향식 과정에 초점을 맞추어 왔다. 신뢰할 수 있는 당 입장을 구축하기 위해서는 입법 과정에서 당 구성원들이 함께 행동해야 한다. 따라서 당 전체가 '절차적 연합(Cox and McCubbins 1993)'으로서 동시에 입장을 전환해야만 성공할 수 있다는 주장이다(Sinclair 1995). 당 지도부의 역할은 이처럼 의견이 엇갈리는 소속 의원들 사이에서 정책 입장 전환을 조율하는 데에 있다(Aldrich 1995, Moscardelli et al. 1998, Rohde 1991). 만약 당 지도부가 중간에 끼여 있거나 분열을 봉합하는데 미온적인 경우에는 어떻게 될까? 당 구성원들은 집단적으로 당의 브랜드를 유지할까 아니면 개별적으로 당 입장 변화의 요구를 관리할까? 어떤 조건에서 당 구성원들은 기존의 노선을 유지하고, 또 어떤 환경에서 새로운 방향을 요구하기 시작할까? 기존 연구는 주로 당의 분열을 봉합하는 지도부의 적극적 역할에 초점을 맞춰 왔지만 그 이면—즉 평의원들의 입법 행태와 그것이 당 변화에 미치는 영향—에 대해서는 여전히 일관되고 종합적인 이해가 부족한 편이다.

이번 4장은 정당의 변화 동력이 때로는 하향식이 아니라 상향식으로 발생한다는 점을 보여준다. 평의원들은 하루아침에 입장을 바꾸기보다 점진적으로 전환한다. 특히 당을 분열시키는 쟁점의 경우 지도부가 손을 쓰기 어려운 상황에서도 교차 압력을 받는 의원들이 당의 입장 변화를 촉진하는 경우가 있다. 당 지도부의 현상 유지 입장과 지역구 유권자의 정책 변화 요구 사이에 낀 의원들이 있다면 신뢰를 잃지 않으면서도 새로운 입장을 채택할 방안을 모색하게 된다. 이들은 법안 수정, 거부권 무효화, 표결 번복과 같은 입법 활동을 통해 의회에서 새롭게 등장한 당 분열 쟁점을 다루기도 한다.

미국 정치 역사에서는 새로운 분열적 이슈가 정치 재편을 유도하며 일부 의원들을 당의 기존 정책 노선과 충돌하게 만드는 사례가 종종 나타났다. 또한 역사적 사례 연구는 오늘날 사회과학적 질문, 이론, 방법론과의 연관성을 밝혀줄 수 있다. 점점 더 많은 사회과학자들이 '변화 없는 정태적 모델'에서 벗어나 시간의 흐름 속에서 의회와 그 행태를 보다 역동적으로 바라보는 관점으로 전환 중이다(Brady and McCubbins 2002, 1). 카츠넬슨과 라핀스키(Katznelson and Lapinski 2006, 243)는 "의회 연구자들이 역사적 관점에서 사고하는 경향이 점점 강해지고 있다"고 간결하게 정리한다. 본 연구는 분열 이슈(wedge issue)가 정당 입장 변화에 미치는 영향을 검증하기 위해 미국 정치사에서 드물게 나타난 시기 —재건 시대(1865-77)의 종결— 를 재조명한다. 이 시기는 공화당과 민주당 모두 새로운 정치 환경 속에서 선거 연합을 재구성하도록 자극한 때였다.

재건 시대가 끝나가면서 양당 간의 선거 경쟁은 본격화되었다(Kernell 1977). '링컨의 정당'이었던 공화당은 "피 묻은 셔츠를 흔들라"는 선거 구호가 더 이상 효과적이지 않다는 사실을 깨닫게 된다(Cherny 1997, Foner 1990). 남북전쟁 이후 이어진 공화당의 우세는 남부에서 민주당이 선거 연합을 빠르게 회복하면서 급격히 위축된다. 1873년 경제적 위기 이후 치러진 1874년 중간 선거는 메이슨-딕슨(Mason-Dixon Line) 남쪽에서 민주당을 극적으로 부활시켰다. 대통령 선거인단 경쟁에서 소위 "견고한 남부(Solid South)"가 거의 완성된 것은 1880년 즈음이었다(Morgan 1963, Summers 2000, Ware 2006). 이후 양대 정당은 대통령 선거 결과가 여전히 불확실한 경합주(swing states)에 주목하게 된다(Kleppner 1983, Trubowitz 1998). 이 중 특히 캘리포니아는 1856년과 1880~1892년 동안 양당 모두에게 '경합 지역'에 속했다(Ware 2006, 49). 헤이스(Rutherford Hayes) 공화당 후보는 1876년 대통령 선거에서 캘리포니아를 3,000 표도 안 되는 차이, 즉 불과 1.8% 차이로 승리했다. 선거인단 표 차이는 양당 간 몇 달간의 절충 끝에 185 대 184로 판결났고 단 한 표 차이에 그치는 결과였다. 더 중요한 점은 1880년대에 캘리포니아에 배정된 선거인단 수가 고작 6표 였음에도 불구하고 캘리포니아 혹은 인디애나 주가 하원에서 '킹메이커' 주가 될 가능성이 높아졌다는 사실이다. 수정헌법 제12조에 따라 대통령 선거에서 과반 승자가 나오지 않으면 선거는 의회로 넘어가게 되며 당시에는 주별 표결에서도 18 대 18의 균형이 예상되었다(Gyory 1998).

당시 중요한 경합주였던 캘리포니아 내의 최대 논란은 중국인 이민 노동자를 수용할 것인가 혹은 배척할 것인가 문제였다. 중국인 노동자 금지는 캘리포니아 백인 노동자들 사이에서 점점 더 사생결단의 문제가 되었다. 1848년 캘리포니아 골드러시 이후 중국인 이민 노동자들은 미국에 대규모로 유입되었다. 아시아계 이민자들은 남북전쟁으로 위축된 노동력을 보충하는 데 중요한 역할을 했다. 특히 철도, 광산, 담배, 제화 산업은 중국인 이민 노동자 고용에 의존했으나 1873년 대공황(Panic of 1873)으로 큰 경제적 타격을 받은 캘리포니아 백인 노동자들은 중국인 노동자들이 일자리 상실과 임금 하락의 원인이라고 비판하게 된다. 서부 지역에서 반(反)중국인 클럽과 단체의 수가 증가했고 이들은 연방 의원들에게 중국인 배척을 내용으로 하는 법 제정을 호소했다. 캘리포니아에서 출발한 중국인 배제 운동은 1882년에 의회를 최종 통과한 중국인 배척법(Chinese Exclusion Act) 제정으로 절정에 달했다. 이는 인종만을 이유로 특정 집단의 미국 입국을 전면 금지한 미국 역사상 최초의 법률이었다. 라이만(Lyman 2000, 114)에 따르면 1882년 의회를 통과한 배척법으로 귀결된 캘리포니아의 중국인 반대 운동은 미국 노동사에서 의심할 여지 없이 가장 중요한 결정적 요인이었다. 스미스(Smith 1993, 559)의 경우 "중국인 배척법은 미국의 오랜 개방 이민 역사를 처음으로 거부한 법이었으며, 이는 전후 시대에 부활한 인종 이론에 의해 정당화되었다"라고 주장했다.

본 장은 재건 시대 이후의 정당정치를 결합해 캘리포니아에서 촉발된 중국인에 대한 적대감이 연방 법률로 제정되는 과정에서 어떻게 연방의원들의 지지를 얻게 되었는지를 설명한다. 남북전쟁 이후 민주당에게 '중국인 문제'는 당을 결속시키는 명분이었다. 공화당의 경우는 달랐다. 중국인 노동자 문제를 둘러싼 불만은 서부 공화당과 뉴잉글랜드 출신 공화당을 갈라놓게 된다. 모든 당 구성원이 중국인 배제를 이민 문제로 인식한 것은 아니었으며, 링컨 정당이었던 공화당은 시민권과 평등권에 관한 당의 역사에서 크게 벗어나는 것을 거부하기도 했다. 동시에 공화당은 대통령 당선과 권력이라는 막대한 정치적 보상을 계속 차지하려면 서부의 중요한 경합 유권자들을 확보할 필요가 있다는 사실도 잘 알고 있었다. 이러한 맥락에서 중국인 입국 금지 문제를 둘러싼 입법 과정은 의회에서 발생할 수 있는 분열 이슈가 정당 변화를 어떻게 촉발하는지 살펴볼 수 있는 토대를 제공한다. 특히 지역 기반이 다른 공화당 의원들이 당이 새로운 정치 환경 속에서 새로운 방향이 필요하다고 판단했을 때 평등권을 옹호하는 입장과 중국인 배제를 지지하는 입장 사이에서 어떻게 자신의 태도를 조율했는지에 주목한다. 본 장의 분석 결과는 정당 간 갈등과 정당 내부 분열이 궁극적으로 재건 이후 미국에서 중국인 배제법 제정으로 이어진 과정을 보여준다.

이 장의 구성은 다음과 같다. 우선 분열 이슈가 정당의 입장 변화를 촉발하는 효과에 관한 이론적 틀을 제시한다. 다음에는 재건 이후 시기 중국인 배제 논쟁과 관련된 의회 정치를 다룬다. 이후에 당 구성원들의 동기와 전략을 검증하기 위한 가설을 제시하고, 공화당의 서로 다른 집단이 중국인 문제에 대해 상이하게 대응했다는 실증적 결과를 제시한다. 마지막으로 미국 정치에서 정책 변화를 이해하는 데 있어 분열 이슈 정치의 함의를 밝히며 결론을 내린다.

Ⅱ 분열 이슈 정치와 정당 입장 변화

분열 이슈 정치와 정당 입장 변화에 대한 논의는 유권자가 의회에서의 정당 입장과 선거 과정에서의 정당 브랜드 간의 연계성을 인식해야 한다는 오래된 전제에서 출발한다(Burnham 1970, Cox and McCubbins 1993, Downs 1957, Fiorina 1974, Key 1955, Miller and Stokes 1963, Sundquist 1973, Wittman 1977). 정당의 입장이 명확하고 신뢰성을 가지려면 두 가지 조건이 충족되어야 한다. 첫째, 구성원들 사이의 당파적 결속이 견고해야 한다. 둘째, 시간이 지나도 그 일관성을 유지해야 한다. 히닉과 멍거(Hinich and Munger 1997)의 공간 모형(spatial model)은 당이 정책 입장에서 심각하게 분열되어 있을 경우 유권자가 자신이 선호하는 이상적 정책과 평균적으로 더 가까운 입장을 가진 정당을 지지하지 않을 수도 있다는 점을 보여준다. 다시 말해 "유권자는 자신이 선호하는 지점에서 다소 벗어난 기대 정책이라도 매우 멀어질 위험만 줄어든다면 이를 수용할 수 있다"(Hinich and Munger 1997, 124).

키(V. O. Key 1964)부터 쉬클러(Schickler 2001)에 이르는 미국 의회 연구자들은 오래전부터 '다양한 연합으로서의 정당'이라는 개념이 미국 주요 정당을 이해하는 기본 토대를 이룬다고 지적해 왔다. 올드리치(Aldrich 1995, 7)도 "미국의 주요 정당은 광범위하고 포괄적인 조직이며 다양한 파트너들로 구성된 연합체로 흔히 우산형 정당이라고 불린다"고 언급한다. 그 결과 다수당의 딜레마는 다수 연합을 유지하려는 광범위한 노력이 오히려 당 구성원들 사이의 정책 입장 불일치로 이어질 수 있다는 점에서 발생한다. 시간적 요소 역시 정당 분열의 역학을 이해하는 데 핵심적이다. 발언권이 큰 특정 선거구와 정치인의 요구가 반드시 즉각적인 정당 입장 변화를 초래하는 것은 아니다. 다운스(Downs 1957, 110)에 따르면 정당 이념의 전략적 측면에 관한 고전적 연구에서 "근본적인 상황 변화가 이를 정당화하지 않는 한 책임 있는 모든 정당은 과거의 행동을 부정할 수 없으므로 이념적 비(非)이동성이 특징적이다." 지속 가능한 정당 평판을 구축하는 데에는 시간과 협력이 필요하다. 기존 정당의 평판에서 선거상 이익을 계속 얻는 구성원들은 당의 정책 역사를 보호하려는 경향이 있다. 반면 자신의 선거구 이해가 점점 당의 입장과 충돌한다고 판단하는 의원들은 핵심 분열 이슈를 활용해 공개적이고 적극적인 논쟁을 촉발시킬 가능성이 높다.

본 연구는 정당의 입장이 변화할 가능성이 가장 높은 당파적 조건을 규명한다. 정당 입장 변화의 조건을 파악하는 과정에서 특히 입법 정치에서의 분열 이슈의 역동성을 살펴본다. 분열 이슈는 종종 새로운 당파 균열선을 만들어내는 사안으로 정의된다. 이는 한 정당을 둘 이상의 진영으로 나누지만 다른 정당은 흔들지 않는 정책 쟁점을 의미한다. 실제로 미국의 정책 논쟁과 관련된 여러 특징 중 하나는 당파와 선거 맥락에서 분열 이슈가 반복적으로 등장한다는 점이다. 다수의 학자들이 분열 이슈가 정치 논쟁 재편에서 수행하는 역할을 분석해 왔다(Hinich and Munger 1997, Miller and Schofield 2008, Riker 1986, Schattschneider 1960). 지배적 정책 축에 새로운 분열 이슈가 도입되면 이전에는 견고했던 연합도 때로는 분열될 수 있다. 정당 경쟁의 공간 모형은 정치인들이 어떻게 그리고 왜 이슈 차원을 조정해 정당 균열선을 재구성하는지를 설명하는 데 유용하다(Chappell and Keech 1986, Enelow and Hinich 1984, Hinich and Munger 1997, Poole 2005). 정치적 열세에 있는 소수당은 현 상태에 만족하지 않고 다수당 연합을 분열시킬 새로운 정치 이슈를 찾는다. 샤츠나이더(Schattschneider 1960)와 라이커(Riker 1982)가 주장하듯이 1880년대에 두 번째 이슈 차원의 도입은 중국인의 입국 금지 문제에 관한 것이었다. 사회 이슈 축에서 동부 공화당과 서부 공화당 사이의 잠재적 긴장을 파고들 수 있었기 때문이다. 민주당은 기존의 경제와 보호 관세라는 지배적 사안에서 당의 전통적 입장을 크게 바꾸지 않으면서도 새로운 정책 차원을 제시하게 된다. 그 목적은 주로 서부에 거주하며 새로운 사안에 매력을 느끼는 불만 많은 유권자들을 끌어들이는 것이었다. 예컨대 와인개스트(Weingast 1998)는 비슷한 공간 모형을 사용해 남북전쟁 이전 시기에 특히 동부와 서부 간 다수 연합을 분열시키려는 공화당 전략에서 노예제도가 어떤 역할을 했는지를 설명한다. 어윈(Irwin 2006)은 19세기 미국에서 내륙 개발과 관세 정책이 지역 및 정당 재편에 어떻게 활용되었는지를 보여주는 또 다른 사례를 제시하고 있다.

이러한 공간적 접근은 평의원들이 새로운 정책 공약 요구에 실제로 어떻게 대응하는지에 대해서는 거의 주목하지 않는다. 잠재적인 분열 이슈는 시간이 지날수록 다수당 연합을 붕괴시키고 소수당을 결집시킬 수 있다. 새로운 당 분열 사안이 등장하면 일부 의원들은 과거 정치와의 결별이 불가피하다고 느끼게 된다. 그들은 입장 변화가 이미 오래전에 이루어졌어야 하며 이는 선거에서 당의 신뢰와 경쟁력을 회복하는 유일한 길이라고 판단한다. 그러나 당내 분열 이슈가 존재한다는 사실만으로는 정당의 기반이 매번 흔들리는 것은 아니다. 정당 간의 관계와 당내 균열을 함께 살펴보아야 정당 전환의 전모를 이해할 수 있다. 샤츠나이더(Schattschneider 1960)와 라이커(Riker 1986)가 지적하듯이 소수당 지도부는 다수당의 내부 갈등을 결코 놓치지 않는다. 그들은 상대 당의 심각한 균열을 드러낼 수 있는 전투를 벌이기 위해 세력을 모은다. 이 분열 이슈가 다수당을 계속 약화시키고 소수당을 도울수록 일부 다수당 의원은 당의 정책 입장과 논리를 수정하기 위해 이탈을 선택할 수도 있다. 최근 연구에 따르면 한 정당의 결속력은 상당 부분 상대 정당의 결속력과 이전의 양당 간 입장 차이에 달려 있다(Lebo et al 2007).

이전의 정당 현상 유지 입장과 새롭게 부상한 지역구 이익 사이의 교차하는 균열이 당 구성원들로 하여금 새로운 집단적 정당 평판을 형성하는 동시에 자신의 입장 변화를 최소화하려는 새로운 투표 전략을 채택하도록 압박한다는 것이 이번 장의 핵심 주장이다. 법안 수정, 거부권 무효화, 최종 표결 등과 같은 입법 과정의 선택을 통해 평의원들은 당내 분열을 한 번에 뒤집는 극적인 전환이 아니라 점진적으로 전환하는 경향성을 보인다. 궁극적으로 분열 이슈는 해당 정당 구성원들에게 정책 선호를 재정의하고 정당 입장을 재구성하라는 압박을 가하는 경우가 많다. 이러한 '정당 구축(party building)' 논리가 교차 압력을 받는 의원들의 입법 행태에 어떤 영향을 미칠 수 있는지를 조명하기 위해 역사적 · 이론적 분석의 틀을 제공해 본다.

Ⅲ 중국인 입국 금지를 둘러싼 미국 의회 역사: 1868년부터 1943년까지

1868년 청 왕조는 베이징에 주재하던 초대 미국 공사 벌링게임(Anson Burlingame)에게 미국으로 향하는 외교 사절단을 이끌어 달라고 요청한다. 벌링게임과 수행원들은 미국 주요 도시를 거쳐 워싱턴 D.C.에 도착해 존슨(Andrew Johnson) 대통령을 만났다. 전국적으로 큰 환영을 받은 벌링게임 사절단은 1868년 벌링게임 조약의 상원 비준까지 이끌어냈다. 이 조약은 미국과 중국 간에 이민(제5조), 여행(제6조), 교육 특권(제7조)을 포함한 상호주의와 최혜국 대우를 규정했다. 이후 대다수의 중국 이민자들은 태평양 연안의 신개척지에 정착하게 된다. 1852년 한 해에만 약 3만 명의 중국 이민자가 홍콩을 떠나 샌프란시스코에 도착했다(Barth 1964). 서부 지역의 중국인 노동자는 꾸준히 증가하여 1873년 2만 명, 1874년 1만 4천 명, 1875년 1만 6천 명, 1876년 2만 3천 명이 유입됐다(Tichenor 2002). 1860년에서 1870년 사이 샌프란시스코 인구는 두 배 이상 늘어 약 15만 명에 이르렀으며 1871년까지 이 도시 노동자의 3분의 1이 중국인이었다(Mink 1986. 74).

전시 노동력 부족 문제가 점차 해소되자 서부에서 중국인 노동자에 대한 반감이 급속히 고조됐다. 캘리포니아의 백인 노동자들은 임금 하락, 노동시간 증가, 실업 가능성 확대 등의 원인을 중국인 노동자 탓으로 돌렸다. 쿨리지(Coolidge 1909)는 중국 이민을 옹호하는 글에서 밀러(Miller 1969)가 나중에 '캘리포니아 이론(California Thesis)'이라 부른 개념을 처음 구체화했다. 캘리포니아 광산촌에서 인종적 적대감이 폭발한 상황을 묘사하며 쿨리지는 중국인 배제법의 핵심 동력이 캘리포니아 노동계층의 적대감이었다고 주장한다. 샌드메이어(Sandmeyer 1939) 역시 중국 이민 제한의 주된 추진력을 미국 서부의 반(反)중국운동에서 찾았다. 퐁과 마캄(Fong and Markham 2002)의 실증 분석에 따르면 1871년과 1879년 선거에서 조직 노동자들이 반(反)중국 정치활동을 촉진하는 데 중추적 역할을 하기도 한다. 1870년대 후반이 되면 전국적으로 다수의 반중(反中) 클럽과 중국인 배제연맹이 결성된다. 캘리포니아의 지역 노동·인종 문제가 어떻게 전국적인 정치 현안으로 불거졌는가는 중국인 배제 연구에서 중요한 관심사 중 하나다. 바스(Barth 1964)의 초기 분석은 중국 이민자들의 귀향 지향적 성향을 탐구하며 캘리포니아뿐 아니라 미국 남부와 동부 미국인들도 중국인 노동자를 불편하게 여긴 이유를 설명하려 했다. 1870년대 초 중국인으로 구성된 파업 방해자들이 매사추세츠, 뉴저지, 펜실베이니아 등에 유입된 사건 역시 반중(反中) 정서를 키웠다(Barth 1964, Daniels 1988). 동부 지역의 일부 노동조합은 중국인 노동의 가치를 의심하기 시작했고 서부의 동료들과 함께 1870년대 경기침체 책임을 중국 이민자에게 돌렸다. 밍크(Mink 1986)에 따르면 곰퍼스(Samuel Gompers)를 비롯한 노조 지도부가 중국인 배제를 지지하며 반중(反中) 운동의 전국화를 촉진했다. 로즈(Rhoads 2002)는 특히 펜실베이니아 비버폴스(Beaver Falls) 사례를 다루며 동부 최초의 중국인 노동자 유입지 중 하나에서 다양한 직종의 노동자들이 중국인 문제에 어떻게 반응했는지를 설명하기도 한다.

한편 상인 및 농업 고용주, 종교 지도자들은 여전히 대중국 교역 확대, 저임금 중국인 노동 고용, 그리고 중국 선교 활동 촉진 등을 지지했다. 맥키(McKee 1977, 23)는 "특히 뉴욕과 매사추세츠를 중심으로 한 동북부의 기업 이해 관계자들과 선교에 관심이 많은 개신교인들은 현상 유지를 지지했다"고 분석했다. 일부 공화당원들은 의회가 입국 금지 법안을 통과시킬 경우 중국의 보복을 우려했다(Cohn and Gee 2003; Daniels 1988). 그럼에도 불구하고 이 당시 친중 연합은 반중(反中) 연합에 맞설 만한 견고한 정치 세력을 이루지는 못했다(Tichenor 2002). 1879년 1월 31일자 뉴욕타임스는 "동부의 우리로서는 중국인이 미국 땅에서 거주하는 것이 바람직한지에 대해 논쟁할 필요가 없다"고 인정한 적이 있을 정도다. 바움(Baum 1983, 76)은 "중국인에 대한 대중적 편견은 너무 강해 극복할 수 없었다"고 요약한다. 이러한 맥락에서 볼 때 기요리(Gyory 1998)의 중국인 입국 금지 논쟁과 관련된 설명은 인종과 노동, 그리고 캘리포니아 지역에 초점을 맞춘 기존 연구들과 차별화되는 예외적인 접근이다. 오키히로(Okihiro 2005, 77)가 1882년 중국인 배제법을 "하향식으로 의회가 주도한 사안이며 캘리포니아로부터의 상향식 노력의 결실은 아니다"라고 주장한 것에 대해 기요리는 반론을 펼친다. 실제로 중국인 배제법안을 통과시킨 주체는 캘리포니아 주 혹은 노동계가 아니라 전국 단위의 정치인들이었으며 그들의 대통령 선거 전략이 결정적 변수였다고 주장한다. 1879년 코네티컷 주의회가 통과시킨 공동결의안은 서부 이외의 지역에서의 반중(反中) 정서가 상대적으로 미약했음을 보여준다. "중국인 이민 제한은 신성하고 명예로운 조약을 노골적으로 위반하는 것이며 우리 공화국의 원칙과 전통에 전혀 부합하지 않는다"(Bensel 2000 151). 결국 기요리 등의 정치학 분석에 따르면 중국인 배제법은 재건시대 이후 선거 정치에서 분열적 이슈를 활용하려던 전국 정당의 전략적 산물이었다.

중국인 배제 관련 입법 전개를 살펴볼 필요가 있다. 우선 1879년에 추진되었던 이른바 '15인 승객 법안(fifteen passenger bill)'은 15명 이상의 중국인 승객을 태운 선박의 입항을 막기 위한 조직적인 입법 시도였다. 삭스톤(Saxton 1971)의 경우 샌드메이어(Sandmeyer 1939)와 마찬가지로 1879년을 연방 차원의 중국인 이민 제한 노력에서 하나의 전환점으로 평가했다(Gyory 1998). 남부 민주당은 중국인 문제를 전국적 의제로 부각시켜 "백인 우월주의를 지키고 북부 급진주의를 막는" 서부-남부 간 새로운 연합을 만들고자 했다(Tichenor 2002, 103). 이 법안의 핵심 지지자는 재건시대 이후를 대표하는 정치인이자 1880년 공화당 대선 후보 경선의 선두주자였던 메인(Maine)주 출신 블레인(James G. Blaine) 상원의원이었다. 기요리(Gyory 1998)에 따르면 블레인은 1880년 대선에서 캘리포니아 선거인단이 결정적인 표를 행사할 수 있다고 계산했다. 1879년의 링컨 정당, 즉 공화당은 중국인 노동자의 입국 금지에 반드시 열성적이지도 않았다. 캘리포니아 공화당 소속이자 반중(反中) 운동의 선두 주자였던 페이지(Horace F. Page) 하원의원은 '중국인 노동 계약제와 일부다처제를 노예제의 쌍둥이 잔재'라고 비판했다(Jung 2005 677). 반면 매사추세츠 출신의 호어(George F. Hoar)와 도스(Henry L. Dawes), 메인주의 햄린(Hannibal Hamlin) 등 북부 공화당 상원의원들은 중국인 노동자 차별에 대해 강렬하게 반대했다. 이들은 공화당이 지켜온 평등한 시민권 전통을 상기시키는 동시에 중국의 보복으로 인한 대중국 수출시장 상실 등 외교적 비용 가능성도 함께 제기했다.

논란이 된 15인 승객 법안은 의회 민주당을 결집시키는 역할을 하게 된다. 제45대 의회(1877-79)에서 민주당 다수는 104대 17(기권 33명)이라는 압도적 표결로 법안을 지지했다. 1879년 1월 31일자 뉴욕타임스는 "공화당도 인정하고 민주당은 기꺼이 주장하듯 이 법안을 통과시킨 공로는 민주당 하원에 있다"고 보도한다. 헤이스(Hayes) 대통령은 1879년

3월 1일에 이 법안을 두고 거부권을 행사했다. 그 이유는 중국인 보호에 있지는 않았다. 벌링게임 조약의 위헌적 파기와 상인 및 선교사의 안전에 대한 우려가 주된 이유였다(Riccards 2000). 헤이스 대통령은 이듬해 미시간 대학교 총장 앵겔(James B. Angell)을 중국에 파견하여 새 조약을 협상하게 했고 1880년에 맺어진 앵겔 조약(The Angell Treaty of 1880)은 중국인의 이민 제한을 위한 법적 전환점을 마련했다.

| 표 1 1879-1882년 하원 중국인 배척 관련 표결

날짜	안건 설명	표결 결과	총 투표	민주당	공화당	북부 민주당	남부 민주당
1879년 1월 28일 제45대 의회 (1877-79)	중국인 15명 이상을 태운 선박 입항 금지	의회 통과, 헤이스 대통령 거부권 행사	157-75	102-16	51-6	50-10	52-6
1882년 3월 23일 제47대 의회 (1881-83)	중국인 노동자 10년간 입국 금지 (카슨 수정안)	의회 부결	101-133	3-94	93-29	2-43	1-51
1882년 3월 23일 제47대 의회	중국인 이민 20년간 제한	의회 통과, 아서 대통령 거부권 행사	169-69	97-4	58-62	45-3	52-1
1882년 4월 17일 제47대 의회	중국인 이민 10년간 금지	의회 통과, 아서 대통령 서명	204-38	102-3	88-34	46-3	56-0

출처: Congressional Records

이후에 제47대 의회(1881-83)가 개회하자마자 캘리포니아 출신 공화당 상원의원 밀러(John F. Miller)와 하원의원 페이지는 양원에서 동시에 중국인 이민을 제한하는 유사 법안을 발의하기에 이른다. 1882년 2월 28일에 시작된 논쟁에서 밀러 상원의원은 뉴잉글랜드 출신 매사추세츠의 호어 상원의원과 맞서 논쟁을 벌였다. 밀러는 블레인 및 서부 의원들의 정치경제적 논리를 반복하며 중국인 배제가 미국 노동자에게 긍정적 영향을 미친다고 주장했다. 반면 호어는 여전히 시민권과 인종 평등이라는 공화당의 전통적 약속을 지지했다(Cohn and Gee 2003). 호어 상원의원의 당위론적 주장은 점차 소수 의견이 되었다. 상원은 1882년 3월 9일 중국인 배제법(Chinese Exclusion Act)을 찬성 32표 반대 15표로 가결한다. 하원은 3월 23일에 상원안을 통과시켰다. 표결 양상은 민주당이 97대 4로 압도적으로 찬성하고 공화당은 58대 62로 분열된 모습이었다. 1882년 4월 4일 아서(Chester Arthur) 공화당 대통령은 상원에 거부권 행사를 통보하였다. 그는 거부 사유를 설명하며 "경험에 비추어 볼 때 동양과의 무역이 국가의 부와 영향력의 열쇠임이 입증되었다"(뉴욕타임스 1882년 4월 5일)고 확인했다. 아서 대통령의 대안은 "중국인 노동자 이민을 20년이 아닌 더 짧은 기간 동안 중단하는 것"이었다. 이에 따라 거부권 행사 후 불과 2주 만에 샌프란시스코 출신의 대표적 반중(反中) 공화당 의원 호레이스가 즉시 새로운 법안을 발의했다. 주요 수정 사항은 중국인 노동자의 미국 본토 입국 금지 기간을 20년에서 10년으로 단축한 내용이었다. 두 번째 입법 시도에서는 하원의원 35명과 상원의원 6명이 친중 혹은 기권 입장에서 반중(反中)으로 입장을 바꿨다. 예상대로 아서 대통령은 1882년 5월 6일 중국인 배제법에 서명하였다(표 1 참조).

| 그림 1 중국인 이민과 하원 표결

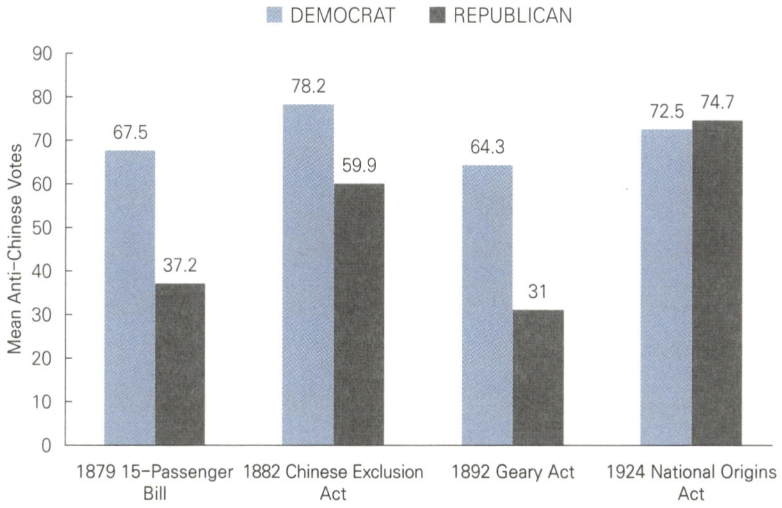

출처: Congressional Records

| 그림 2 중국인 이민과 상원 표결

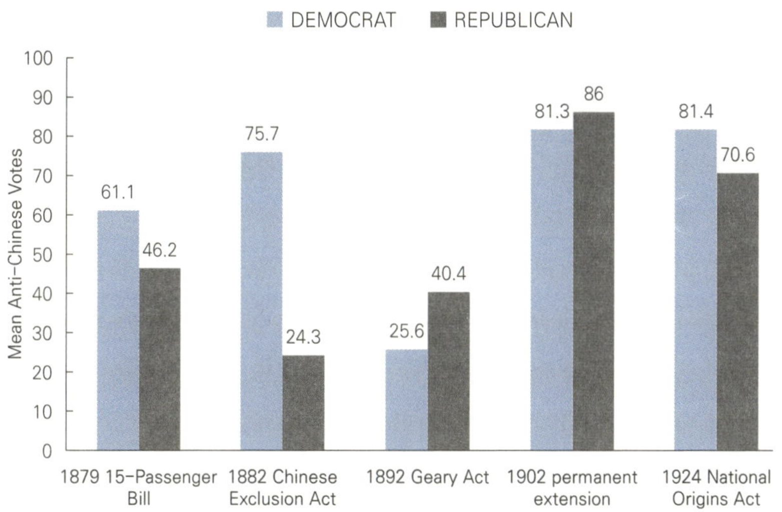

출처: Congressional Records

중국인 배제법안 통과 이후 공화당의 경우 배제 기간 연장 여부를 둘러싼 당내 분열이 점차 사라지고 중국인 배제에 있어 확고한 찬성 입장을 보이게 된다. 예컨대 1902년에 공화당 상원의원들은 중국인 입국 제한을 영구 연장하는 안에 대해 찬성 49대 1(기권 5명)로 압도적 지지를 보낸다. 1924년에는 국적기원법(National Origins Act) 제정으로 미국 내의 반(反)이민 정서가 절정에 달했고 양당 다수가 이를 지지하였다. 〈그림 1〉과 〈그림 2〉는 1879년부터 1924년 기간 동안 중국인 노동자 이민 이슈와 관련된 두 정당의 지지 혹은 반대 비율을 분석한 내용이다. 특히 1924년 법안에 포함된 쿼터(quota)제는 1965년 이민귀화법(Immigration and Naturalization Services Act)에 의해 국가별 할당제가 폐지될 때까지 유지된다. 특히 중국인 입국 금지의 경우 2차 세계 대전에서 장개석의 중국이 주요 전시 동맹국으로 부상하면서 폐지되었다. 이는 거의 60년이 걸린 시간이었다. 루스벨트 대통령은 1943년에 독일 및 일본의 침략에 맞선 전쟁에서 중국의 지원을 확보하기 위해 중국인 배제법을 철폐하기로 결정한다.

IV 중국인 노동자를 둘러싼 정당 입장 변화에 대한 실증 분석

중국인 노동자 이민을 금지하려는 입법 시도는 의회 내에서 복잡한 의사결정 과정을 거쳤다. 기존의 역사적 연구는 다양한 반중(反中) 운동에 초점을 맞추어 왔지만 개별 의원의 표결 선택과 그 변화 과정을 미시적으로 분석하는 것 역시 미국 내의 중국인 배척 정서가 어떻게 제도화되었는지를 이해하는 중요한 단서가 된다. 사회과학적 관점에서 일반 의원들의 행동 동기를 검증하기 위해 지역구 이해관계, 의원 특성, 그리고 정당 차원 결정이라는 세 가지 수준에서 가설을 도출하였다. 특히 당 분열을 초래한 중국인 배척 법안 처리 과정에서 교차 압력(cross-pressured)을 받은 의원들의 입장 변화에 주목하고자 한다.

지역구 이해관계 가설

가설 1: 농업 지역구일수록 중국인 노동자 이민 금지에 반대할 가능성이 높다.

가설 2: 인구밀도가 높은 지역구의 의원일수록 중국인 이민 제한을 지지할 것이다.

가설 3: 가톨릭계 이민자들은 중국인 노동자와 자신들 간의 사회적 구분을 위해 중국인 배척을 요구할 것이다.

"지역구 이해관계 가설"은 재건 시기 이후 의회에서의 선거를 통한 정당-유권자 연결 고리(electoral connection)를 검증한다. 두 정당 의원들 모두 중국인 배척 문제를 두고 각 지역구의 경제 여건과 인구 구성으로 인한 요구에 대응할 것으로 예측된다. 첫 번째 가설은 농업 지역일수록 값싼 중국인 노동자의 지속적 유입을 선호할 것이라는 전망이다. 대체로 농촌 지역은 저임금 노동력이 더 많이 필요했기 때문에 중국인 노동자는 크게 환영받았다. 도금 시대(Gilded Age)에 만연했던 토착주의(nativism)를 분석했던 히검(Higham 1955, 107)은 "캘리포니아에서 농업이 매우 빠르게 확장되자 일손이 부족했던 농민들이 오히려 중국인 배척법의 완화를 요구했다"고 지적한다. 한편 남부는 농업 비중이 높았지만 당시 노동력 부족을 겪지 않았다. 동일한 농업 지역이라도 지역별로 이해관계가 다르게 나타날 수 있다는 점을 검증하기 위해 남부의 밀 생산 비중 변수를 검증 모형에 포함시켰다.

인구학적 측면에서 보면 인구 밀도가 높은 지역을 대표하는 의원들은 중국인을 포함한 외국인 노동자의 추가 유입에 반대할 것으로 가정해 볼 수 있다. 특히 샌프란시스코와 같은 도시 지역에서는 많은 백인 노동자들이 중국인 이민자를 자신의 고용 안정에 대한 위협적 존재로 인식하였다. 이에 따라 해당 지역의 연방 의원들에게 이민 제한을 요구하였다. 또한 가톨릭계 유권자들의 지지가 필요한 입법자들은 중국인 배척을 지지하는 데 별다른 문제를 느끼지 않은 것으로 보인다(Tichenor 2002). 가톨릭 신도들을 옹호하고자 했던 민주당 의원들은 대신 중국인을 배척하는 움직임에 동참함으로써 유럽 출신의 자유 이민자와 중국에서 계약 노동 이민자를 구분하려고 한 셈이다. 재건 시기 이후의 경제 및 인구 변동 관련 가설을 검증하기 위해 본 연구는 파슨스 등(Parsons et al 1990)이 구축해 놓은 역사 데이터를 활용하였다. 이 데이터는 젠킨스 등(Jenkins et al 2004)이 1857부터 1913년 사이 의회의 동질성과 양극화를 분석할 때 사용한 자료다.

선거 경쟁 가설

가설 4: 치열한 선거 경쟁에 직면한 의원일수록 중국인 배척을 선택할 가능성이 높다.

가설 5: 의정 경력이 긴 의원일수록 중국인 배척을 지지할 가능성이 낮다.

"경합지역 가설(marginality hypothesis)"을 중국인 배척 논쟁에 적용하는 경우 근소한 표 차로 당선된 의원일수록 유권자들 사이에서 확산된 반중(反中) 정서에 더 민감하게 반응한다는 해석이 가능하다(Cohn and Gee 2003, Mink 1986, Sandmeyer 1939, Saxton 1971, Theriault 2005). 마르쿠스(Marcus 1971, 6)는 이 시기 공화당을 면밀히 분석하며 선거 경쟁의 새로운 요소로 "양당 간 박빙 구도, 높은 투표율, 그리고 강한 정당 규율"을 지적한 바 있다. 47대 의회의 지역별 선거 경쟁 수준을 나타낸 〈그림 3〉에 따르면 서부 지역구에서의 평균적인 승리 격차는 미국의 다른 지역에 비해 현저히 낮았다. 그만큼 경쟁적이었다는 의미다.

| 그림 3 47대 의회(1881-1883)의 지역별 선거 경쟁 정도 편차

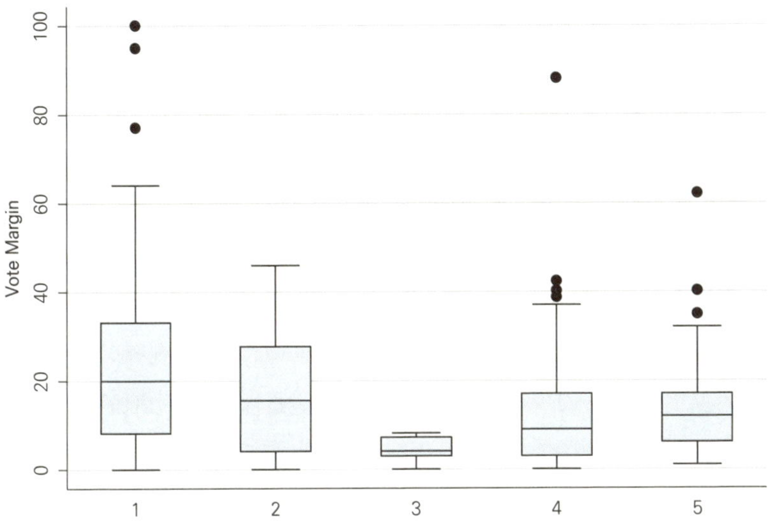

Note: The regional categories followed Gyory (1998: 313) and included the following states:
1 = South (AL, AR, FL, GA, KY, LA, MS, NC, SC, TN, TX, VA)
2 = New England (CT, MA, NH, RI, VT, ME)
3 = West (CA, CO, NV, OR)
4 = Midwest (IL, IN, IA, KS, MI, MN, NO, NE, OH, WV, WI)
5 = Mid-Atlantic (DE, MD, NJ, NY, PA)

출처: Congressional Records

또한 의정 경력이 긴 의원들은 중국인 이민자의 권리를 옹호하는 데 상대적으로 자유로웠을 것으로 가정된다. 특히 남북전쟁 이후 평등권 입법을 추진했던 경험이 있는 의원들일수록 중국인 배척 법안에 반대했을 가능성이 크다. 그러나 바움(Baum 1983, 77)이 지적하듯 "이들 중 가장 이상주의적인 인물들조차 공화당 내에서 영향력을 점차 상실하였고 그 자리는 당의 집권 유지를 더 중시하는 정치인들이 차지하게 되었다." 즉, 재건 시기 이후의 초선 및 재선 의원들은 중국인 문제에 대한 입장을 단기간에 바꾸는 압박에 더 크게 노출되었다. 특히 공화당 내에서 '구세력(Old Guards)'보다 반중(反中) 정서에 더욱 취약했다고 보는 것이 타당하다.

입장 변화 가설

가설 6: 민주당 의원은 공화당 의원보다 중국인 배척을 위해 높은 단합도를 보인다.

가설 7: 교차 압력을 받는 공화당 의원은 최종 표결 결과를 바꿀 가능성이 크다.

"입장 변화 가설"은 중국인 배척이라는 분열 이슈를 둘러싼 의회의 투표 선택과 변화의 논리를 분석한다. 45대 의회(1877-79)의 "15인 승객 제한 법안"과 47대 의회(1881-83)의 "중국인 배척법" 사례에서 민주당은 중국인 이민 노동자에 대한 반대 입장을 일관되게 유지하였다. 중국인 배척은 명백히 민주당의 입법 의제였다. 반중(反中) 구호는 민주당이 남부 이외 지역의 백인 노동자를 공략하는 데 완벽하게 들어맞는 도구이기도 했다. 아서(Arthur) 대통령이 '합리적이고 책임 있는 배척'을 촉구하면서 거부권 메시지를 보냈을 때에 민주당의 격렬한 반대는 결국 "중국인 배척 이슈가 민주당의 최대 쟁점임을 확인해 준 것"이었다(Mink 1986, 10). 민주당은 중국인 배척에 반대하는 입장이야말로 노동자와 태평양 지역을 배신하는 것으로 몰고 갔다. 본회의 표결을 통해 공화당을 공격할 준비도 이미 되어 있었다. 따라서 민주당은 집단적으로 그리고 일관되게 중국인 배척을 지지했을 것으로 가정된다.

중국인 배척이 정당 입장 변화를 촉발하는 분열 쟁점이었다는 점을 이해하기 위해서는 배척 여부 자체보다는 입국 금지의 기간(10년인가, 20년인가)이 핵심 쟁점이었음을 주목해야 한다. 상원의 원로 의원이었던 버몬트(Vermont) 출신 공화당 에드먼즈(George F. Edmunds) 의원이 "다수의 뜻이 곧 도덕"이라는 논거를 들면서 배척 자체를 사실상 지지하면서(Gyory 1998, 230-234) 상원에서 배척 기간을 둘러싼 논쟁이 본격화되었다. 오하이오의 공화당 셔먼(John Sherman) 의원도 "기간이야말로 법안 전체에서 가장 중요한 요소"라고 강조하였다(Gyory 1998, 233). 매사추세츠의 호어 상원의원과 같은 소수의 구세력을 제외하면 공화당은 결국 중국인 배척을 받아들일 준비가 되어 있었다. 실제 쟁점은 10년간 입국 금지인가 20년 동안인가였다. 아이오와 출신 공화당 캐슨(John A. Kasson) 의원은 중국인 10년 배척을 골자로 한 막판 수정안을 제안했고 뉴잉글랜드의 공화당 의원들은 이 "합리적인" 기간 제안에 전원 찬성했다. 그러나 캐슨 수정안은 민주당 의원 97%의 압도적 반대에 의해 부결되었다. 곧이어 이번에는 뉴잉글랜드 공화당 의원들이 20년 배척안을 발의한 캘리포니아 출신 공화당 파체코(Pacheco) 의원의 제안에 강하게 반발했다. 뉴잉글랜드 지역 의원들은 10년 배척에는 동의했지만 20년 장기 배척에는 결연히 반대했다. 〈표 2〉는 배척 기간을 두고 뉴잉글랜드 의원들이 보인 정반대 입장을 보여준다.

| 표 2 뉴잉글랜드(New England) 공화당 전통파 의원들의 입장 변화

State	Party	Member	Kasson (R-IA) Amendment 10-year exclusion (Roll-Call 72, 23 March 1882)	Pacheco (R-CA) bill 20-year exclusion (RC 73, the same day)
MASSACHUSETTS	R	CRAPO	Y	N
	R	HARRIS	Y	N
	R	RANNEY	Y	N
	D	MORSE	N	N
	R	BOWMAN	Non-vote	Non-vote
	R	STONE	Y	N
	R	RUSSELL	Y	N
	R	CANDLER	Y	N
	R	RICE	Y	N
	R	NORCROSS	Y	N
	R	ROBINSON	Y	N

CONNECTICUT	R	BUCK	Y	N
	D	PHELPS	N	Y
	R	WAIT	Y	N
	R	MILES	Non-vote	Non-vote
MAINE	R	REED	Y	N
	R	DINGLEY	Y	N
	R	LINDSEY	Non-vote	Non-vote
	I	LADD	N	Y
	I	MURCH	N	Y
NEW HAMPSHIRE	R	HALL	Y	N
	R	BRIGGS	Y	N
	R	RAY	Y	N
RHODE ISLAND	R	SPOONER	Y	N
	R	CHACE	Y	N
VERMONT	R	JOYCE	Y	N
	R	TYLER	Y	N
	R	GROUT	Non-vote	N

출처: Congressional Records

| 그림 4 각 주의 중국인 배척 법안 찬성 비율 차이(1879-1822)

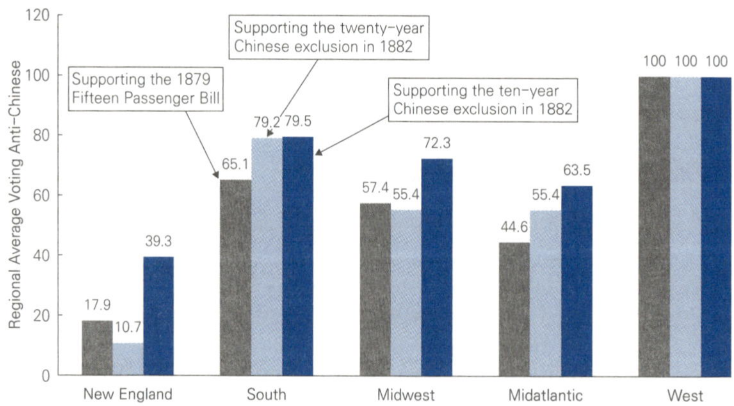

출처: Congressional Records

한편 또 다른 범주의 교차 압력 공화당 의원들 역시 중국인 배척 입법 과정에서 투표 전환을 했을 것으로 가정된다. 아이오와, 인디애나, 일리노이, 오하이오 등 중서부 출신 공화당 의원들은 중국인 문제를 둘러싸고 농업 지역 이해, 강한 토착주의 전통, 그리고 선거 승리를 위한 정치적 계산이라는 복합적 요인 속에 놓여 있었다(Jensen 1971). 동시에 민주당 후보들은 반중(反中) 정서가 강한 지역구의 일부 중서부 공화당 의원들에게 중국인 배척 표결을 압박하는 전략을 펼칠 수 있었다. 따라서 중서부 공화당 의원들은 선거에서의 안정적 득표를 위해 법안별로 입장을 바꿀 가능성이 높았다. 〈그림 4〉는 중국인 문제를 둘러싼 의회 지역별 대표단의 찬성 비율 차이를 시각적으로 보여준다.

실증 분석 결과

하원에서의 중국인 배척 표결에 관한 다양한 가설을 검증하기 위해 종속변수를 중국인 배척에 찬성하면 1, 그렇지 않으면 0으로 코딩하였다. 1879년에 발의된 15명 이상의 중국인 승선 선박 입국 제한부터 1882년 10년간 중국인 노동자 입국 금지까지 다변량 회귀분석을 통해 일반 의원들이 이러한 입법 조치에 어떻게 대응했는지를 실증적으로 검증하였다. 로지스틱 회귀분석(logistic regression) 계수만으로는 실질적인 해석이 어려우므로, 다른 변수들을 기준값에 고정한 상태에서 독립변수 변화가 의원 투표의 예측확률에 미치는 영향을 함께 고려하였다. 분석 결과 민주당은 중국인 배제 관련 제한 조치들을 강력하게 지지했다. 민주당 소속 여부는 해당 법안 찬성 여부를 예측하는 데 통계적으로 유의미했으며, 민주당 의원이 법안을 지지할 확률은 31% 높았다. 반면 뉴잉글랜드 지역 의원이 배제 찬성 표를 던질 확률은 37% 낮았고, 중대서부(Mid-Atlantic) 지역 의원의 경우 17% 낮았다. 또한 45대 의회에서 27년간 의정활동을 한 공화당 의원은 제한 조치에 대해 약 61% 더 부정적인 입장을 보였다. 아서 대통령이 20년 배척안을 거부하고 '합리적인' 접근을 요구하자, 의회에서는 중국인 노동자 입국 금지에 관한 최종 합의가 도출되었다. 흥미롭게도 공화당 지도부는 당내 의원들에게 명확한 투표 지침을 내리지 않았다. 이는 고위험 선거가 예정된 해에 친중 입장이 유권자 분노를 촉발할 수 있다는 우려를 반영한 것이었다. 하원의장 카이퍼(Keifer)와 공화당 의원총회 의장 로브슨(Robeson)은 표결에 참여하지 않았다. 비록 1882년의 중국인 배척법안은 의회 다수의 지지를 받아 최종 통과되었지만 일부 의원들은 당 입장 변화의 흐름 속에서도 일관되게 반대 의견을 표명하기도 했다.

특히 10년간 중국인 입국 금지를 제안한 캐슨 수정안(Kasson Amendment) 표결에서는 민주당(찬성 3표, 반대 94표)과 공화당(찬성 93표, 반대 29표)이 완전히 정반대의 당론을 보였다. 분석 결과 민주당 소속 여부 변수는 10년 배척 수정안에 대한 지지 확률을 50% 정도 낮추는 것으로 나타났다. 민주당은 20년 배척 지지 입장에서 한 발도 물러서지 않은 셈이다. 중국인 배척 문제를 동부와 서부 공화당 간의 분열 쟁점으로 적극 활용하기 위함이었다. 반면 뉴잉글랜드(50%), 중대서부(26%), 중서부(35%) 지역 의원들은 모두 중서부 출신 공화당 의원이 제안했던 수정안을 지지했다. 즉, 상업 이익, 시민권, 노동 갈등, 당 입장이라는 교차 압박(cross-pressure)을 관리하는 과정에서 뉴잉글랜드 공화당은 10년 배척안으로 합의점을 찾고자 했다. 선거구가 안전한 의원들도 '합리적인' 기간 설정을 지지했다. 민주당의 단결된 반대로 캐슨 수정안이 부결(찬성 101표, 반대 133표)되자 같은 날 입법 과정을 둘러싼 연합 구도가 급격히 변하게 된다. 여기서 주목할 점은 중서부 의원들의 입장 변화였다. 구체적으로 살펴보면 20년 배척안에 대한 중서부 의원들의 강한 반대 경향이 통계적으로 유의미하지 않게 된 것이다. 10년 배척안이 무산되자 중서부 하원의원들은 20년 배척안 표결에서 더 이상 지역 특유의 반대 입장을 드러내지 않았다. 또한 남부의 밀 생산 변수는 강한 반대 여론과 연결되지 않았다. 동일한 경제 이해가 자동적으로 의회의 표결로 이어지는 것은 아니었다.

공화당 표결만을 분석 대상으로 하는 경우 일부 공화당 의원들이 얼마나 발빠르게 투표를 변경했는지 잘 보여준다. 첫째, 정당 변수 대신 이념적 성향(DW-NOMINATE 점수)을 사용하면 이념 성향이 10년 배척안에 대한 의원들의 입장을 예측하는 데 훨씬 더 나은 지표로 나타났다. 둘째, 중서부 공화당 의원들의 투표 전환은 교차 압력을 받는 의원 가설의 예측과 거의 완벽하게 일치했다. 민주당의 강한 반대로 캐슨 수정안이 부결되자 중서부 공화당 의원들은 입장을 바꿔 민주당 의원들과 함께 20년 배척안을 지지했다. 셋째, 뉴잉글랜드 공화당 의원들의 표결 양상 역시 주목할 만하다. 캐슨 수정안과 최종 표결이 둘 다 중국인 배척 기간을 동일하게 10년으로 규정했음에도 불구하고 뉴잉글랜드 6개 주 출신 공화당 의원들은 전혀 상반된 입장을 취했다. 뉴잉글랜드 공화당 소속일 경우 캐슨 수정안(10년 배척) 찬성 확률은 37% 높아졌지만 1882년 중국인 배척법(10년 배척) 찬성 확률은 49% 낮아졌다. 바움(Baum 1983, 76)은 "중국 문제는 매사추세츠 공화당 의원들에게 자신들이 표방한 원칙을 얼마나 지킬 것인지 시험하게 만들었지만 대부분 시험에 실패했다"고 평가했다. 간과된 사실은 뉴잉글랜드 공화당 의원들이 하루아침에 시민권과 인종 평등의 원칙을 버린 것이 아니라 전략적인 투표 전환을 거쳐 최종적으로 중국인 배척법 통과에 등을 돌렸다는 점이다.

V 소결

재건 시대가 실패로 마무리된 이후 중국인 배척 문제를 둘러싼 방대한 연구가 축적되었음에도 불구하고 캘리포니아에서 비롯된 반(反)중국 정서를 의회 차원의 전국적 배척법으로 전환하는 과정과 그에 따른 정당정치의 역할을 분석한 연구는 많지 않았다. 본 연구는 의원들의 역동적인 투표 결정 과정을 분석함으로써 이 연구 공백을 일부 메우고자 하였다. 재건 시대가 종결되면서 중국인 노동자의 이민 제한 문제는 전국 정치에서 새로운 연합 구성을 위한 핵심 쟁점으로 부상하게 된다. 실제로 중국인 배척을 둘러싼 논쟁은 인종, 노동, 외교, 정당정치 등 다양한 이슈 차원을 함축하고 있었다. 민주당과 공화당 모두 유사한 정당 건설 필요성에 직면하고 있었지만 재건 이후 미국 정치에서는 서로 다른 표결 동력을 형성하였다.

본 연구의 실증 분석 결과 민주당은 "중국 문제(China Question)"를 활용하여 서부 공화당 의원들이 동부와 중서부 출신의 기존 의원들 입장과 갈등하도록 유도하였다. 다른 현안들에서는 내부적인 이견이 있었음에도 민주당 의원들은 20년 배척안을 둘러싸고 굳건한 결속을 보였다. 반면 공화당은 분열되었다. 북부 공화당 의원들은 이 조치가 지역의 상업적 이해와 국가의 외교정책, 그리고 당의 기존 입장과 충돌한다고 인식하였다. 뉴잉글랜드 의원들은 20년간의 전국적 차원에서 중국인을 금지한다면 미국의 대중국 교역 확대와 조약 준수에 대한 국가적 평판을 해칠 것도 우려하였다. 중서부 공화당 의원들 역시 강한 토착주의 전통과 지역의 농업 이해를 동시에 고려해야 했다. 그러나 특히 대통령 선거에서 경합주로 부상한 캘리포니아를 중심으로 정치적 분위기가 점차 중국인 노동자에게 불리하게 흘러가고 있음도 사실이었다.

새로운 선거 환경 속에서 당 결속을 유지해야 하는 상황에 부딪히게 되자 지역별 공화당 의원들은 서로 다른 표결 선택을 하였다. 10년 배척이라는 절충안이 부결되자, '친중국과 반노동'으로 낙인찍힐 것에 대한 두려움은 중서부 공화당 의원들로 하여금 민주당과 손을 잡게 만들었다. 이들은 민주당과 함께 10년 배척안 통과를 지지하게 된다. 반면 뉴잉글랜드 공화당 의원들은 패배가 불가피하다는 것을 알면서도 최종 표결에서 10년 배척안에 반대하게 된다. 본질적으로 재건 시대 이후에 중국인 배척을 둘러싼 입법 정치 과정은 다수의 공화당 의원들로 하여금 자신의 투표 선택과 그 변화를 다시 돌아보도록 만들었다. 결국 한 정당의 결속뿐만 아니라 상대 정당의 분열 역시 잠재적 분열 이슈에 대한 정당의 대응을 바꾸는 결정적 요인이 됨을 알 수 있다. 본 연구는 초선 및 일반 의원들이 선거 압력에 얼마나 민감하게 반응하는지, 그리고 그것이 어떻게 최종적인 정당 입장 변화의 예측 변수이자 설명 요인이 될 수 있는지를 보여주고 있다. 1880년대 중국인 배척 법안을 둘러싼 정치적 갈등은 현재의 미국 우선주의라는 거대 담론에도 불구하고 대통령, 의회, 그리고 정당정치가 실제로는 얼마나 복잡한 정치적 계산을 하게 될지 가늠해 볼 수 있는 역사적 선례가 아닐 수 없다.

chapter 05

1950년대 한국전쟁과 중국 개입: 계파 경쟁은 안보 정책에 영향을 주는가?

CHAPTER
05

1950년대 한국전쟁과 중국 개입: 계파 경쟁은 안보 정책에 영향을 주는가?

"나는 현재의 대외정책 변화와 대통령 성명에 담긴 일반적 방침에 동의한다. 다만 대통령이 새로운 정책을 취한 시기와 장소가 적절했는지는 앞으로 논의할 수 있을 것이다."

– 태프트(Robert Taft, R-OH) 상원의원

1950년 6월 28일

I 서론

민주주의 국가들이 전쟁 발발에서 휴전에 이르기까지 어떻게, 그리고 왜 전쟁과 상호작용하는가에 관한 연구는 그동안 방대하게 축적되어 왔다. 미국 대통령 연구에서도 국내 정치의 관점에서 외교정책의 성공과 실패를 분석한 연구가 꾸준히 이루어져 왔다. 보다 구체적으로 정당정치 연구자들은 대통령을 지지하거나 반대하는 정당의 이유와 방식을 오랫동안 탐구해왔다. 본 장은 초점을 바꾸어 전쟁과 외교정책을 둘러싼 정파 정치(factional politics)에 주목하여 대통령과 정당 간 관계의 보다 심층적인 역학을 분석하고자 한다. 특히 공화당 내에서 등장했던 '아시아 우선(Asia-first) 고립주의자'와 '유럽 우선(Europe-first) 국제주의자' 간의 정파적 경쟁과 협력, 그리고 이러한 당파 구도 속에서 트루먼 대통령이 한국전쟁에 어떻게 대응했는지를 조명한다. 냉전 초기 시기에 '아시아 우선' 대 '유럽 우선'이라는 질문은 미국 외교정책을 둘러싼 정당정치의 핵심 갈등을 상징하였다. 태프트(Robert Taft, R-OH) 상원의원을 중심으로 한 중서부 보수 공화당 세력은 아시아 중심의 미국 외교정책을 강화하고자 했다. 이에 맞서는 동부의 공화당 주류 세력은 대서양 중심의 세계관을 지지했다. 중국 카드를 활용하는 지정학적 전략은 이후에도 계속되었으나 이처럼 노골적인 '아시아 대 유럽' 대립 구도가 재현된 사례는 미국 정치 역사에서 드물다.

스나이더(Snyder 1991, 256)는 『제국의 신화(Myths of Empire)』 저술에서 태프트 상원의원과 애치슨(Dean Acheson) 국무장관이 각각 이끄는 두 연합 세력을 "당파를 가로지르는 의회 내 카르텔화된 투표 블록(cartelized congressional voting blocs)"으로 규정한 바 있다. 이들이 미국 외교정책의 방향에 영향을 미쳤다고 분석한다. 이와는 반대로 크리스텐슨(Christensen 1996)은 스나이더의 '연합정치' 영향론에는 동의하면서도 그 핵심은 경제적 이익이 아니라 아시아 우선 그룹이 추구했던 이념적 신념이었다고 본다. 공화당 내 아시아 우선 그룹이 방어하려 했던 경제적 이해관계는 유럽 우선 국제주의자들이 가진 재정 · 산업적 필요에 비하면 미미했다는 것이 그 논거다. 본 연구는 여기에 대통령 리더십 변수를 추가하여 한국전쟁 발발 직후와 전개 과정 속에서 대통령과 정당이 어떻게 상호작용하는지를 살펴본다.

대통령과 정당의 관계는 미국 정치사 속에서 끊임없이 변화해 왔다. 그리고 그 변화는 미국 민주주의의 작동방식을 재구성해 오고 있다. 헌법 제정 당시 건국의 아버지들은 대통령이 강력하지 않아야 하고 정당은 불필요하다고 믿었다. 헌법 제2조에 규정된 대통령 권한은 행정부로 한정되어 있었고 이는 당시 통치의 중심이 아니었다. 정당 혹은 파벌은 헌법 설계자들이 그 활동을 제어하고자 했던 집단이었다. 그러나 초기 공화국의 정치 현실은 다른 방향으로 전개되었다. 대통령직은 선거와 통치를 아우르는 정치적 쟁취와 경쟁의 중심이 되었으며, 이념, 이익, 제도라는 정치적 맥락 속에서 정당은 집단행동을 위한 필수 조직체로 등장하였다. 새롭게 규정되기 시작했던 대통령의 권력에 맞서기 위해 정당의 역할이 강화되기도 했다. 특히 1793년 중립 선언(Neutrality Proclamation)과 1795년 제이 조약(Jay Treaty)을 거치면서 외교정책과 관련된 대통령의 권력을 둘러싸고 정당 간 분열선이 형성되었다. 해밀턴 중심의 연방당(Federalists)과 제퍼슨 중심의 공화파(Republicans) 간의 외교정책 경쟁은 조지 워싱턴의 정치적 유산을 약화시킨 측면이 있고 이후 미국 정치의 당파 경쟁 구도를 확립하게 된다.

의회 중심제와 달리 미국 정치에서 대통령과 정당 관계의 경우 협력보다는 갈등이 두드러진다고 볼 수 있다. 대통령이나 대통령 후보는 선거 과정에서 정당의 지원이 절실하지만 집권 이후에는 종종 당파적 정치로부터 거리를 두고자 한다. 현대 정치에서는 대통령 후보들이 기득권 세력으로 인식되는 정당으로부터 일정한 거리를 유지하는 모습도 나타난다. 실제로 대통령과 정당 사이의 권력 균형은 시기와 사안마다 달라지므로 일관된 유형으로 규정하기 어렵다. 셀리그만과 코빙턴(Seligman and Covington 1989)의 논의를 따르자면 정책 변화를 위해 정당과의 연합(coalition)을 구축하는 '연합형 대통령(coalitional presidency)'에 주목할 필요가 있다. 무엇보다 셀리그만과 코빙턴은 미국 정치에서 현대 대통령이 선거 연합을 집권 연합으로 전환하는 것이 쉽지 않음을 강조한다. 스코우로넥(Skowronek 1997)의 용어를 빌리자면 '재건 정치(reconstruction)'의 순간을 제외하면 대통령은 정책 개혁의 과제 앞에서 선거 승리의 정치적 자산이 빠르게 소진되어 버리는 현실에 종종 직면한다. 이러한 이유로 미국 정치사에서는 '선거 기반형 대통령(electoral-mandate presidency)'보다 '연합형 대통령'이 더 자주 나타난다. 다시 말해 모든 개혁 이슈에 동일

하게 적용되는 '원 사이즈(one-size)' 대통령은 존재하지 않는다. 대통령은 정책 영역마다 다른 형태의 연합을 구축한다. 연합의 패턴은 정책 분야별로 상이하며 정당이 정책 목표에서 보이는 결속 수준에 따라 대통령의 지도력 양상도 달라질 수 있다. 본 연구는 한국전쟁 시기에 미국 정치에서 벌어진 대통령과 정당의 관계를 분석한다. 당시 대통령은 의회 내 다양한 형태의 당파 정치와 직면해야 했다. 정당 구도의 맥락이 대통령의 연합 구축과 대외정책 선택에 결정적 영향을 미쳤다. 통념과 달리 외교정책 영역에서도 반(反)대통령적인 초당파 구도나 교차 당파 정치가 지배할 경우 대통령은 공개적으로 발언을 자제하거나 비공개적으로 움직이는 경우가 많다. 남부 민주당과 '아시아 우선(Asia-first)' 성향의 공화당 계파가 외교정책 전반에 걸쳐 영향을 미치면서 트루먼 대통령은 더욱 복잡한 국내적, 그리고 국제적 상황에 직면하게 된다.

Ⅱ 대통령, 정당, 그리고 미국 정치

1 선거, 정부와 대통령-정당 연계

미국 정당은 다양한 목적을 위해 기능하며 대통령은 정당 체제의 중심축으로 자리 잡아 왔다. 보다 구체적으로 대통령은 '의회 수준 정당(party-in-government)', '유권자 수준 정당(party-in-the-electorate)', '조직 수준 정당(party-as-organization)'을 연결하는 핵심에 항상 위치해 왔다. 양당 협력이나 다수결 원리가 입법 과정을 주도하는 상황에서 대통령은 사실상의 "입법 총책임자(lawmaker-in-chief)" 역할을 수행한다. 예를 들어 존슨(Lyndon B. Johnson) 대통령은 미국 역사상 가장 생산적이었다고 평가받는

제89대 의회(1965-66)에서 선도적인 입법 추진자였다. 정당은 또한 선거 승리를 목적으로 존재하며 대통령은 바로 그 선거에서 심판받거나 신임 받는다. 따라서 정당의 몰락과 재기 여부는 상당 부분 대통령의 국정 수행에 달려 있다고 볼 수 있다. 클린턴 대통령은 1994년 '깅그리치 혁명(Gingrich Revolution)'을 겪은 후 2년 만에 재선에 성공한다. 정당 조직과 관련하여 모든 대통령이 당 조직 강화(party building)를 최우선 과제로 삼는 것은 아니지만 자금 조달과 당원 확충 측면에서 대통령이 핵심 역할을 해 온 것 역시 분명하다. 갤빈(Galvin 2009)에 따르면 민주당 대통령들에 비해 공화당 대통령들은 정치적 자본을 활용해 장기적인 새로운 다수파를 구축하려는 경향이 더 강하다. 트럼프 대통령 역시 전임자들과 마찬가지로 당 지도력 프로젝트를 통해 공화당을 "장악하고, 개인화하며, 확장하려는 중"이다(Galvin 2020, 142).

대통령과 정당이 서로를 얼마나 필요로 하는가 하는 문제는 미국 선거 정치에서 양자 관계의 주요 쟁점이었다. '킹 코커스(King Caucus)' 시기에서 '기계적 정당(party machinery)' 시기에 이르기까지 정당은 대선에서 필수적인 역할을 해왔다. 1814년 말 하트퍼드 회의(Hartford Convention) 이후 연방당(Federalist Party)은 사실상 붕괴했고 민주공화당(Democratic Republican Party)이 일당 체제를 확립하며 건국 이후 처음으로 소위 '호의의 시대(era of good feelings)'가 시작되었다. 1816년 대통령 선거에서 '킹 코커스'는 먼로(James Monroe)를 크로포드(William Crawford) 대신 대선 후보로 지명했다. 이는 의회 소속 의원들이 당파적 선호를 가장 잘 대변한다는 명분에 따른 것이었다. 이러한 방식은 곧 대중의 변화와 도전에 직면하게 된다. 1824년 대통령 선거에서 잭슨(Andrew Jackson), 존 퀸시 애덤스(John Quincy Adams), 클레이(Henry Clay)를 지지하는 지역 기반 세력들이 연합하여 '킹 코커스'를 대체하는 전당 대회(convention) 방식을 도입하게 된다. 이로써 대선 후보 선출 과정에서 엘리트 사이의 타협보다 대중 여론의 향배가 더 중요해지게 되었다. 슈멜러(Schmeller 2016)의 지적처럼 당 지도부가 패배할 수 있게 된 시대가 열린 것이다.

대통령 선거에서 정당의 역할이 재편되면서 대중적 열정이 분출되었고 이는 미국 정치에서 제2정당 체제(second-party system)를 정착시켰다. 높은 수준의 유권자 참여, 유세 집회와 더불어 신문 보급의 확대는 정당과 대통령 후보, 그리고 대통령 선거 사이에 새로운 관계를 형성하는 데 기여했다. 정당 변화와 대통령-정당 관계 변화를 이끄는 또 다른 동력은 당내 정치 발전이었다. 보수 성향의 남부 민주당과 소수파 공화당 간에 맺어진 보수 연합(conservative coalition)의 등장은 뉴딜(New Deal) 방식의 거버넌스 체제를 견제했을 뿐만 아니라 선거에서 양당제를 약화시키는 요인으로도 작동했다(Key 1949, Black and Black 1987). 1980년대 후반까지 남부 민주당은 견고한 세력을 형성하였고, 번스(James MacGregor Burns, 1963)가 '4당 정치(four-party system)'라고 불렀던 정치 구도를 사실상 구현했다. 이 체제는 선거에서 분할 투표(split-ticket voting)를 촉진했고 그 결과 워싱턴 D.C.에서는 분점 정부(divided government)를 빈번히 만들었다. 그러나 이러한 4당 경쟁과 조율은 양질의 공공 정책을 위한 타협을 촉진하기보다 유권자를 혼란과 좌절 속에 빠뜨리는 경우가 많았다. 정당이 정치적 냉소와 실망의 원천이 되면서 대통령 후보들은 점점 정당과 거리를 두고자 했다. 후보 선출 과정에서 예비선거제(primary system)가 도입된 이후 정당 내부 인사(insider)보다 '아웃 사이더'라는 정치적 이미지가 오히려 선호되는 현상이 발생한다. 카터(Jimmy Carter)의 사례는 '보이지 않는 경선(invisible primary)' 단계에서의 모멘텀과 기대가 성공의 핵심이 되었음을 잘 보여준다(Bartels 1988, Aldrich 2009). 선거에서 승리하기 위해 정당과 결별하는 것은 후보자들의 전략적 선택이었지만 카터 대통령 사례에서 보듯 그러한 선택은 대통령 임기 수행에 있어 위험 요인이 될 수도 있음은 물론이다.

1980년대 남부 민주당의 몰락과 함께 정당정치가 점점 양극화되면서 대통령-정당 관계는 새로운 전환점을 맞이하게 된다(Black and Black

2002, McKee 2010). 레이건 대통령은 남부 유권자의 마음을 사로잡으며 애국적 및 종교적 성향의 '레이건 민주당원(Reagan Democrats)' 및 공화당 후보들의 당선 빈도수를 급속히 늘려 갔다. 그 결과 1980년대 후반에는 중도파 세력으로서의 남부 중심 민주당이 사실상 사라지게 되었고 의회는 본격적인 당파적 양극화 시대를 맞게 되었다. 하원 양극화가 상원으로 전이(inter-chamber spillover)되면서 당 경쟁의 대립 구도 역시 더욱 심화되었다. 특히 깅그리치(Newt Gingrich) 하원 의장과의 의정 생활을 통해 이미 양극화 정치에 익숙했던 공화당 하원 의원들이 이후에 상원 의원으로 입성하면서 양극화 전략과 수준을 그대로 상원에 전이시킨 셈이다(Theriault and Rohde 2011). 정당과 유권자가 양극화된 상황에서 결국 대통령의 역할과 정당의 영향력 역시 재편되고 있는 중이다. 진보 시대의 대통령들은 보수적인 성향의 입법부에 도전하는 변화의 주체였다. 하지만 양극화 시대의 대통령들은 오히려 당파 대립의 원천이 되고 있는 상황이다. 워싱턴에서는 "그들의 대통령을 곤란하게 만들고 우리의 대통령을 감싸자"라는 말이 유행어처럼 번졌다(Binder 1996, Lee 2009). 후보 개인 중심의 선거 방식은 여전히 작동하고 있지만 양극화된 정치 환경은 경합주(swing states)의 수를 크게 줄였다. 그리고 강한 "정당 일체감(party identification)"을 승리 전략의 핵심으로 부각시키고 있다. 현대 선거에서 미디어 시장과 정치 자금의 중요성 역시 커지면서 정당은 모금 활동에서도 그 어느 때보다 결정적인 역할을 하고 있는 중이다. 대통령과 정당의 유대는 당파 양극화의 이미지 속에서 19세기 후반 미국 정치의 모습을 연상시키며 다시 강화되고 있다.

2 연합형 대통령제, 정당정치, 그리고 외교정책

미국 대통령들은 전통적으로 정당과 일종의 긴장 관계를 유지해 왔다. 무엇보다 예비선거(primary system)로 불리는 상향식 후보 선출 절차는 대통령에 맞서는 정당 소속 의원들에게 정치적 자율성을 어느 정도 보장한다. 미국 의회는 선거구와 주에서 직접 선출된 의원들로만 구성되기 때문에 뉴스태드(Neustadt 1960)가 지적했듯이 대통령의 성공을 위해서는 의원들을 '설득할 수 있는 권력(power-to-persuade)'이 필수 조건이 된다. 밀키스(Milkis 1993, 2022)에 따르면 루스벨트 대통령 시기의 뉴딜(New Deal) 정치가 대통령-정당 관계를 근본적으로 변화시켰다. 그 이후 대통령들은 대체로 정당에 대해 우월적 관계를 차지해 왔다. 구체적으로 행정부 주도의 당파성(executive-driven partisanship) 창출은 대통령이 정당을 통제하는 새로운 방식이 되었다. 정부 프로그램과 정책 개혁을 통해 대통령은 국가 정치의 흐름을 주도하며 정당은 백악관이라는 보상을 위해 대통령 리더십을 지원하는 구조가 형성되었다. 정당을 강화하려는 대통령의 노력 역시 대통령과 정당이 만나는 또 다른 접점이다. 갤빈(Galvin, 2010, 2020)은 정당 중심의 대통령이 공화당에서는 '당 건설자(party builder)'로, 민주당에서는 '당 포식자(party predator)'로 기능하는 차이점을 분석했다. 분점정부(divided government) 상황에서 공화당 대통령들은 민주당 대통령들보다 당의 역량을 강화하는 데 더 많은 관심을 기울인다는 주장이다. 미국 정치 체제에서 대통령이 우위를 점하고 있음에도 불구하고 대통령은 여전히 정당이 정책 스펙트럼의 어디쯤에 존재하며 어떻게 반응하는지를 고려해야 한다. 스코우로넥(Skowronek, 1997, 2011)은 당파 체제(regime)의 구조 속에서 대통령 자신이 소속된 '운명 지어진' 순간들을 지적했다. 대통령이 '강고한(resilient)'하거나 혹은 '취약한(vulnerable)' 정당 체제에 소속되는지 혹은 이에 맞서는지가 재편(reconstruction), 구체화(articulation), 선점(preemption), 붕괴(disjunction)와 같은 대통령 정치의 사후적 결과물들을 좌우한다. 심지어 위대한 대통령이 만들어낸 것처럼 보이고 이해되어 온 '정치적 재편' 시기조차 기존 정당 체제가 이미 약화된 상황과 여기에 소속되지 않은 대통령이 만났을 때만 가능하다는 것이 스코우로넥의 주장이다. 실제로 정당 체제는 4년 혹은 8년마다 교체되는 대통령보다 더 오래 살아남는 경우가 많다.

정당 영향력의 거시적 함의뿐 아니라 연합 형성(coalitional context)의 미시적 토대 또한 대통령 전략에 영향을 미친다. 예컨대 카츠넬슨(Katznelson 2012)의 남부 계파 정치 분석은 정당과 개인 간 선호 차이로 인해 교차 압력을 받는 의원들이 충분한 규모로 존재할 경우 정책의 성패를 바꿀 수 있음을 보여준다. 미국 정당 체제에서의 당내 집단(intraparty groups)은 연구하기 어렵지만 정치적으로는 매우 중요하다(Rae, 1989). 최근 학계에서는 정당 계파를 정당정치 내부와 외부, 그리고 정치 제도 전반 속에서 분석적으로 위치시키는 연구가 늘어나고 있다(Disalvo, 2012; Rubin, 2017; Clarke, 2020). 하지만 정책 결정과 관련한 대통령과 정당 연구는 여전히 분리된 채 다루어지는 경향이 있다. 리(Lee, 2013, 778)에 따르면 "대통령 연구자들은 역사적으로 정당이 어떻게 의회의 대통령 리더십 대응을 만들어내는가에 대해 크게 주목하지 않았다." 외교정책 영역은 그 대표적인 사례다. 실제로 대통령 리더십이 지배적이지만 동시에 당파 정치 또한 강하게 작동한다. 하지만 미국 외교정책 연구자들이 대통령-정당 관계에 주목하는 경우는 드물다.

현실적으로 정당은 대통령의 외교정책 결정에 자주 개입하며 대통령은 당파적 지지를 이끌어낼 전략을 세워야 한다. 대외관계에서 정당이 완전히 침묵하는 경우는 매우 드물다. 전쟁이 발발하거나 테러 공격이 발생하거나 금융 시스템이 붕괴하는 순간에는 대통령이 '총사령관(commander-in-chief)'으로서 전면에 나선다. 이후에 전쟁을 어떻게 끝낼지, 테러에 어떻게 대응할지, 금융기관을 어떻게 처리할 것인지에 대해서는 대통령과 정당이 갈등 혹은 협력을 통해 정책 방향을 만들어낸다. 요컨대 미국 정치 체제에서 정책의 유형, 시기, 흐름은 대통령-정당 간 역학에 의해 크게 좌우된다. 따라서 연합(coalitional) 대통령제 개념이 미국 정치의 방향과 구체적인 내용을 이해하는데 핵심이라고 할 수 있다. 앞서 지적한대로 셀리그먼과 코빙턴(Seligman and Covington 1989)은 현대 미국 정치에서 대통령이 사안마다 어떻게, 그리고 왜 통치 연합을 형성하는지를 설명한다. 간단히 말해 선거에서 형성된 연합은 선거 이후 통치 단계에 들어선 대통령에게 지속적으로 적용되지 않는다. 미국 대통령은 결국 정책의 성격과 당파적 맥락에 따라 서로 다른 사안별로 별도의 연합을 구축해야 한다. 그러므로 외교정책과 관련된 당파 구도를 유형별로 분류하는 것은 미국의 대외 관계 선택과 변화를 분석하는 데 필수적이다.

첫째, 초당파 구도에서는 '통합(integration)' 전략이 적용된다. 대통령은 초당파적 환경을 활용하여 중국의 인권 문제 등 자신의 외교정책 의제를 추진하려 한다. 반대로 반(反)대통령적인 초당파 구도가 존재한다면 특히 러시아 제재와 같은 사안에서 예컨대 트럼프 대통령은 자신의 입장을 관철하는데 어려움을 겪는다. 둘째, 당파 정치가 지배하는 상황에서는 대통령이 '지지층 중심(base)' 전략에 치중하게 된다. 당파적 반대가 정책을 차단할 만큼 강하다면 대통령은 자신의 정치 기반이 요구하는 입장 표명에 더 큰 관심을 가지게 되기 때문이다. 기후 위기 문제는 현재 미국 내에서 가장 양극화된 쟁점 중 하나이므로 민주당 대통령은 협상보다는 입장 표명(position-taking) 전략에 더 집중하는 경향이 있다. 셋째, 연합형 대통령이 선호하는 시나리오 중 하나는 분열 이슈(wedge issue)다. 대통령의 입장이 자당을 결집시키면서 동시에 야당을 분열시키는 경우 외교정책은 대통령에게 일종의 승리 전략(winning strategy)이 된다. 바이든 대통령의 초기 우크라이나 지원 정책은 민주당 내 중도파와 진보파를 결속시키는 한편 공화당을 비(非)개입주의적 프리덤 코커스(Freedom Caucus) 계파와 전통적 레이건 보수 그룹으로 분열시키는 역할을 했다. 역설적으로 당파적 혼란과 관계없이 정책 성과를 중시하는 대통령의 경우에는 반대 사례도 얼마든지 가능하다. 클린턴 대통령이 임기 마지막 해인 2000년에 중국에 대한 영구적 정상무역관계(PNTR)를 추진하여 성공했는데 당시 자신의 정당 민주당은 분열하게 되었고 자유무역을 지지하던 라이벌 정당 공화당은 단결시키는 효과도 감수한 적이 있다. 넷째, 보다 더 복잡한 구도는 외교정책이 양당 모두를 내부적으로 분열시키는 경우다. 대통령이나 당 지도부가 다수파 연합을 확보하지 못할 경우 외교정책 영역이라도 대통령은 '공개적(public)'인 선택보다 '침묵(silent)'을 택하는 전략으로 임할 수 있다. 코빙턴(Covington, 1987)에 따르면 대통령은 때때로 자신의 정책 선호를 공개하지 않을 강한 유인책을 가진다. 다시 말해 정치적 실패를 피하기 위해서라도 공개적 입장 표명이 항상 좋은 선택은 아닌 셈이다. 커리와 리(Curry and Lee 2020) 역시 양극화 시대의 의회 정당이 여전히 자신들의 당파적 의제를 입법화하기 때문에 다수파 연합이 가지는 중요성을 강조한다. 바인더와 리(Binder and Lee 2015, 256)에 따르면 "대통령의 리더십은 야당을 소외시킨다." 외교정책이 양당을 교차 분할(cross-cutting)하는 상황에서 결국 대통령은 전략적으로 아무것도 하지 않는 선택을 하기도 한다.

Ⅲ 트루먼(Truman), 정당정치, 그리고 한국전쟁

한국전쟁과 미국 정치를 면밀히 분석한 학자들은 주로 한 가지 주제에 대해 결론을 같이하는 경향이 있다. 바로 한국전쟁이 미국 역사상 최초의 제한전(limited war)에 가까왔다는 사실이다. 한반도에서 벌어진 전쟁은 미국 대중과 정치인 모두에게 정치 및 군사적으로 매우 낯선 유형의 전쟁이었다. 보다 구체적으로 카리디(Caridi 1968, 29)는 "제한전은 정치적 전쟁(political war)이 되는 경향이 있다. 갈등의 범위가 작을수록 군사력은 본국 정부의 정치적 요구에 의해 제약된다"고 주장한다. 블롬스테트(Blomstedt 2016, xi)는 "한국전 개입은 미국 대중에게 제한전 개념을 처음으로 소개했으며, 이는 2차 세계 대전에서 연합국이 고수했던 무조건 항복 원칙과 극명히 대비되었다. 이 갈등은 대통령과 의회의 역할을 변화시켰다"고 평가했다. 결국 한반도의 군사적 충돌은 제한전이었기 때문에 국제적 사건뿐만 아니라 국내 정치적 결정도 중요한 변수가 되었다. 스나이더(Snyder 1991)는 아시아 우선(Asia-first) 그룹과 유럽 우선(Europe-first) 그룹이라는 의회의 투표 블록(bloc)에 주목하여 냉전 초기에 미국이 왜 과도하게 개입하게 되었는지를 비판적으로 설명했다. 세 연구자 모두 한국전쟁을 설명하는 데 있어 총력전(total war)과 현실주의(realism) 이론의 한계를 지적했다는 점에서 일치됨을 보인다.

그런데 한국전쟁은 전쟁의 전개 과정뿐 아니라 그 영향에 있어서도 미국 정치와 깊은 관련이 있다. 첫째, 한국전쟁은 미국 헌법에서 규정한 의회의 공식 전쟁 선언이 실행되지 않았던 최초의 전쟁이다. 1812년 전쟁, 1846년 미국-멕시코 전쟁, 1898년 미국-스페인 전쟁, 그리고 두 차례의 세계 대전은 모두 의회의 전쟁 포고(war declaration) 권한에 의해 승인되었다. 이에 반해 1950년 6월에 발발한 한국전쟁의 경우 가장 중요한 외교정책 결정에 대해 의회가 공식 권한을 포기하는 선례를 만들었다. 한국전쟁 이후 미국 의회는 실제로 전쟁 선언을 하지 않고 있으며 대신 결의안(war resolution)을 통과시키는 방식으로 전쟁을 둘러싼 승인 절차에 참여하고 있다. 둘째, 한국전쟁은 재군비(rearmament)에 관한 미국 국내의 담론을 극적으로 변화시켰다. 이를 통해 트루먼 행정부는 미국 군사력 증강을 촉구한 NSC-68을 승인할 수 있었다. 저비스(Jervis 1980)에 따르면 소련의 핵실험 성공과 1949년 중국의 공산화 이후 국가안보회의 NSC-68의 핵심 주장은 "미국의 군사력이 위험할 정도로 불충분해

지고 있다"는 것이었다. 저비스는 한국전쟁이 미국 외교정책의 세 가지 측면—국방예산 변화, 제한전 가능성, 중소(中蘇) 블록의 위협—에 중대한 영향을 미쳤다고 분석했다. 셋째, 한국전쟁은 1952년 대통령 선거의 판도를 바꾼 일종의 게임 체인저(game changer) 역할을 수행하였다. 공화당은 1932년 이후 20년 만에 대선에서 승리하게 되었으며 아이젠하워는 남부 주들의 교외(suburban) 지역에 거주하는 유권자들을 공략함으로써 미국 남부 지역에서도 공화당의 지지를 확대하는데 성공한다. 게다가 한국전쟁에서 비롯된 정치적 부담은 훗날 존슨 대통령이 베트남전에서 물러서지 않게 만든 요인이 되었다는 평가도 있다. 한국전쟁은 미국의 외교정책뿐 아니라 민주주의의 작동 방식에도 영향을 미친 전쟁이었다.

본 연구가 던지는 핵심적인 질문 중 하나는 대통령이 외교정책 목표를 달성하고자 할 때 군 최고 통수권자는 정당 구도에 어떻게 대응하는가 하는 점이다. 트루먼 대통령은 한국전쟁 발발 이후 파병, 중국 공산군과의 교전, 그리고 맥아더 해임과 같은 일련의 중대한 군사적 결정을 내렸다. 대통령이 국내 연합 정치(coalitional politics) 맥락 속에서 어떻게 이러한 결정들을 내렸는지에 대해서는 체계적인 연구가 거의 이루어지지 않았다. 전쟁 이전에 이미 커티스-라이트(Curtiss-Wright) 판례는 대통령이 외교 분야에서 진정한 지도자임을 확인했다. 그러나 당시 대통령은 더 이상 루스벨트가 아니었고, 남부 민주당원들은 "공정 사회(Fair Deal)"와 외교정책을 둘러싸고 같은 민주당 소속 대통령에게조차 강하게 반대하던 중이었다. 대통령 반대 정당인 공화당 내부는 유럽을 우선할 것인지 아니면 아시아를 우선할 것인지를 두고 분열돼 있었다. 또한 한국전쟁에서 중국군의 개입이라는 악몽이 실현된 직후에 치러졌던 1950년 11월 중간 선거를 통해 남부 민주당과 공화당이 연합하여 의회 권력을 장악한 제82대 의회(1951-52)가 탄생되었다. 트루먼이 전시 대통령이었던 것은 분명하지만 한국전쟁 시기의 미국 대통령 정치는 복잡한 정당정치 구도를 직면해야만 했다.

1948년 대통령 선거에서 충격적인 역전패를 경험하고 1949년 말 중국의 공산화라는 사태를 목격한 공화당은 외교정책을 트루먼 행정부에 대한 주요 공격 전선으로 정한다. 1940-50년대 미국 의회 내의 '중국 로비(China Lobby)'는 1949년 4월 국민당(KMT) 지배하의 중국에 대한 원조를 적극 추진했다. 1949년 10월 중국 대륙이 마오쩌둥의 공산당에 의해 장악되자 1932년 이후 계속해서 집권에 실패하고 있던 공화당은 "누가 중국을 잃었는가?(Who lost China?)"라는 유명한 논란을 제기한다. 1948년 대선에서 듀이(Thomas Dewey) 후보의 이른바 '동감(me-tooism)' 전략을 비판하고 아시아 중심 정책으로 전열을 재정비한 공화당 내 태프트 계열 강경파(Taft Stalwarts)는 1950년 1월에 트루먼 행정부의 한국 원조를 반대하고 나섰다. 공식적인 이유는 트루먼이 포모사(Formosa) 방어를 거부했기 때문이다. 캘리포니아주 출신 아시아 우선주의 상원의원인 놀랜드(Knowland)는 "포모사(대만)가 아니면, 왜 한국인가?"라는 문제 제기를 벌였다. 1950년 2월에는 매카시즘(McCarthyism)이 돌연 부상하며 반공주의(anti-communism)가 모든 잠재적인 외교정책 선택지를 압도해 버리는 핵심 원칙으로 자리잡게 되었다. 1950년 6월에 발발한 한국전쟁 이전부터 미국의 정당정치는 대외 상황과 국내 결정에 따라 다양한 입장 표명과 변화가 가능한 상태에 있었던 것이다.

트루먼 대통령이 한국을 지원하기 위해 미군 투입을 결정하면서도 의회에 전쟁 선포를 공식 요청하지 않은 데에는 다양한 이유가 있었다. 우선 신속하고 적극적인 정책 결정을 위해서는 결단이 중요했다. 애치슨 국무장관은 아시아에 대한 '유화(appeasement)' 정책으로 강한 비판을 받고 있었다. 당시의 주한 미국 대사 무초(John Muccio)는 전쟁 한 달 전에 작성된 비밀 보고서에서 "북한이 공격할 경우 이를 막을 희망은 거의 없다"라고 경고한 적도 있다. 이에 트루먼은 "침략은 단호히 맞서야 하며 유화정책은 더 큰 침략과 전쟁을 불러올 뿐"이라는 역사적 교훈(Jervis 1976, Leffler 1992, 361)을 되새겼다. 트루먼은 또한 세계 평화를 위한 신생 국제기구인 유엔(UN)에 대한 의미 부여에 헌신적이었다. 전쟁 발발 직후 유엔 안전보장이사회 소집을 즉각 요청했고 유엔 연합군을 한국 방어에 투입하기로 결정했다. 언론사 기자들이 의회에 전쟁 선포를 요청할 것인가 질문을 쏟아붓자 트루먼은 한국전쟁 참전을 유엔의 '경찰 행동(police action)'으로 표현한다. 북한을 '도적(bandit)'이라 지칭한 민주당 상원 외교위원장 코널리(Tom Connally, D-TX) 역시 정치적으로 트루먼이 전쟁 선포 문제를 피할 수 있도록 힘을 보탰다. 무엇보다 의회 자체가 전쟁 선포 승인 절차를 강하게 요구하지도 않았다. 이는 대통령 반대 정당이던 공화당 내부의 혼란스럽고 다양한 목소리와도 관련이 있었다.

실제로 한국전쟁 참전에 대한 초기 공화당의 반응은 대체로 우호적이었다. 전쟁 다음 날부터 7월 10일까지 22명의 공화당 상원의원이 아시아에서의 군사 충돌에 대한 입장을 밝혔다. 회의록에 기록된 이들의 발언에서 공화당 원내대표 훼리(Wherry, R-NE)는 마셜 플랜(Marshall Plan)과 나토(NATO)에 반대했던 고립주의자였음에도 불구하고 "이번 사안에는 정쟁이 있을 수 없다"고 강조했다. 보수 성향 공화당 의원들의 어조가 일관적이지는 않았다. 일명 '포모사(Formosa) 상원의원'으로 불릴만큼 반공주의자였던 놀랜드(William Knowland, CA) 상원의원은 한국 방어를 위한 신속 대응을 촉구했다. 뉴햄프셔의 브리지스(Styles Bridges) 의원의 경우 시기적 중요성을 강조하며 유화 정책의 위험성을 언급했다. 네바다의 말론(George Malone)과 위스콘신의 와일리(Alexander Wiley) 의원 모두 아시아에서의 미국 외교정책 실패를 지적했지만 상원 외교위원회 소수당 간사였던 와일리는 말론보다 행정부에 더 협조적인 태도를 보였다. 뉴저지의 스미스(Alexander Smith) 의원은 오랫동안 적극적인 아시아 정책을 지지해 왔으며 양당이 대통령을 지원해야 한다고 제안했다. 공화당 내 대표적인 아시아 우선주의자였던 태프트(Robert Taft, OH) 상원의원은 트루먼의 한국전 정책을 환영하면서도 행정부의 입장은 향후 다시 평가되어야 한다고 못박기도 했다. 다음은 공화당 상원 의원들의 한국전쟁 관련 발언을 정리한 내용이다.

브리지스 의원(뉴햄프셔, 1950년 6월 26일)

"의장님, 우리는 계속해서 유화정책을 이어갈 것입니까, 아니면 사태가 가라앉기를 기다릴 것입니까? 오늘 우리가 무엇을 해야 했는지를 6개월 혹은 6년 후에야 깨달을 것입니까? 지금이야말로 결단을 내려야 할 때입니다. 지금이야말로 명확히 전 세계에 알릴 때입니다. 미국은 결코 항복하거나, 얼버무리거나, 유화하거나, 주저하지 않을 것임을."

놀랜드 의원(캘리포니아, 1950년 6월 26일)

"시간이 핵심입니다. 우리는 나치 독일이 네덜란드를 5일 만에, 덴마크를 2일 만에 점령했던 사실을 항상 기억해야 합니다. 유엔 안전보장이사회는 화요일 오후 5시에 다시 회의를 엽니다. 만약 소련과 그 위성국들이 토론을 지연시키거나 방해한다면, 외교관들이 말싸움을 하는 동안 한국의 자유민은 자유를 잃을 수도 있습니다."

말론 의원(네바다, 1950년 6월 26일)

"의장님, 남한에 대한 공격과 관련해 많은 이들이 놀라워하는 점은 누군가 놀랄 일이 있었는가 하는 사실입니다. 아시아와 태평양 지역에서 채택된 정책을 고려하면 말입니다. 제게는 겸손하게 보자면 이렇게 생각됩니다. 우리는 1945년 얄타에서 시작해 아시아와 유럽에서 가능한 모든 실수를 저질렀습니다. 전쟁이 나지 않는다면 그건 결코 우리의 잘못이 아닐 것입니다."

와일리 의원(위스콘신, 1950년 6월 26일)

"우리가 반드시 명심해야 할 한 가지는 한국이 아무리 중요하다 해도 모든 관심을 그곳에만 쏟아서는 안 된다는 점입니다. 러시아의 전형적인 수법은 관심을 다른 곳으로 돌리는 것입니다. 이번 한국 사태는 심각하며 결과를 직시하며 신중하고 성실하게 대응해야 합니다. 한국을 분단한 것은 실수였습니다. 그 실수와 우리가 저질렀던 다른 실수들로부터 교훈을 얻어야 합니다. 하지만 과거에 매달려서는 당면한 도전을 해결하는 데 아무 도움이 되지 않습니다."

스미스 의원(뉴저지, 1950년 6월 27일)

"우리 모두가 대통령의 조치를 지지해야 한다고 생각합니다. 이번 조치는 대서양 지역에서 우리가 취했던 입장에 필적하는 극동에서의 진정한 결단이라 믿습니다."

태프트 의원(오하이오, 1950년 6월 28일)

"보다 명확한 정책의 신호를 환영하며 대통령이 이를 채택한 이상 이를 확고히 유지하기를 강력히 바랍니다. 나는 현재의 대외정책 변화와 대통령 성명에 담긴 일반적 방침에 동의합니다. 다만 대통령이 새로운 정책을 취한 시기와 장소가 적절했는지는 앞으로 논의할 수 있을 것입니다."

IV 트루먼 대통령, 국제정치, 그리고 리더십 딜레마

1 전쟁과 동맹의 정치학: 트루먼과 국제정치

사실 기존의 한미 관계 연구는 주로 동맹 차원에 집중되어 왔고 연구 성과 역시 적지 않다. 동맹(alliance)이라는 고전적 국제 관계 행태는 국제

정치 이론가들이 오랫동안 주목해 온 핵심 주제 중 하나이다. 국제정치 연구 분야에서 가장 이론적 발전이 덜 이루어져 있다는 스나이더(Snyder 1990)의 지적에도 불구하고 동맹의 기원과 유지, 붕괴에 관한 분석들은 현실주의(realism), 자유주의(liberalism), 구성주의(constructivism) 등 다양한 시각을 기초로 논쟁을 이어가고 있다(Waltz 1979, Walt 1987, Mearsheimer 2001, Posen 2014). 전후 미국이 주도한 아시아 지역 동맹의 특성에 대한 연구들도 매우 풍부하다. 북대서양조약기구(NATO)로 대표되는 다자 참여 방식의 유럽식 동맹 질서와 대비되는 아시아 지역 고유의 중층적 양자(bilateral) 동맹 구조에 관한 분석 결과도 많이 쌓여있다. 이들은 주로 아시아 지역의 역사적-정치적 특성과 더불어 미국의 전략적 선택에 초점을 맞추고 있다(Cha 2016, Yeo 2019).

또한 국가의 기초적 목적인 안보 유지를 위한 국제 관계는 국가 간 인식 및 전략에 파급 효과를 가지게 된다. 특히 양자 동맹(bilateral alliance)을 통해 군사적 파트너십이 형성된 두 나라의 경우는 더욱 그러하다. 안보-경제 연결 논거(security-trade nexus)에 따르면 동맹 관계인 나라끼리는 교역 관계 역시 활성화된다. 통상 이슈를 다루는 두 나라의 정당과 의회에서 여타 비(非)동맹 국가들에 비해 보다 우호적으로 동맹 국가를 대우하는 초당파적 경향이 나타나기 때문이다(Gowa 1994, Bliss and Russett 1998, Higgot 2004, Seo 2015). 때때로 동맹 관계와 정낭성치의 상호 연결은 무역 증진 같은 긍정적 효과에만 국한되지는 않는다. 1970년대 후반 워싱턴 정가를 뒤흔든 코리아게이트(Koreagate)는 동맹국 한국이 미국 의회 의원들에 대한 영향력을 높이기 위해 벌인 대형 스캔들이었다(Boettcher 1980).

1950년 1월 한국에 대한 미국 의회의 원조 결정 과정은 동맹이 맺어지기 전 한미 관계가 당파적 경쟁의 수단으로 사용된 사례로 종종 인용된다. 2차 세계 대전 종결 이후 치러진 1946년 중간 선거에서 미국 국민들은 공화당을 상하원 다수당으로 선택하였다. 미국의 해외 문제 개입이 "이제 그만하면 충분(enough is enough)"하다며 미국의 전통적 비(非)

개입주의로 회귀하려는 성향을 드러낸 투표 결과였다. 하지만 1949년에 진행된 일련의 국제 정세 변화, 즉 북대서양조약기구(NATO) 창설, 소련의 핵실험 성공, 그리고 중국의 공산화 등으로 인해 1차 세계 대전 이후와 같은 미국의 고립주의 복귀는 현실적으로 어려워졌다. 특히 유엔(UN) 헌장 승인을 통해 유엔 가입을 통과시킨 1945년 7월 28일 미국 상원의 89명 찬성 2명 반대 표결 결과는 미국의 국제 사회 리더 역할에 대한 초당파적 합의로 상징되었다. 〈그림 1〉의 왼쪽이 보여주듯이 장개석 정부를 위한 1949년 4월 중국 원조는 미국 의회 내에서 이념적 대립이 아닌 초당파적 합의에 가까웠다. 반대로 오른쪽 그림은 1950년 1월에 진행된 한국 원조 표결 결과로서 공화당은 반대, 민주당은 찬성이라는 당파적 현상을 드러낸다. 당시 뉴욕 타임스는 이에 대해 2차 세계 대전 종결 이후 급속히 조성되었던 초당파적 외교가 처음으로 허물어진 중요 정치적 사건으로 보도한 바 있다.

| 그림 1 중국(국민당) 원조 vs. 한국 원조를 둘러싼 미국 정당정치의 변화

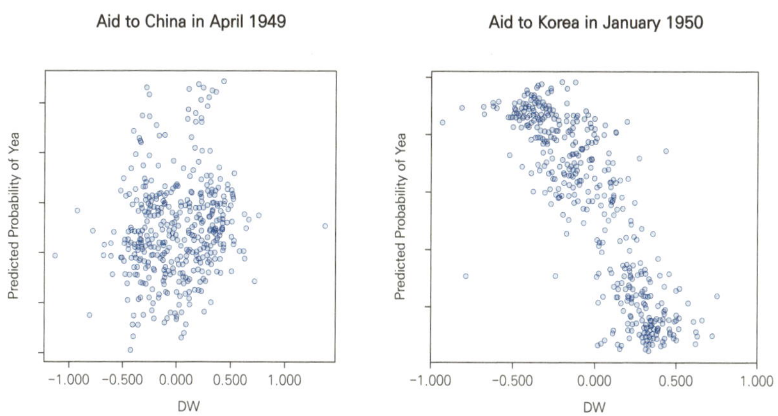

Note: DW-NOMINATE Scores, from -1 (liberal) to +1 (conservative)

출처: CQ Almanac, 저자 분석

이처럼 전쟁과 정치 혹은 동맹 관계와 국내 정치 간의 상관성을 체계적으로 분석하는 작업은 더 심층적인 연구를 필요로 한다(권용립 2010). 동맹 이론(alliance theory) 자체가 국제정치 학자들에 의해 주로 다루어진 분야인데다가 냉전 이후 미국을 중심으로 한 동맹 질서 재편이 여전히 현재 진행형이었기 때문으로 풀이된다. 동맹과 정치를 연결해 분석한 전형적 연구로는 개디스(Gaddis 1982)를 꼽을 수 있다. 예컨대 트루먼(Truman) 대통령의 "봉쇄정책(containment)"으로부터 레이건(Reagan) 행정부의 "복구정책(roll-back)"에 이르는 냉전 시기 미국 대(大)전략(American grand strategy)에 대해 국내 정치 상황을 대입하여 해석한 작업이었다. 한국전쟁과 한미 동맹을 둘러싼 정치 과정과 제도 역시 미국 정치의 다양한 요소들, 즉 대통령, 의회, 정당, 선거, 이익 단체, 여론 등의 시각에서 살펴보아야 한다. 그중에서도 특히 대통령의 의회-정당 관련 리더십은 미국 민주주의와 대외 정책을 아우르는 핵심 변수다.

실제로 전쟁만큼 그 진행 과정에 따라 대통령이 주도하는 국내 정치와 다양한 영향을 주고받는 국제 관계도 드물다. 보통 전쟁이 시작되는 시점에서는 국내의 정치적 갈등이 최소화되는 경향이 있다. 외부의 공통 적을 두고 국내의 갈등과 경쟁은 줄어들기 마련이다. 이후 신속한 전쟁 승리가 뒤따른다면 전쟁을 지휘하고 주도한 정치 세력이 커다란 이득을 본다. 하지만 전쟁에서 패하거나 혹은 승패 없이 종결이 지연된다면 국내적 반발이 늘어나고 정부와 여당에 커다란 부담이 된다. 대통령을 둘러싼 정당정치의 초당파적 상황과 당파적 상황이 복합적적으로 발생하는 셈이다. 뮬러(Mueller 1973)가 처음 제시한 결집 효과(rally 'round the flag effect) 개념은 이후 전쟁 초기 초당파적 현상을 설명하는데 자주 사용되고 있다. 반면 전쟁이 전개되면서 초래되는 국내의 다양한 정치적 갈등과 협력은 그 기원과 과정, 영향에 대해 보다 풍부한 연구를 필요로 한다.

2 트루먼 대통령과 의회-정당 관계: 리더인가, 투사인가?

트루먼은 1948년 재선이자 자신의 첫 대선에 극적으로 성공하였지만 그 이듬해인 1949년 두 차례 연속적인 국제 위기를 맞게 된다. 1949년 8월에 소련이 핵실험에 성공하여 핵보유국이 되었는데 이는 전문가들의 예상을 뛰어넘는 속도였다. 10월에는 마오가 이끄는 공산 세력이 중국 본토 점령을 선언하였고 미국의 조야가 지원했던 장개석과 국민당은 포모사(이후 대만)로 쫓겨나게 되었다. 1948년 대통령 선거 과정에서 공화당 후보 듀이(Dewey)가 민주당과 대동소이한 정책을 추진하려던 소위 "동감(me-tooism)" 전략에 대해 이를 치명적 실수로 규정한 후 태프트 의원은 1952년 선거를 염두에 두고 당을 재정비 중이었다. 중서부 중심의 비(非)개입주의 세력 리더였던 태프트 입장에서는 대외 정책 분야에서 반격 소재가 등장한 셈이었다. 여기에 1950년 6월 한국전쟁이 발발하면서 루스벨트가 2차 세계 대전과 대공황을 지나며 확립한 듯 보였던 민주당 전성시대에 허점들이 드러나기 시작했다. 뉴딜을 계승한 페어딜을 통해 적극적 정부의 효용을 유지하였고 80대 의회를 식물 의회라 조롱하며 전개한 선거 운동에도 승리함으로써 트루먼은 루스벨트가 개창한 '현대 대통령제(modern presidency)' 기반을 확실히 다지는 것으로 보였다. 하지만 대외적으로는 한국전쟁, 그리고 대내적으로는 반공주의라고 하는 새로운 정치적 논란이 발생하면서 트루먼은 결과를 중시하는 리더십과 원칙을 고수하는 리더십 사이에서 정치적 고민을 거듭하게 된다.

우선 한국전쟁을 둘러싼 트루먼 대통령의 리더십 가운데 과정보다는 결과에 치중한 대표적 사례로는 전쟁 선포와 관련한 헌정(憲政) 논란 극복을 꼽을 수 있다(이우진 1989). 잘 알려진 대로 영국과 프랑스를 위시한 당시 유럽 열강들의 각축전 틈새에서 국가의 생존 자체를 당면 과제로 여겼던 미국 건국의 아버지들은 전쟁 선포에 관한 권한을 의회에 부여하였다. 매디슨 민주주의(Madisonian democracy)로 종종 표현되는 "견제와 균형(checks and balances)" 원리를 전쟁이라는 국가의 가장 중요한 결정에 적용하는 방식이었다. 즉, 전쟁 개시와 종결을 1인의 권력에 집중하는 영국 방식을 거부했고 동시에 전쟁과 관련된 행정부의 효율성을 무시하고 정서적 반응에 치우치는 의회 권력에 전쟁을 복속시켰던 연합헌장(Articles of Confederation) 방식 역시 배제하였다. 그 결과 전쟁 선포 권한을 의회에 부여하는 대신 전쟁 수행과 관련하여 대통령을 최고 군 통수권자로 정함으로써 헌법 제정 당시의 정치적 딜레마를 해결하고자 하였다. 이후 미국 역사에서 의회가 전쟁을 선포한 경우는 총 5차례인데 1812년 영국과의 전쟁, 1846년 멕시코와의 전쟁, 1898년 스페인과의 전쟁, 그리고 1차와 2차에 걸친 세계 대전이 해당된다. 그런데 2차 세계 대전 이후 그 규모에 있어 국지적인 성격을 가진 소위 "제한적 전쟁(limited war)"이었고 미국과 소련 간 냉전 시대에 이들을 대신하여 일어난 "대리전쟁(proxy war)"으로서의 의미가 컸던 한국전쟁 당시에 미국 의회가 역사상 최초로 전쟁 선포를 하지 않게 된다.

한국전쟁 개시 당시의 미국 정치 상황을 살펴보면 미국 헌정사에 유례가 없던 의회의 전쟁 선포 유예 사태를 이해하는데 도움이 된다. 휴가 차 미주리 고향을 방문 중이던 트루먼은 미국 시간으로 6월 24일 토요일 밤 11시 20분에 애치슨 국무장관으로부터 한국전쟁 발발을 보고받게 된다. 6월 26일 월요일부터 미국 상원은 한국전쟁 관련 논의에 착수하였고 트루먼 대통령은 상원 외교위원장 코넬리 상원 의원(D-TX)에게 의회의 전쟁 선포 요청과 관련한 자문을 구하게 된다. 블롬스테드(Blomstedt 2016)의 연구에 따르면 "집에 괴한이 침입하면 경찰서에 가서 허락을 먼저 구할 필요 없이 괴한을 총으로 쏠 수 있다"는 코넬리 의원의 답변을 얻은 트루먼은 개전 초기 의회와 언론 할 것 없이 모두 미국의 적극적인 개입을 지지하고 나서는 분위기에 고무된다. 당시 상원 공화당 지도자였던 태프트(Robert Taft, R-OH) 상원 의원이 거의 유일한 비판자였는데 그는 헌법뿐만 아니라 1945년에 통과된 유엔 참여법(UN

Participation Act)까지 원용하였다(최철영 2010). 미국이 유엔의 군사 작전에 동참하기 위해서는 의회의 승인을 거쳐야 한다는 조항을 근거로 트루먼 대통령의 유엔 동원 논리를 공격하였다.

| 그림 2 한국전쟁에 관한 미국 국민들의 찬반 변화 추세

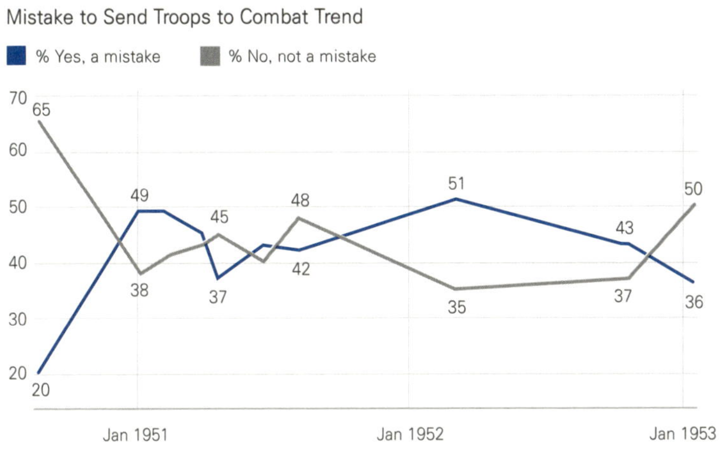

출처: https://news.gallup.com/opinion/polling-matters/169589/korea-years-later.aspx

트루먼 대통령은 전쟁 발발 닷새만인 6월 29일에 정식 기자회견을 통해 한국전쟁 관련 대통령 입장을 밝히게 된다. 이 자리에서 미국은 전쟁 중인가, 아닌가에 대한 기자들의 쏟아지는 질문에 트루먼은 "미국은 전쟁 중이 아니다"라는 답변을 내놓게 된다. 특히 "노상 강도(bandit raid)"와 "경찰력 사용(police action)"이라는 표현을 사용하였는데 이후 전쟁이 길어지면서 불만의 표적이 되기도 하였다. 그럼에도 불구하고 급박한 전쟁 개시 상황 가운데 미국 국내의 제도적 논란 및 국민적 정서를 전략적으로 우회함으로써 냉전 초기 자유주의 리더 국가 미국의 군사적 방어와 관련한 대외 신뢰도를 높인 점은 지금도 평가할 만하다. 〈그림 2〉

역시 전쟁 초기에는 트루먼의 군사력 사용에 대한 국민들 지지가 압도적으로 높았음을 보여 준다.

재임 기간 동안 통과된 미국 수정헌법 제22조에도 불구하고 현직 대통령 유예 조항 덕분에 적어도 이론상 트루먼은 1952년 대통령 선거에 다시 출마할 수 있었다. 하지만 출마를 포기하게 된 배경에는 이후 대선 과정에서 철저히 경쟁자 스티븐슨(Adlai Stevenson) 주지사를 무시하고 현직 대통령 공격에 치중했던 아이젠하워 공화당 후보의 슬로건처럼 "K1C2(Korea, Communism and Corruption)" 이슈가 크게 자리잡고 있었다. 끝이 나지 않는 한국전쟁과 트루먼 행정부의 부패 문제, 그리고 국무부를 잠식하고 있다는 공산주의자들 관련 주장은 1932년 이래 20년 만에 처음으로 공화당에게 손쉬운 대선 승리를 안겨 주었다. 이처럼 한국전쟁이 트루먼 대통령의 정치적 발목을 잡게 된 이유로는 물론 첫 1년 이후 전쟁의 승부를 가리지 못하고 38선을 유지한 채 지속적인 사상자만 발생하게 된 것이 가장 크다. 하지만 한국전쟁 진행 중에 트루먼 대통령이 첨예하게 직면하였던 원칙 고수의 리더십 딜레마 역시 인기 추락에 원인을 제공하였다. 1950년 한국전쟁이 발발하자마자 즉각적인 군사력 개입으로 소련과의 충돌을 불사하였지만 1945년 맨해튼 프로젝트(Manhattan Project)에 따른 원자 폭탄 투여 결정은 트루먼으로 하여금 3차 세계 대전까지는 절대 일어나서는 안된다는 정치적 신념을 가지도록 만들었다.

| 그림 3 미국 여론 조사 결과: 한국전쟁은 3차 대전인가?

Do you think the United States is now actually in World War III — or do you think the present fighting in Korea will stop short of another world war?

	%
In World War III	55
Stop short of war	31
No opinion	14

Nov. 12-17, 1950

출처: https://news.gallup.com/opinion/polling-matters/169589/korea-years-later.aspx

〈그림 3〉은 당시 갤럽(Gallup) 조사인데 과반이 넘는 미국 국민들이 한국전쟁을 3차 대전 개시로 인식하고 있었다는 결과를 보여준다. 따라서 공화당원이자 국민의 존경을 한 몸에 받던 맥아더 사령관을 1951년 4월 전격 해임한 배경에는 원자 폭탄을 사용하여 중공을 타도함으로써 한국전쟁 승리를 강력하게 요구하였던 장군(general)과 대통령(president)의 정치적 대립이 크게 작용하였다. 사실 국무부 자문 역할을 하던 공화당 출신 덜레스(John Foster Dulles)는 한국전쟁 초기 연속적인 판단 착오를 범했던 맥아더 장군을 본국에 소환하도록 트루먼에게 건의한 바도 있다. 트루먼 역시 냉전 초기에 반덴버그 공화당 상원 의원과 어렵사리 만들었던 초당파적 외교정책 분위기가 맥아더를 해임하면 완전히 깨질 것이라는 점을 잘 알고 있었다. 공화당 협조라는 정치적 편리보다 3차 대전 반대라는 원칙적 리더십을 고수했던 트루먼을 상징하는 순간이기도 하였다.

소련과의 공존을 주장했던 전임 부통령 월러스(Henry Wallace)가 1948년 대선에 출마하기도 했던 미국 정치 분위기는 한국전쟁의 해인 1950년에 일련의 사건과 상황으로 인해 크게 바뀌게 된다. 1월에는 전직 국무부 관료 히스(Alger Hiss)가 소련을 위한 간첩 활동 혐의로 기소되었고 2월에는 위스콘신 출신 초선이자 무명 상원 의원이었던 맥카시(Joseph McCarthy)가 국무부 내에 공산주의 공조자 205명의 명단을 가지고 있다는 폭탄 발언을 하게 된다. 한국전쟁 발발 이후인 9월에는 같은 민주당 내의 보수 강경 의원이었던 맥캐런(Pat McCarran, D-NV) 상원 법사위원장이 국가보안법(Internal Security Act of 1950)을 주도하게 된다. 공산주의자들은 법무부에 등록해야 하며 법무부는 이들의 자금 상황을 추적해야 한다. 게다가 연방 정부와 국방 산업은 공산주의자들을 고용하면 안 된다는 내용을 담고 있었다.

이러한 반공주의 광풍 가운데 트루먼 대통령은 특히 맥캐런 주도의 국가보안법에 대해 "수정헌법 제1조에 대한 농락"이라며 강하게 비판하였고 정치적 어려움을 무릅쓴 채 법률안 거부권을 행사하게 된다. 이에 대해 미국 의회는 하원 286-48, 상원 57-10의 압도적 표 차이로 트루먼의 거부권을 기각(override)하는데 이후 법원의 판결로 인해 맥캐런 법안의 상당 부분이 위헌 판결을 받게 된다. 1948년 대통령 선거 당시 군대 내 흑인에 대한 차별 금지 행정 명령, 1949년 노동조합의 활동을 제약하는 태프트-하틀리(Taft-Hartley) 법안에 대한 거부권 행사에 이어 1950년 이념적 자유에 따른 정치적 활동을 금지하는 맥캐런 법안을 놓고 또 다시 거부권을 발동했던 트루먼 대통령은 신념과 원칙의 리더십에 충실하였다. 형식적인 초당파적 리더십 유지보다는 당파적 리더십을 발휘해서라도 초당파적 국가 정체성을 위해 노력한 대통령으로 기억될 수 있을 것이다.

chapter 06

1979년 미국과 중국 간 국교 정상화(Normalization): 선거 시기는 외교정책에 중요한가?

CHAPTER 06

1979년 미국과 중국 간 국교 정상화(Normalization): 선거 시기는 외교정책에 중요한가?

"정치 마케팅 관점에서 보면 8월에는 신제품을 출시하지 않는다."

– 카드(Andrew Card), 43대 부시 백악관 비서실장

I 서론

외교정책에 있어 국내 정치의 중요성은 잘 알려져 있다. 사실상 미국 외교정책이 미국 국내 정치 제도와 그 작동 방식의 산물이라는 명제는 이제 상식으로 통한다. 그럼에도 불구하고 외교정책 논의에서 국내 정치의 역할을 다시 끌어들이는 것이 여전히 논쟁적인 이유는 무엇일까? 그 답은 어찌 보면 미국 정치와 미국 정치학 자체에 있다. 냉전 초기에 있었던 트루먼-반덴버그(Truman-Vandenberg) 파트너십은 민주당 행정부와 공화당 상원이 초당적으로 트루먼 독트린을 추진했던 전형적인 사례다. 이는 1차 세계 대전 이후 윌슨 대통령과 롯지 상원 원내대표 간의 당파적 대립과는 대조적인 모습이었다. 원래 고립주의자였던 반덴버그는 전쟁 기간 동안 자신의 외교 입장을 바꾸었다. 이후 트루먼의 국제주의 외교 노선을 지지하며 공산주의 봉쇄 정책, 마셜 플랜, NATO 창설 등을

함께 이끌어 냈다. 냉전 기간 동안 대통령의 외교정책에 대한 의회의 초당적 지지가 하나의 규범으로 자리 잡게 되면서 국내 정치는 외교정책에서 퇴장한 것처럼 보였다. 국제정치학계에서도 이 경향은 그대로 반영되었다. 월츠(Kenneth Waltz)의 1979년 저작은 외교정책을 고려 변수에서 제외한 국제정치 이론을 제시하였다. 외교정책 분석은 이론화가 불가능하다는 전제를 강화시킨 작업이기도 했다. 그러나 냉전은 종식되었고 "냉전 합의(Cold War Consensus)" 역시 미국 정치 내에서 붕괴되었다. 오늘날의 국제정치 연구는 오히려 국내 요인에 주목하는 방향으로 전환되고 있다.

외교정책에서 국내 정치의 영향을 논할 때 일반적으로 대통령, 의회, 언론, 외교 관료집단, 이익집단, 여론 등이 핵심 변수로 언급된다(Milner and Tingley 2015). 특히 루스벨트(Franklin Roosevelt) 행정부 이래로 대통령은 국제 관계의 중심 행위자였으며(Greenstein 1995; Howell 2003) 유권자와 의회 모두 백악관이 전쟁과 경제에 관한 외교정책을 주도하기를 기다리고 기대한다(Katznelson and Martin 2002). 베트남 전쟁 실패 이후 미국 의회는 외교정책 감시와 통제 기능을 회복했으며(Sundquist 1981; Johnson 2006), 언론과 여론, 이익집단도 외교정책의 평가와 형성에 중요한 역할을 담당하게 되었다. 이러한 기존 논의에 더해 본 연구는 외교정책에 영향을 미치는 비(非)행위자적 변수, 그중에서 선거 주기(electoral cycle)의 역할에 주목하고자 한다. 자유롭고 공정한 선거는 미국 민주주의의 핵심 원칙이다. 미국 헌법은 4년마다 대통령 선거, 2년마다 의회 선거를 정해 놓고 있다(Williams 2013). 특히 선거 시점은 임의로 조정할 수 없기 때문에 정치인들은 고정된 선거 주기에 전략적으로 반응하게 된다. 선거를 앞두고 외교 성과를 과시한다거나 선거에서의 패배 이후에 외교정책을 통해 반전을 도모하는 것 등이 대표적이다(Hutchings and Suri 2015). 쉽게 말해 선거 시기는 조정할 수 없는데 반해 외교정책은 전략적으로 바꿀 수 있다. 본 연구는 선거 주기와 외교정책의 상호작용에 주목한다. 구체적으로 중간 선거 이후 대통령의 국정 리더십 회복 노력과 외교 돌파구 추진 간의 관계를 살펴본다. 이후에는 미국 외교정책의 제도적 특징과 사상적 전통을 살펴본 뒤 중국, 베트남, 쿠바와의 국교 정상화라는 세 가지 구체적이고 역사적인 사례를 분석한다. 본 연구의 핵심 가설은 선거 주기의 차이가 정치적 유인(incentives)의 차이를 낳는다는 것이다. 결론에서는 이러한 분석이 향후 미북관계에 주는 함의를 정리하고 선거 주기와 외교정책 간의 연계 지속성 여부를 모색해본다.

Ⅱ 선거와 외교: 이념, 제도, 여론

1 미국 선거와 외교 이념: 고립주의, 국제주의, 비(非)개입주의

미국 외교정책 이념의 급격한 변화는 주로 선거를 통해 이루어져 왔다. 결정적인 순간마다 미국 유권자들이 선거라는 심판 혹은 승인 기제를 통해 궁극적인 판단을 내려왔기 때문이다. 결국 미국 외교는 점진적이기보다는 불연속적(discrete)이며 선제적이기보다는 반응적(reactive)인 성격을 보여 온 배경이기도 하다. 외교 이념을 기준으로 볼 때 고립주의(isolationism), 국제주의(internationalism), 비(非)개입주의(non-interventionism) 등으로 이어지는 변화는 특정한 정치적 연속성보다는 선거를 매개로 한 급격한 전환의 형태로 도래해 왔다. 전통적으로 냉전 시기의 미국 외교 관료 및 엘리트들은 불필요한 해외 분쟁에 연루되는 것을 피하고 소련에 굴복하지 않으며 전쟁에서 패배하지 않는 것을 목표로 삼아 왔다. 적극적이고 체계적인 외교 전략을 편성하여 집행하기보다는 외부로부터의 도전과 위기에 반응적으로 대응하는 대처 중심형 외교가 일반적이었다. 예외적으로 마셜 플랜(Marshall Plan)처럼 역사적으로 긍정적 평가를 받는 외교정책 사례도 존재한다(Light, 2000). 하지만 전반적으로 볼 때 미국 외교는 일관된 이념적 연속성보다는 중요한 선거를 기점으로 한 정책 방향의 선택 혹은 회피를 반복해 왔다.

역사적으로 볼 때 비어드(Charles Beard)의 표현처럼 "공짜 안보(free security)" 상황에서 등장한 국가가 미국이었다. 유럽식 세력 균형(balance of power)에 대해 관심과 이해가 부족했던 신생 국가 미국은 초창기부터 고립주의 이념 노선을 철저히 선호했다. 워싱턴 대통령의 고별사(1796년)와 먼로 독트린(1823년)은 모두 "외국과 얽히는 것을 피하라(entangling alliances with none)"는 기조의 강조였다. 1800년대 초 제피슨(Jefferson)과 이후 잭슨(Jackton) 시대를 거치면서 고립주의 외교 노선은 국민적 지지를 받았고 반복 재생산되었다. 1차 세계 대전 이후 윌슨 대통령이 국제연맹 창설을 주도하였지만 1918년 중간 선거에서 유권자들의 거부 반응과 공화당 상원 원내대표 롯지(Lodge)의 반대에 부딪혀 결국 베르사유 조약 비준이 좌절된 사례도 마찬가지다. 콴트(Quandt 1986, 826)는 "대통령이 여론을 사전에 준비시키지 않았고 의회를 설득하지 못했던 것이 상원의 반대 이유 중 하나"였다고 지적한다. 1944년 대선에서 트루먼(Truman)이 루스벨트의 부통령 후보로 지명된 배경도 흥미롭다. 트루먼은 2차 세계 대전 당시 방위 산업 계약 비리를 감독하는 상원 조사위원회 활동을 통해 "큰 기업을 더 키우고 작은 사업자는 굶어 죽게 한다"고 비판하였고 이를 통해 일약 무명 상원 의원에서 대중적 인지도를 얻는 정치인으로 변신하였기 때문이다.

2차 세계 대전의 종전 이후 미국 외교는 결정적인 전환점을 맞이한다. 소련과의 이념 대립이 격화되면서 미국의 국제주의적 개입이 본격화된 것이다(Fordham 1998). 국제주의를 표방한 트루먼 대통령은 1948년 대선에서 역전승을 거두었고 냉전기 미국 정치는 반공주의(anti-communism)를 중심 이념으로 채택하게 된다. 스나이더(Snyder 1991)는

1952년 대선에서 아이젠하워가 당선되고 격렬한 고립주의자였던 태프트 상원의원이 갑자기 사망하면서 "유럽 우선 국제주의자들(Europe-first internationalists)"이 "아시아 우선 민족주의자들(Asia-first nationalists)"을 정치적으로 제압했다고 분석한다. 이후 닉슨, 포드, 카터 대통령의 데탕트(détente) 정책은 1979년 소련의 아프가니스탄 침공 이후 미국 내 비판에 직면하게 되었다. 1980년 대선을 통한 레이건 공화당 대통령의 등장은 이러한 국제주의를 보수주의로 재해석하며 정치적 반전의 계기를 마련하였다. 레이건의 "언덕 위의 도시(City upon a Hill)"로 묘사되는 미국 정치와 외교의 지향점은 보수 진영 뿐만 아니라 중도층에서도 공명하였다. "힘을 통한 평화(Peace through strength)", "현재의 방향을 유지하라(Stay the course)"와 같은 강력한 메시지 역시 1984년 레이건의 재선을 통해 정당화되었다. 결과적으로 냉전기 미국 외교는 정당 간 균열과 경쟁에도 불구하고 자유주의적 국제주의(liberal internationalism)가 주류 외교 노선으로 자리잡았다.

냉전 종식 이후 상황은 어떠한가? 고립주의도, 국제주의도 명확한 미국 외교의 미래 선택지가 아닌 상황이 되자 1990년대 들어 미국 외교는 일종의 혼합형(hybrid) 노선으로 이동하기 시작하였다. 한편으로는 정부 관료, 전문가, 싱크탱크, 로비스트, 언론, 그리고 의회 지도자들로 구성된 외교정책 커뮤니티가 글로벌 책무와 군산복합체 기반의 개입주의를 지속적으로 지지하였다(Harris 2018; Walt 2018; Wertheim 2020). 반면 반(反)세계화와 국제주의에 대한 저항감을 중심으로 한 "미국 우선주의(America First)" 진영은 2016년 트럼프 대선 캠페인으로 적극 결집하게 된다. 코로나19 팬데믹 위기 대응 실패와 민주당의 조직적인 반격 속에 트럼프는 재선에 실패하였지만 공화당은 2020년 하원 선거에서도 단 한 석의 현역 의석도 잃지 않았고 기대 이상으로 선전하였다. 이러한 현상은 트럼프 대통령 개인은 팬데믹 대응에 실패했지만, "트럼프 현상"은 여전히 보수층과 중도층의 지지를 받았음을 알려준다. 2021년 바이든 대통령의 집권은 전통적 리버럴 국제주의와 비(非)개입주의 요구 간의 절충적 외교 방향을 가능하게 했다. 하지만 집권 첫 해 여름에 벌어진 아프가니스탄 철군 참사는 바이든의 외교 리더십에 치명상을 안겼고 결국 재선조차 나서지 못하는 위약함을 노출하게 되었다. 결국 오늘날의 유권자들은 국제 관계와 국내 정치가 자신들의 일자리, 안보, 건강에 어떤 영향을 미치는지를 주의 깊게 바라보고 있다. 따라서 현대 외교정책을 이해하기 위해서는 제도적 현실과 선거 동기를 포함한 국내 정치 요인을 중심에 두어야 한다.

2 미국 선거와 정치 제도: 대통령의 리더십과 의회의 재부상

1800년 당시 하원 의원이었던 마셜(John Marshall)이 주창한 이른바 "단일기관 교리(Sole Organ Doctrine)"는 대통령이 대외 관계에서 국가를 대표하는 유일한 기관이며 외국과의 공식 접촉에 있어서도 최고의 대표자임을 가리킨다. 이후 연방 대법원 역시 1936년에 내린 커티스-라이트(Curtiss-Wright) 판결에서 이 입장을 인용하며 다음과 같이 천명하였다: "복잡하고 다층적인 외교 영역에서 오직 대통령만이 국가의 대표로서 말을 하거나 들을 수 있는 권한을 가진다." 실제로 현대 대통령제 이전 시기부터 외교정책에서 대통령의 주도권은 다양한 사례를 통해 확인된다. 예컨대 조지 워싱턴 대통령의 1793년 중립선언은 연방주의자와 반(反)연방주의자 간 대통령 권한에 대한 본격적 논쟁을 유발하였다. 1803년의 루이지애나 매입, 1807년의 수출 금지법(Embargo Act) 등은 모두 당시 대통령이었던 제퍼슨(Thomas Jefferson) 행정부에서 추진하였다. 원래 대통령 권한 확대에 비판적이던 제퍼슨조차 대통령이 된 후에는 필요에 따라 적극적으로 외교 권한을 행사했음을 보여준다. 포크(James Polk) 대통령은 1846년 미국-멕시코 전쟁을 미국 역사상 최초의 선택적 전쟁

(war of choice)으로 몰아갔고 대통령 주도하에 전쟁의 근거가 불확실한 상황에서도 군사행동을 개시할 수 있다는 점을 확인시켰다. 윌슨(Woodrow Wilson) 대통령은 무장한 상선법(armed ship bill) 통과를 위해 상원의 오래된 전통인 필리버스터를 개혁할 것을 촉구하였다. 고립주의를 신봉하던 일부 상원 의원들을 "고집쟁이 집단(group of willful men)"이라 몰아부쳤고 대통령 리더십을 통한 의회 압박을 재확인했다(Binder and Smith 1996; Wawro and Schickler 2006).

의회가 행정부에 자발적으로 외교 권한을 위임하거나 양보하는 사례 역시 다수 존재한다. 헌법이 보장한 "필요하고 적절한(necessary and proper)" 권한하에서도 마찬가지였다. 대통령이 외교정책을 주도한다고 하더라도 사실 대다수 의원들은 "아프가니스탄은 내 지역구에 없다"는 논리에 안주한다. 때로는 실질적인 대안 없이 대통령의 외교정책에 찬성하거나 비판하는데 그치는 경우도 많다(Hall 1996; Crabb et al., 2000). 해거드(Haggard, 1987) 연구에 따르면 상호무역협정법(Reciprocal Trade Agreements Act) 제정을 통해 1934년에 의회는 관세 결정 권한을 행정부에 위임함으로써 외교 권한을 구조적으로 이동시킨 전환점을 만들었다. 또한 2002년에 통과된 이라크 전쟁 승인 결의안(Authorized Use of Military Force: AUMF)은 중간 선거를 불과 한 달 앞두고 의회를 통과하였으며 클린턴, 바이든 등 당시 찬성표를 던진 민주당 상원 의원들은 이후 정치적으로 지속적인 부담을 져야했다. 트럼프 대통령 역시 1962년 무역확장법 232조의 "국가안보 예외 조항"을 활용하여 대중 무역전쟁을 전개하였다. 전통적으로 자유무역을 지지해 온 공화당 의원들은 같은 당 소속 대통령의 보호무역 정책 앞에 무기력한 방관자로 남게 된다.

이러한 사례들은 "대통령이 제안하고 의회는 대응한다(The President proposes, the Congress disposes)"는 워싱턴의 오래된 격언을 떠올리게 하지만 외교정책에 있어 의회와 행정부 간 관계를 단순화하여 설명하기는 어렵다. 역사적으로 보면 의회가 대통령의 대외정책을 적극적으로 견인하거나 변화시킨 사례 또한 다수 존재한다. 예컨대 1812년 전쟁 강경파(War Hawks)는 매디슨(James Madison) 대통령에게 영국과의 전쟁을 압박하였다. 1882년에는 차별주의 민주당과 서부 공화당 의원들이 연합하여 중국인 배제법(Chinese Exclusion Act)을 통과시킴으로써 아시아계 이민을 막는 이민 정책을 추진하였다. 1966년에는 풀브라이트 위원회(Fulbright Committee)가 베트남 전쟁에 대한 폭로성 공청회(congressional hearings)를 개최함으로써 대통령의 전쟁 수행 실패를 국민들 앞에서 공개 비판하였다. 2000년에 통과된 중국과의 영구적 정상 무역관계(PNTR) 법안(H.R. 4444)은 공화당 의회의 협력이 없었다면 민주당 지원을 받지 못한 민주당 대통령 단독으로는 통과가 불가능했던 대표적 사례다. 결과적으로 중국은 이듬해인 2001년에 세계 무역기구(WTO)에 가입하게 되면서 책임있는 당사국으로서의 지위와 역할 관련 단초를 얻어냈다. 최근의 사례로는 2021년 7월 13일 하원 세출위원회(House Appropriations Committee)가 리(Barbara Lee, 민주·캘리포니아) 의원의 수정안을 승인하면서 2002년 당시의 대통령 병력 사용 권한(AUMF)을 즉시 폐지하는 조치를 단행한 적이 있다. 이러한 사례들은 의회와 행정부 간 외교정책 권한의 경합과 협조, 위임과 불허가 복합적으로 얽혀 있음을 보여준다. 제도적으로는 분리된 권력이지만 현실적으로는 공유된 권력(shared powers)이 외교정책 형성 과정에서도 역동적으로 작동한다는 점에서 중요한 이론적 함의를 지닌다(Neustadt 1960).

3 미국 선거와 여론 변화: 정치와 전쟁

따지고 보면 미국 정치에서 예측 가능한 거의 유일한 변수는 선거 주기다. 미국 민주주의의 핵심 제도라 할 수 있는 연방 차원의 선거는 건국 이래 단 한 번도 취소되거나 연기된 적이 없다. 남북전쟁, 9·11 사태와 같은 국가적 위기 상황에서도 선거는 예정대로 시행되었다. 유권자들은 민주주의 절차를 통해 집권 세력을 지지하거나 혹은 심판해 왔다. 사회과학의 대다수 연구는 이러한 수요 측면(demand side)에 집중해 왔다. 왜 유권자들이 투표에 참여하고 어떤 정치적 선택을 하는지에 대한 분석이 그것이다(Lazarsfeld et al. 1954; Key 1955; Downs 1957; Campbell et al. 1960; Lupia and McCubbins 1998). 반대 방향인 공급 측면(supply side), 즉 선출직 정치인들이 유권자들을 상대로 어떻게 선거를 전략적 기회 또는 제약 차원에서 활용하는가에 대한 분석도 중요하다. 따라서 선거는 한편으로는 정치인들이 외교정책을 단기적 성과의 하나로 접근하게 만드는 유인이 되기도 한다. 다른 한편으로는 독단적이거나 무모한 외교정책을 억제하도록 만드는 제도적 장치가 되기도 한다. 예를 들어 피어론(Fearon 1998)이 지적하듯 민주주의에서의 "차선적인 외교정책(sub-optimal foreign policy)"은 궁극적으로 선거 구조와 연관이 깊다고 할 수 있다.

특히 전쟁과 군사력 갈등은 선거 정치와 외교정책의 상호작용을 드러내는 복합적 사례로 작동해왔다. 고바츠(Gaubatz 1991)는 이에 대해 세 가지 유형의 유권자 반응을 제시한다. 즉 평화적(pacific), 열광적(passionate), 가변적(protean) 반응이다. 첫째, 전통적 자유주의 이론에 따르면 일반 대중은 항상 전쟁에 반대한다. 따라서 신속한 승리를 제외하고는 대통령은 군사적 충돌에 대해 시간이 흐르면서 정치적으로 취약해질 수밖에 없다. 둘째, 외부 위기를 통해 국민을 선동하는 것이 가능하다는 관점에서 보자면 행정부는 국제 이슈 위기를 이용하여 결집(rally-around-the-flag) 효과를 기대할 수 있다. 셋째, 대중이 일관되지 못하고 감정적으로 반응한다는 전제는 "알몬드-리프만 합의(Almond-Lippmann consensus)"의 핵심인데 이에 따르면 여론은 유동적이고 일관성이 없다. 따라서 외교정책 결정에 있어 고려 대상이 되지 못하고 되어서도 안 된다. 하지만 베트남전, 이라크전 등 전쟁의 전개와 관련하여 나타난 여론의 중장기적 변화는 이 같은 전통적 견해에 대한 강한 반증을 제공한다(Holsti

1992). 고바츠(Gaubatz 1991, 218) 역시 "전쟁과 선거의 정치적 결과는 결국 대중 여론에 좌우된다"는 점을 강조한다. 선거가 동원 기제로 작동하는 한 특정 정당에 대한 감정이 대중 정서를 지배할 수도 있다는 점 역시 제시한다.

헌법상으로는 대통령이 군 통수권자(commander-in-chief)이므로 의회가 실제로 전쟁을 중단하거나 예산을 거부하는 데는 구조적 제약이 존재한다. 또한 행정부는 외교 및 안보와 관련된 고급 정보의 접근에 있어서 압도적인 우위를 가진다. 2차 세계 대전 이후 미국 의회는 전쟁 선포권을 실질적으로 사용하지 않고 대신 군사행동 승인 결의안 통과를 통해 간접적으로 전쟁 결정에 참여해 왔다. 현실적으로 전쟁이 발발하면 대통령은 대중의 지지를 기반으로 정치적 정당성을 확보하며 의회와 언론은 대체로 국민 정서에 따라 반응하게 된다(Mueller 1973; Howell et al. 2013; Schorpp and Finocchiaro 2017). 따라서 대통령과 대통령 소속 정당 입장에서는 선거일까지 전쟁에 대한 대중적 지지를 유지하는 것이 최상의 시나리오다. 정치 전략의 일환으로 전쟁 시점을 계산하려는 유혹은 이로 인해 존재하기 마련이다. 대표적인 사례가 2002년 조지 W. 부시 행정부의 이라크 전쟁 승인 결의안(H.J. Res. 114) 시점이다. 당시 백악관 비서실장이었던 카드(Andrew Card)는 "마케팅 관점에서 보면 8월에 신제품을 출시하지는 않는다"고 말한 적이 있다. 실제로 전쟁 승인 의회 결의안(resolution)은 10월 2일에 상정되어 9일 만에 통과된다. 여름 휴가철은 워싱턴 DC를 포함하여 거의 모든 곳에서 일종의 정치적 공백기를 의미하기 때문이다. 그 해 2022년 11월 중간 선거에서 공화당은 하원과 상원 양원의 의석을 추가하는데 성공했다. 이는 1934년 루스벨트 대통령의 첫 번째 압도적인 중간 선거 성적 이후 최초의 일이었다.

전쟁이 장기화되면 유권자들은 다시금 냉정한 판단을 내리게 된다. 전쟁이 신속히 끝나지 않는다는 인식이 퍼지면 유권자들은 선거를 통해 대통령의 전쟁을 종식시키려는 경향을 보인다(Howell et al. 2013). 대표적으로 한국전쟁의 교착 상태 속에서 인기가 급락했던 트루먼 대통령이 1952년 재선 출마를 포기했던 경우를 예로 들 수 있다. 존슨 대통령은 중국의 공산화 재발(fall of China)과 도미노 이론(domino theory)을 우려하며 1965년에 베트남전 개입을 확대하였다. 그러나 대통령이 알려주는 전쟁 정보를 국민들이 믿지 못하게 되면서 일종의 "신뢰 간극(credibility gap)" 문제가 발생했다. 결국 1968년 3월 12일 뉴햄프셔 프라이머리에서의 참패는 존슨의 정치적 몰락의 신호탄이 되었다. 그 해 10월 31일 존슨은 북베트남 폭격 중단을 발표했지만 민주당 대선후보 험프리(Hubert Humphrey)의 지지율에는 별다른 변화가 없었고 닉슨(Richard Nixon)에게 결국 패배했다. 21세기에 들어서도 이라크 전쟁은 발발 당시 공화당에 2002년 중간 선거의 우위를 제공했으나 2006년에는 동일한 전쟁이 공화당의 상·하원 패배의 결정적 원인이 되었다. 국민이 이라크전을 "부시의 전쟁(Bush's War)"이라 부르기 시작하면서 선거는 다시금 대중의 불만을 표출하는 장치로 기능했던 셈이다.

Ⅲ "모든 것은 타이밍이다?": 선거 주기와 국교 정상화

외교정책을 둘러싼 미국의 역사적 전환, 제도적 설계, 그리고 선거 정치가 얽힌 복합적 맥락 속에서 과거 적성 국가들(former adversaries)과의 국교 정상화(diplomatic normalization)는 특별한 정치외교적 사건으로 자리매김해 왔다. 만일 이러한 관계 정상화가 조약(treaty)을 통해 이루어졌다면 미국 헌법상 절차는 비교적 명확했을 것이다. 즉, 대통령이 조약을 체결하고 상원의 3분의 2 찬성으로 비준되는 구조다. 현실은 사뭇 달랐다. 미국 외교사의 실제 사례들—중국, 베트남, 쿠바와의 국교 정상화—

에서는 대통령이 의회의 사전 동의 없이 돌발적으로(normalization without prior consent) 중대 결정을 내리는 경우가 오히려 일반적이었다. 의회는 사후적으로 반응하며 정당 지도부와 계파, 의원 개개인 각자의 정치적 이해와 입장을 중심으로 관계 정상화에 개입하는 양상이다. 제도적으로 분리된 의회와 대통령이 권력을 공유(separated institutions sharing power)하는 미국 정치 체제의 특성을 극명하게 보여준다. 1979년에 중국, 1995년에 베트남, 2014년에 쿠바와 맺은 외교 관계 정상화는 모두 대통령과 의회가 독립적이면서도 상호적인 작용을 통해 외교정책을 추진한 대표적 사례들이다. 세 가지 사례는 공통적으로 중간 선거 직후 민주당 대통령이 정치적 후퇴를 겪은 시점에 이루어진 외교 돌파구(breakthrough)였다는 점에서 주목할 만하다.

- 1978년 11월 중간 선거에서 공화당이 하원 의석을 15석, 상원 의석을 3석 늘린 직후 카터(Jimmy Carter) 민주당 대통령은 12월 15일 중국과의 국교 정상화를 발표하였다.
- 1994년 중간 선거에서는 "깅그리치 혁명(Gingrich Revolution)"을 통해 공화당이 상 · 하원을 모두 장악하게 되자 다음 해인 1995년에 클린턴 민주당 대통령은 베트남과의 외교 관계 수립을 선언하였다.
- 2014년 중간 선거에서 민주당은 상 · 하원에서 총 22석을 잃었고 그 다음 달인 12월 17일에 오바마 민주당 대통령은 쿠바와의 국교 정상화를 발표하였다.

이러한 중대한 정치 이벤트의 역사적 유사성은 "왜 이 시점인가?"라는 본질적인 질문으로도 연결된다. 즉, 선거 주기가 외교 정상화 시도와 어떤 방식으로 연결되는가? 본 장에서는 이 세 가지 사례를 통해 미국 외교정책에서 선거의 시간(timing of electoral cycles)이 외교 전략적인 돌파구에 어떤 영향을 미치는지를 살펴본다. 〈표 1〉은 1934년부터 2022년까지의 미국 중간 선거 결과에서 대통령 소속 정당의 의회 의석 증감 현황을 보여준다. 루스벨트 시기에 등장한 현대 대통령제 이후 현재까지 중간 선거에서 대통령 소속 정당이 하원 의석을 늘린 사례는 단 3회뿐이다. 이에 비해 대통령 소속 정당의 중간 선거 시기 상원 의석의 증가 사례는 7차례로 하원에 비해서는 더 많다. 그만큼 중간 선거는 대통령에게 정치적 후퇴의 시기로 기록되고 있으며 대통령은 이 시기 이후를 일종의 정치적 전환점으로 삼기 위해 새로운 외교 전략을 시도할 수 있다. 이러한 가설을 바탕으로 중국(1979), 베트남(1995), 쿠바(2014) 세 국가와의 외교 정상화 사례를 각각 고찰한다. 대통령의 정치적 입지, 의회의 반응, 유권자 정서, 정책 엘리트의 역할 등 제도적 요인과 전략적 선택이 교차하는 과정을 분석함으로써 선거 주기와 외교정책의 접점을 이해해 보고자 한다.

| 표 1 대통령 소속 정당의 중간 선거 의석 변화

Year	President	President's Party	House Seats to Defend	Senate Seats to Defend	House Seats	Senate Seats
1934	Franklin D. Roosevelt	D	313	14	+9	+9
1938	Franklin D. Roosevelt	D	334	27	-81	-7
1942	Franklin D. Roosevelt	D	267	25	-46	-9
1946	Harry S. Truman	D	244	21	-45	-12
1950	Harry S. Truman	D	263	21	-29	-6
1954	Dwight D. Eisenhower	R	221	11	-18	-1
1958	Dwight D. Eisenhower	R	203	20	-48	-13

1962	John F. Kennedy	D	264	18	−4	+3
1966	Lyndon B. Johnson	D	295	21	−47	−4
1970	Richard Nixon	R	192	7	−12	+2
1974	Gerard R. Ford	R	192	15	−48	−5
1978	Jimmy Carter	D	292	14	−15	−3
1982	Ronald Reagan	R	192	12	−26	+1
1986	Ronald Reagan	R	181	22	−5	−8
1990	George H. W. Bush	R	175	17	−8	−1
1994	William J. Clinton	D	258	17	−52	−8
1998	William J. Clinton	D	207	18	+5	0
2002	George W. Bush	R	220	20	+8	+2
2006	George W. Bush	R	233	15	−30	−6
2010	Barack Obama	D	257	15	−63	−6
2014	Barack Obama	D	201	20	−13	−9
2018	Donald J. Trump	R	241	9	−40	+2
2022	Joseph R. Biden, Jr.	D	222	14	−9	+1

출처: The American Presidency Project, University of California, Santa Barbara

1 중국과의 국교 정상화(1979년)

1949년 중화인민공화국의 수립 이후 미국 국내 정치에서 "중국 몰락(Fall of China)"은 오랫동안 일종의 정치적 낙인(political stigma)으로 작용해왔다. 공화당은 루스벨트 시기의 미·중 외교 연속성에 문제를 제기하면서 트루먼 행정부가 중국 본토를 공산주의 세력에 대책없이 넘겨줬다는 책임론을 제기했다. 냉전 시기 동안 "공산주의에 유화적(soft on communism)"이라는 비난은 민주당 출신 대통령과 대선 후보자들을 향한 공화당의 대표적인 정치적 무기가 되었다. 실제로 1965년 린든 존슨 대통령이 베트남 전쟁 개입을 확대한 결정도 "내 임기 중 어떤 나라도 공산화되지 않도록 하겠다"는 정치적 부담에서 비롯된 측면이 있다. 반대로 "오직 닉슨만이 중국에 갈 수 있었다(Only Nixon could go to China)"는 정치 격언이 시사하듯 공산주의에 강경한 입장을 보여온 공화당 대통령은 일종의 이점을 누리고 있었다. 공화당 출신 닉슨 대통령의 경우 중국과의 관계 정상화를 국내적인 정치적 의심이나 비판 없이 추진할 수 있었다. 1972년 닉슨 대통령의 '중국 방문'은 이러한 맥락에서 외교적 개척(opening)의 상징적 사건이 되었다. 하지만 국교 수립이라는 완결은 이루어지지 못했고 "중국 카드(China Card)"의 실질적 획득은 후임 대통령들에게 넘어가게 된다.

1976년 대선에서 민주당 후보 카터(Jimmy Carter)는 현직 대통령인 포드(Jerald Ford)를 꺾고 백악관에 입성한다. 같은 시기 중국에서도 저우언라이, 마오쩌둥이 각각 1월과 9월에 사망하며 지도부 교체가 이루어졌다. 카터 대통령은 중국과의 외교 관계 수립을 적극적으로 추진할 의지를 갖고 있었지만 집권 초반 2년간의 주요 외교 목표는 파나마 운하 조약과 전략무기제한협정(SALT II)의 상원 비준이었다. 이를 위해 공화당 보수파인 골드워터(Goldwater, R-AZ) 상원의원과 레이건 캘리포니아 주지사 등의 협조가 필수적이었다. 골드워터와 레이건은 대만과의 단교를 전제로 한 중국 수교에 대해서는 강한 반대 입장을 고수했다. 당시 공화당 보수파는 여전히 대만과의 관계 유지를 중시했다. 민주당 내의 잭슨(Herny "Scoop" Jackson, D-WA) 상원의원과 같은 매파 성향의 국제주의자들은 오히려 중국 카드를 활용할 것을 주장했다. 한편 외교 엘리트들과 미국 기업들은 1974년 무역법의 잭슨-배닉 수정조항(Jackson-Vanik Amendment)을 유예시켜 대중국 무역 확대를 도모했다.

1978년 11월에 치러진 중간 선거에서 민주당은 하원 15석, 상원 3석을 공화당에 내주게 되었다. 공화당은 이를 정치적 승리로 포장했고 울펜스버거(Wolfensberger 2006)에 따르면 이는 본질적으로 보수 유권자의 대거 귀환을 알리는 신호였고 1980년 대신에서 레이건의 승리로 이어지는 기반이 되었다. 아브라모위츠(Abramowitz et al. 1986, 566) 등에 의하면 "1978년 중간 선거는 1974년이나 1982년과 달리 전국적 이슈가 뚜렷하게 등장하지 않았고 일종의 정상적 시기 투표(normal vote)에 가까웠다." 당시 여론은 카터 행정부에 대한 실망감을 분명히 드러냈으며 이는 카터의 재선 전략에 중대한 부담이 되었다. 이러한 정치적 맥락 속에서 카터 대통령은 중간 선거 패배 불과 한 달여 후인 1978년 12월 15일 중국과의 국교 정상화를 전격적으로 발표한다. 이는 닉슨 시대에 시작된 '중국과의 외교 개방'을 공식적으로 완성하는 조치였다. 카터는 이를 통해 정치적 전환점을 만들고 1980년 대선을 대비한 새로운 정치적 동력을 확보하고자 했다.

1950년대 한국전쟁 이후 끊겼던 중국과의 관계 정상화 결정은 행정부 내부의 외교 전략 갈등과도 관련 있었다. 밴스(Cyrus Vance) 국무장관은 소련을 견제하기 위한 중국 카드를 활용하는데 반대했다. 하지만 브레진스키(Zbigniew Brzezinski) 국가안보 보좌관은 중국을 활용한 대소 견제 전략을 강력히 주장했다. 만(Mann 1998, 85)에 따르면, "초기에는 카터 대통령이 밴스의 시각을 지지했으나 시간이 갈수록 브레진스키의 세계관에 더 가까워졌다." 결과적으로 중국과의 국교 정상화는 카터 대통령이 선거 패배와 내부 갈등을 외교적 승리로 전환시키려 한 전략적 선택의 하나였다. 이는 외교정책이 정당 간 협조뿐 아니라 대통령의 정치적 생존 전략과도 밀접히 연관되어 있다는 점을 보여주는 대표적 사례이다.

2 베트남과의 국교 정상화(1995년)

베트남 전쟁은 미국 정치와 외교정책 전반에 걸쳐 깊은 상처를 남긴 전환점이다. "중국 공산화(Fall of China)" 담론이 주로 워싱턴 내부의 정책 결정자들 사이에서 작동한 반면 "베트남 신드롬(Vietnam Syndrome)"은 대통령, 의회, 정당, 언론, 그리고 대중에 이르기까지 미국 사회 전체의 정서적 지형을 변화시켰다고 볼 수 있다(Khong 1992, Holsti 1992). 1950년대 후반 한국전쟁 이후부터 냉전 시기 국제주의적 합의를 구축해가던 시기 동안 정치권은 반공주의 레토릭(rhetoric)이 정치적으로 효과적이라는 점을 학습하게 되었다. 베트남 전쟁의 실패는 그보다 훨씬 더 구조적이고 장기적인 정치 재편을 가져왔다. 반전(反戰) 운동의 확산은 냉전기에 형성되었던 초당적인 미국의 국제주의를 안으로부터 해체하였다. 정당 간 경쟁 체제 역시 국제주의에서 보수 민족주의 및 비(非)개입주의(non-interventionism)를 주제로 전환되었다. 민주당은 "국방 예산 대 복지 예산(guns-versus-butter)" 간 선택을 기점으로 내부 논쟁에 휘말렸다. 공화당은 강한 국방과 국가 자긍심을 강조하는 정체성을 정립하게 되는 계기로 삼았다.

닉슨 행정부의 베트남 문제에 대한 베트남화(Vietnamization) 정책은 존슨 행정부의 미군 증파를 통한 미국 문제화(Americanization) 이후에 등장하게 되었다. 닉슨 · 포드 · 카터 행정부의 데탕트(détente) 외교 역시 베트남 전쟁의 교훈에서 비롯된 것이었다. 이후 레이건 대통령의 등장과 함께 보수 우파적인 외교 전환이 다시 시작된다. 베트남과의 국교 정상화는 카터에서 클린턴까지 여러 행정부에서 반복적으로 논의되었지만 실행되지는 못했다. 1977년 카터 대통령은 중국과 베트남 두 국가와의 동시 정상화를 추구했지만 당시 베트남은 이에 대해 협상 준비가 되어 있지 않았다. 미국 내 전쟁포로 및 실종자(POW/MIA) 단체들의 반발도 격렬했다. 결국 카터 행정부는 대(對)베트남 정상화 시도를 접고 중국에 집중하는 전략적 우선 순위 조정을 단행하였다. 이후 레이건 및 41대 부시 행정부는 베트남과의 외교 관계 수립을 정책 우선순위로 삼지는 않았지만 베트남 내 투자 기회와 경제 개방이 가시화되면서 미국 재계는 점차 국교 정상화의 경제적 필요성을 제기하기 시작했다(Brown 2010). 퍼스(Fehrs 2016, 132)는 "경제적 유인이 외교 반대를 극복할 수 있는 동기를 제공했다"고 분석한다.

한편 클린턴 대통령은 1994년 중간 선거에서 민주당 역사상 최악의 선거 결과 중 하나를 경험한다. 공화당은 "깅그리치 혁명(Gingrich Revolution)"을 통해 1954년 이후 40년 만에 처음으로 상·하원 양원을 모두 장악하게 된다. "미국과의 계약(Contract with America)"이라는 공화당의 구호는 유권자들 사이에서 큰 호응을 얻었고 클린턴 행정부의 보건 의료 개혁 실패는 여론의 커다란 역풍을 불러왔다. 이로 인해 민주당은 뉴딜(New Deal) 체제가 종식되었음을 체감하게 되었다. 대통령의 입법 아젠다는 대부분 공화당이 주도하는 의회에 의해 차단당하게 된다. 재선 기반이 위태로워진 클린턴 대통령은 첫 4년 임기 후반부의 외교 성과를 통해 정치적 복귀를 모색해야 했다. 실제로 103대(1993-94) 의회는 GATT 타결, START I 조약 비준, 멕시코 구제 금융 승인 등 외교·통상 분야에서 대통령의 우선과제를 신속히 처리하였다. 이런 상황에서 1995년 4월 19일에 오클라호마 시티 연방청사 폭탄 테러가 발생하면서 168명의 사망자가 발생하게 된다. 클린턴은 이 사건에 대해 국민적 위로와 연대를 호소하며 리더십을 회복했다. "대통령은 여전히 중요하다(The President is still relevant here)"라는 상징적 발언으로 정치적 존재감을 드러내기도 했다. 이후 3개월이 지난 1995년 7월에 워싱턴과 하노이는 공식적으로 외교 관계 수립을 선언하게 된다. 이는 클린턴 대통령이 중간 선거 패배 이후 정치적 입지를 회복하고자 한 복합적 전략의 일환이었다. 라일리(Riley 2021)는 "클린턴은 1995년 예산전쟁에서 공화당을 제압한 뒤 미국 역사상 가장 인상적인 재선 복귀 전략 중 하나를 설계했다"고 평가한다. 흥미롭게도 이러한 국교 정상화는 복지 축소와 친기업 노선이라는 신(新)민주당(New Democrat) 전략, 그리고 경제계의 대베트남 진출 요구가 절묘하게 결합된 결과였다. 실제로 크리스토퍼 국무장관은 1993년 3월에 "강력한 기업 유인(strong business incentives)"을 언급한 바 있지만 실종자 문제(MIA)에 대한 베트남 측 입장에는 여전히 우려를 표시하기도 했다. 결과적으로 1994년 중간 선거 패배 이후 1년 안에 완성된 국교 정상화는 클린턴의 1996년 재선 전략의 퍼즐 중 하나로 기능했다. 이후 2001년 공화당의 부시 대통령은 양자 간 무역협정(BTA)을 통해 실질적인 경제관계를 수립하였으며 베트남의 WTO 가입(2007년) 또한 이 흐름하에서 추진되었다.

3 쿠바와의 국교 정상화(2014년)

미국과 쿠바의 관계는 1898년에 벌어진 미서전쟁(Spanish-American War)으로 거슬러 올라간다. 1895년부터 본격화된 쿠바의 독립운동은 미국 의회 내의 무력 개입 여론을 자극하였고 맥킨리(William McKinley) 대통령은 해군력을 앞세워 스페인과의 전쟁에서 단기간 내 승리를 거둔다. 1904년 "루스벨트 주해(Roosevelt Corollary)"는 먼로 독트린(1823)의 해석을 확장하여 미국이 라틴아메리카 문제에 개입할 권리를 정당화하는데 사용되기도 하였다. 지리적으로 플로리다(Florida) 주에서 불과 90마일 떨어진 곳에 위치한 쿠바는 전략적 · 경제적으로 중요한 거점으로 여겨졌다.

1901년 미국 상원을 통과한 플랫 수정조항(Platt Amendment)은 미국이 쿠바의 독립을 지원하고 해군기지 이용권을 가지도록 만드는 근거가 되었다. 그런데 20세기 초반에 쿠바 내 친미 정권의 부패와 종속 성향은 쿠바 국민들의 반감을 키웠고 1959년에 피델 카스트로가 주도한 공산 혁명은 미국과의 외교 단절로 이어지게 되었다. 1961년 1월에 아이젠하워 대통령은 쿠바와의 외교 관계를 공식적으로 단절한다.

중국 및 베트남과의 관계 정상화가 점진적인 외교적 접근이었다면 쿠바는 미국 국내 정치의 중심으로 빠르게 복귀한 외교 이슈였다(Brown 2015, LeoGrande 2015). 쿠바 문제는 세 가지 측면에서 미국의 선거 정치와 연결되어 있다. 첫째, 제재(sanctions)는 쿠바 정책의 핵심 수단이자 정치적 상징이었다. 1961년의 피그만(Bay of Pigs) 침공 실패 이후 케네디 행정부는 1962년 쿠바 무역금지 조치(embargo)를 시행하였다. 1963년에는 쿠바자산 통제규정(Cuban Assets Control Regulations)을 통해 금융거래 금지, 자산 동결 등 포괄적 제재 체제를 구축하였다. 둘째, 쿠바계 미국인 커뮤니티, 특히 플로리다 주에 정착한 망명자들은 강력한 정치적 조직화를 이루어 냈다. 1981년 설립된 쿠바계 미국인 국가재단(CANF)은 양당 정치에 모두 영향력을 행사했으며 플로리다가 미국 대선의 핵심 경합주(swing state)로 부상하면서 정치인들은 쿠바 제재 유지에 더욱 민감해졌다. 중국 로비가 공화당 내에 영향력이 컸던 반면 쿠바 로비는 공화·민주 양당 모두에 전략적으로 작동하였다. 셋째, 모든 강력한 대쿠바 제재 법안은 대선 해에 통과되었다는 점도 주목할 필요가 있다. 이러한 입법은 대체로 플로리다 내 반공 성향 쿠바계 유권자들의 표심을 겨냥한 정치적 전략이기도 했다. 1992년 쿠바 민주화법(Cuban Democracy Act), 1996년 헬름스-버튼 법안(Cuban Liberty and Democratic Solidarity Act), 2000년 무역 제재 개혁 법안(Trade Sanctions Reform and Export Enhancement Act) 등이 그 예다.

이와 같은 맥락 속에서 2008년과 2012년 대선에서 연달아 플로리다를 승리로 이끈 오바마 대통령은 민주당 연합(Obama Coalition)의 구조적 변화에 주목했다. 청년층, 히스패닉계, 라틴계 유권자의 결집을 바탕으로 쿠바 문제의 전면적 전환을 시도할 정치적 여건을 확보한 셈이다. 2014년 12월 17일 오바마 대통령은 다음과 같이 선언했다: "오늘날에도 쿠바는 카스트로와 공산당이 통치하고 있으며 이는 반세기 전과 같다. 그러나 미국과 쿠바 국민 모두 과거에 얽매인 경직된 정책으로부터 아무런 혜택을 얻지 못하고 있다." 이 연설 직전인 2014년 11월 중간선거에서 민주당은 상·하원에서 총 22석을 잃으며 충격적인 패배를 기록했다. 공화당은 1980년 이후 최대 규모의 상원 의석 증대, 1930년대 이후 하원에서 최대 다수당 확보라는 성과를 거두는데 성공했다. 이는 앞서 살펴본 중국 및 베트남 사례와 마찬가지로 민주당 대통령이 중간선거 패배 직후 외교 정상화 선언에 나선 세 번째 사례로 기록된다. 결국 오바마 대통령은 선거의 충격을 외교적 유산(legacy diplomacy)으로 전환하고자 했다. 쿠바와의 국교 정상화는 그러한 전략의 결정적 조치였다. 플로리다 내 유권자 구성의 변화, 민주당 내 진보 및 라티노 연합의 심화, 그리고 대통령의 임기 후반부 업적 창출 요구가 결합된 외교정책이었다.

IV 결론: 선거 주기와 외교정책, 그리고 정치적 시간성

본 연구는 미국의 민주당 대통령들이 중간 선거에서의 정치적 후퇴 직후에 과거 적대국과의 외교 관계 정상화를 단행한 사례들을 살펴보았다. 외교정책과 선거 주기 간의 연관성을 탐색적으로 분석하는 시도였다. 중국(1979), 베트남(1995), 쿠바(2014)의 세 가지 사례는 모두 국내 정치의 구조적 변화 —특히 대통령 정당이 의회에서 의석을 상실한 이후— 외교정책의 중대한 전환이 이루어졌다는 점에서 유의미한 공통점을 가진다. 사례 수가 매우 제한되어 있는 만큼 경험적 일반화나 인과 메커니즘의 명확한 검증은 애초에 이 연구의 직접적인 목표가 될 수 없었다. 하지만 미국 외교정책의 역사에서 선거 영향(electoral influence)과 관계 정상화(rapprochement)는 상대적으로 이론화가 덜 된 영역이라는 점에서 본 연구는 초기적 분석(first-cut research)으로서 학문적 의의를 가진다.

민주주의에서 선거는 본질적으로 정치적 평화의 제도적 기반이고 외교 정상화는 국제평화 구축의 출발점이라고 볼 수 있다. 두 개의 핵심 개념을 어떻게 연결 지을 수 있을 것인가는 정치학의 중요한 물음이다. 동시에 정책 실천의 현실적 과제이기도 하다. "왜 선거 이후에 외교가 바뀌는가?"라는 질문은 단지 정치 일정과 관련된 우연을 넘어 외교정책 결정에 내재한 정치적 시간성(political temporality)에 대한 보다 심층적인 분석을 요구한다. 외교정책의 형성과 변화는 당파 정치(partisan politics)와도 밀접히 연결된다. 슐츠(Schultz 2005)는 클린턴 행정부 시절 북한과의 제네바 기본합의(Agreed Framework)를 분석하면서 국내 신뢰가 낮고 위협 인식이 높은 상황에서 비둘기파 정부가 먼저 화해 정책을 추진할 수 있다는 가설을 제시하였다. 그는 이러한 협상이 불안정하다는 점을 지적하면서도 "신뢰가 없고 갈등이 지속 가능한 상황일수록 가장 화해적인 지도자만이 평화를 시도할 수 있다"고 주장한다. 이는 곧 "오직 닉슨만이 중국에 갈 수 있다"는 정치 격언의 또 다른 이면이기도 하다. 즉, 정치적 정체성과 시대적 맥락에 따라 미국 지도자들은 선거 결과에 대한 반응 방식이 달라질 수도 있다.

이러한 맥락에서 바이든(Joseph Biden) 대통령의 2022년 중간 선거는 일종의 역사적 시험대였다. 통상적으로 대통령 지지율이 50%를 넘는 경우에도 평균 14석의 의석 상실이 발생하며 지지율이 50% 이하로 떨어질 경우에는 평균 37석 손실이 나타난다. 당시 바이든 대통령은 코로나19 대응, 인프라 법안 등에서 일정한 성과를 보였지만 정당 내부 균열과 2024년 대선에 대한 불확실성이 존재했다. 만약 바이든 행정부 역시 중간 선거에서 정치적 타격을 입었다면 북한이나 이란과 같은 적성 국가들과의 관계 정상화라는 시나리오도 충분히 역사적 유사성(analogy)에 기반하여 상상해 볼 수 있었다. 그런데 〈표 1〉에서 알 수 있듯이 2022년 바이든의 중간 선거 결과는 예상을 뛰어넘은 민주당의 선전이었다. 민주당은 여전히 소수당에 머물렀지만 208석을 확보하는데 성공했고 상원에서는 오히려 한 석을 늘리면서 다수당 지위를 유지하는데 성공했다. 직후에 조지아(Georgia)에서 실시된 보궐 선거에서도 잇달아 승리하면서 정치적 입지를 더욱 굳히게 되었다. 트럼프가 지지한 후보들의 부진, 여성 및 젊은 유권자들의 높은 투표율, 그리고 낙태 권한 관련 이슈 차원에서 민주당의 선전 원인을 찾아볼 수 있다. 결론적으로 바이든의 중간 선거 선방 결과는 기존의 민주당 대통령이 중간 선거 패배 이후에 과거 적성 국가들과 관계 개선에 나섰던 역사적 흐름과는 전제부터 어긋나는 상황이었다. 흥미로운 점은 2024년 대선을 통해 백악관 재입성에 성공한 트럼프가 이벤트성 외교를 통해 북미 관계를 개선할 의지를 다지고 있다는 사실이다(황지환 2025).

chapter 07

1990년대 중국 최혜국 대우 조항 표결: 의원은 왜 외교정책 입장을 바꾸는가?

CHAPTER 07

1990년대 중국 최혜국 대우 조항 표결: 의원은 왜 외교정책 입장을 바꾸는가?

"미국 내 약 20만 개의 일자리가 중국과의 교역에 직접적으로 연계되어 있다. 중국과의 교역을 단절하는 것은, 의회가 미국 노동자들에게 해고 통지서를 발부하는 것이다."

– 마츠이(Bob Matsui) 하원의원(민주 · 캘리포니아)

"중국에 영구 정상무역관계(NTR) 지위를 부여하는 것이 경제적으로는 보상이 될 수 있겠지만, 도덕적으로는 잘못된 일이다."

– 그린(Gene Green) 하원의원(민주 · 텍사스)

"양극단의 신념을 가진 사람들은 바람의 방향을 보고 표결을 정하는 사람들보다 서로를 더 존중하는 경향이 있다."

– 로라베이커(Dana Rohrabacher) 하원의원(공화 · 캘리포니아)

I 서론

탈냉전 시기 이후 미국 의회의 의원들은 서로 상충하는 외교정책 의제에 직면하는 경우가 빈번해졌다. 기업, 노동조합, 환경단체, 인권 및 종교 활동가 등 다양한 이해 집단이 자신들의 목소리를 전달하기 위해 치열하게 경쟁한다. 이로 인해 국내 정치적 균열과 경쟁은 심화되었고 의회가 행정부에게 일방적으로 양보하는 경우는 상대적으로 줄어들었다(Friedberg 2000, Kupchan and Trubowitz 2007, Lindsay 1994). 실제로 냉전의 급작스러운 종식과 세계 경제의 빠른 통합은 국내 정치에서 입법부와 행정부 간의 관계를 재편하였다. 그 결과 외교정책을 둘러싼 의회의 입법 환경은 점점 더 분절적이고 확산되었으며 분열적인 양상을 보이게 된다(Scott 1998, Skidmore and Gates 1997). 탈냉전 시대의 다원적이고 상충하는 표결 환경 속에서도 미국 의원들의 표결 행동에 관한 전통적인 통념은 동일한 사안에 대해 의원들이 입장을 바꾸는 경우가 드물다는 것이다. 많은 의회 연구자들은 특정 의제에 대한 표결의 지속성이 입법 행태의 핵심적 특징이라고 지적해 왔다(Arnold 1990, Asher and Weisberg 1978, Clausen 1973, Fiorina 1974, Kingdon 1989, Poole and Rosenthal 1997, Smith 1981). 무엇보다 의원들은 일관된 표결을 통해 자신의 과거 표결 이력을 향후 표결의 유용한 참고 지표로 삼는다. 아놀드(Arnold 1990, 87)는 "반복적으로 다루는 사안의 경우 의원들은 과거 표결이 얼마나 긍정적으로 받아들여졌는지 그리고 그 사이 정치적 지형이 변했는지만 확인하면 된다"고 지적한다. 히빙(Hibbing 1991, 6) 역시 "대다수 사람들처럼 의원들도 현재 그리고 아마도 미래를 이해하기 위한 기준점으로 과거를 활용한다"고 설명한다. 또한 의원들은 선거 시기에 불리하게 작용할 수 있는 표결 번복을 극도로 주저한다. 선거 운동 시기에 가장 두려운 것 중의 하나는 '입장 번복자(flip-flopper)'라는 낙인이기 때문이다. 킹던(Kingdon 1989, 277)에 따르면 "의원들은 유권자들에게 일관성 없는 행동을 설명하기가 매우 어렵다." 미국 의회 관련 중진 연구자들인 풀과 로젠탈(Poole and Rosenthal 1997, 74)은 의원들이 "사망, 은퇴, 혹은 낙선할 때까지 동일한 입장을 취하고 유지할 것"이라고 예상할 정도다.

그렇다면 반복적으로 분열을 야기하는 주요 외교정책 현안에서도 의원들은 표결 안정성을 그대로 유지할까? 의원들은 초기 입장을 끝까지 고수할까 아니면 이전 결정을 번복하기도 할까? 동일한 사안임에도 불구하고 시간이 지나면서 다른 관점으로 접근하도록 만드는 표결 요인이 있다면 무엇일까? 반복적인 외교정책 현안에서 의원들의 표결 선택과 변화에 관한 이론을 검증하기 위해 본 장은 1990년대 미국의 대중(對中) 통상정책 논쟁을 분석한다. 사실상 이 시기는 자연스러운 실험(natural experiment)을 제공한다. 1989년 톈안먼(Tiananmen) 사태가 발생한 해부터 2001년 중국의 세계무역기구(WTO) 가입에 이르기까지 10여 년이 넘는 기간 동안 미국 의회는 매년 중국의 최혜국 대우(MFN) 지위 연장 또는 철회를 둘러싸고 논쟁을 벌였다. 당시 중국은 미국의 두 번째로 큰 수입국이자 다섯 번째로 큰 수출 시장이었다. 제도적으로 볼 때 미국 의회가 지속적으로 중국과의 자유무역을 지지해 온 것은 사실이지만 정치적 현실은 또 다른 문제였다. 소비자 보호 문제부터 국가안보에 이르기까지 폭넓은 범위의 정책적 맥락에서 중국의 최혜국 대우 부여는 미국 내 정치 진영의 강한 정치적 반향을 불러일으켰다. 분열적이고 상징적인 중국 문제(China Question)가 의원들 사이의 깊은 균열을 드러낸 셈이다.

| 그림 1 중국 최혜국 대우 조항 표결 입장을 번복한 하원 의원 수, 1989–2000

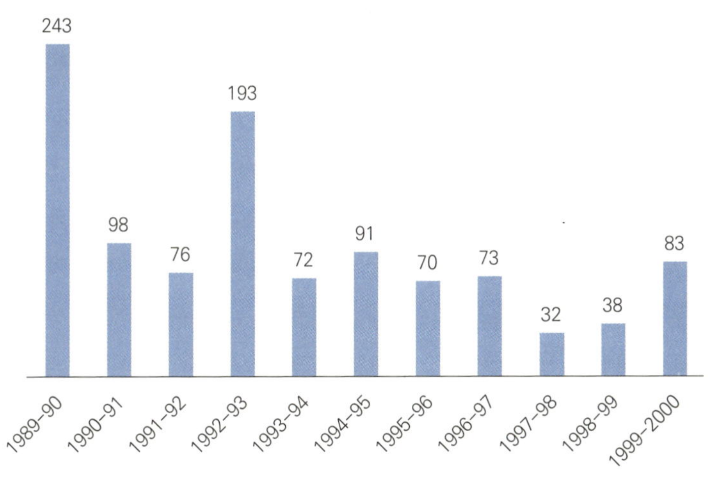

출처: CQ Almanac

복합적 성격의 1990년대 대중 통상정책과 관련하여 일부 의원들은 초기 표결 입장을 굳건히 지키며 자신의 선택을 고수했다. 예컨대 센슨브레너(James Sensenbrenner, 공화 · 위스콘신)와 스텐홀름(Charles Stenholm, 민주 · 텍사스) 의원은 각각 반(反)중국 및 친(親)중국 입장을 한 번도 바꾸지 않았다. 반대로 다른 의원들은 동일한 대중정책 사안에서 잦은 표결 변화를 보이기도 했다. 특히 일부 중진 의원들의 입장 변화는 일반적 예상과는 다른 수준이었다. 보수 성향의 공화당 의원으로 후일 하원 국제관계위원장을 지낸 하이드(Henry Hyde, 공화 · 일리노이) 의원은 11차례 표결 기회 중 무려 일곱 번이나 입장을 바꾼다. 매사추세츠 주 하원의원들의 대표 격이자 생활밀착형 정책 성향을 보인 민주당의 모클리(Joe Moakley) 의원 역시 6차의 의회 회기 동안 동일한 횟수의 입장 변화를 보였다. 〈그림 1〉은 1989년부터 2000년까지 미국 하원의 대중 통상정책 표결에서 입장을 바꾼 의원들의 수를 보여준다.

이 장은 탈냉전기 미국의 중국정책 결정 과정에서 의원들의 표결 안정성과 변화의 원인을 미시적으로 분석한다. 우선 연임 의원들의 의회별(會期別) 표결 기록을 검토하여 동일 사안에 대한 반복 표결 양상을 살펴본다. 이어서 현직 의원들의 장기적인 표결 데이터를 활용한 패널 분석을 통해 표결 선택과 변화의 원천을 규명한다. 크리블(Krehbiel 1998, 97)의 '번복 표결 분석(switcher analysis)'에 따르면 "행태 변화는 두 정책 간 선호에 차이가 없는 의사 결정자에게서 가장 많이 발생한다." 다시 말해 정책 선호가 뚜렷하지 않은 의원일수록 입장을 쉽게 바꿀 개연성이 높다는 것이다. 표결 분석 결과 일부 의원들은 확고한 지역구 이해관계, 강한 이념적 신념, 혹은 비대칭적인 선거자금 구조에 묶여 입장을 거의 바꾸지 않았음을 알 수 있다. 반대로 일부 초 · 재선 의원들은 주목도가 높은 외교정책 현안을 적극적으로 활용하여 선거 및 정당적 목표를 달성하기 위한 표결 전환 전략을 구사하였음을 보여준다. 먼저 1989년 톈안먼 사태 이후부터 2000년 영구적 정상무역관계(PNTR) 표결에 이르기까지의 대중(對中) 통상정책 결정 과정에서 나타난 미국 의회의 당파 정치 양상을 간략히 개관한다. 다음으로 표결 안정성과 변화에 관한 기존 문헌을 검토하고 반복적으로 등장하는 외교정책 현안에 대한 의원들의 표결 행태를 설명하는 가설들을 제시한다. 이어서 의회별 표결 선택에 대한 로지스틱 회귀분석, 패널 데이터에 대한 확률효과 프로빗(probit) 회귀분석, 그리고 표결 변화 횟수에 대한 포아송(Poisson) 회귀분석 결과를 제시한다. 정치 양극화와 글로벌 경제 시대 속에서 의원들이 채택하는 다양한 전략적 접근 방식을 강조하며 결론을 맺는다.

Ⅱ 대(對)중국 통상 정책과 미국 정당정치

1979년에 이루어진 미 · 중 관계 정상화 이후 미국과 중화인민공화국(PRC) 간 통상 관계는 급격한 팽창을 거듭해왔다. 카터 대통령은 중국과의 전면적인 외교관계를 수립한 후 자유로운 이주를 허용하지 않는 비(非)시장경제국에 최혜국 대우(MFN) 부여를 금지한 1974년 무역법 잭슨-배닉(Jackson-Vanik) 수정조항 적용에 대한 유예 조치를 실시하였다. 일부 보수 성향 공화당 의원들이 이른바 '하나의 중국(One China Policy)' 정책에 반대했지만 대표적인 반공 강경파이자 인권 옹호론자인 민주당의 잭슨 상원의원(D-WA)을 포함한 다수의 매파 의원들은 카터의 베이징 정권 승인에 적극 찬성하였다(Zelizer 2008). 결과적으로 1979년부터 1989년까지 어떤 미국 대통령도 중국에 대한 무역 특혜 부여와 관련하여 의회의 실질적인 반대에 직면한 적은 없었다(Johnson, 2006). 그런데 1989년 6월 4일에 중국 정부가 민주화를 요구하는 시위대를 무력으로 진압하면서 이러한 '허니문' 시기는 급속도로 막을 내리게 된다. 1989년 베이징에서의 잔혹한 탄압은 미국 의회 내에 중국 논쟁을 격화시켰다. 의회가 갱신해 온 중국의 최혜국 대우 지위 부여는 순식간에 중국 정책을 둘러싼 주요 제도적 · 당파적 전선 중 하나로 등장하였다(Mann 1998, Shoch 2001, Suettinger 2003). 중국 통상 표결은 세계에서 인구가 가장 많은 국가에 대한 상징적인 미국 정책이었고 이를 둘러싼 친중파와 반중파 간 입장 재정립의 수단이 되었다.

1990년 솔로몬(Gerald Solomon) 하원의원(R-NY)은 부시 행정부가 같은 해 5월 24일에 발표한 중국에 대한 잭슨-배닉 수정 조항 유예 조치를 의회가 불승인하는 결의안을 제출하였다. 뉴욕 주 북부 출신 강경 보수파였던 그는 의회가 "인민 대회당이라는 이름의 선물에 숨은 늙은이들에게 강력한 메시지를 보내야 한다"고 주장했다(CQ Almanac 1990, 768). 하원은 솔로몬의 불승인 결의안(disapproving resolution)을 초당적 표차인 247대 174 표로 가결했을 뿐만 아니라 1991년 최혜국 대우 연장에 인권 조건을 부과하는 법안도 통과시켰다. 그러나 상원은 이와 관련하여 자체 법안을 발의하거나 하원이 통과시킨 대중(對中) 통상 관련 법안 혹은 결의안을 처리하지 않았다. 이에 따라 중국에 대한 최혜국 대우 조항은 그대로 유지되었다. 이후 제102대 의회(1991~1992)는 1991년과 1992년 모두 하원이 중국에 대한 최혜국 대우 부여를 불승인하는 공동결의안을 통과시키면서 중국 최혜국 대우 논쟁의 정점에 이르게 된다(Li & Drury, 2004). 의회의 민주당 다수파는 조지 H. W. 부시 대통령이 과거 주중 미국 특사 출신으로 대중 정책에서 지나치게 온건하다고 비판하며 자신들이 보다 강경한 중국 정책을 주도한다고 홍보했다. 상원에서는 미첼(D-ME) 민주당 원내 대표가 확인한 것처럼 공화당 상원 의원들 경우 대체로 백악관의 대중 통상정책을 지지했다. 상원 민주당은 분열 양상을 보였다. 특히 곡창 지대 출신인 다수의 민주당 의원들은 1990년 미국산 밀 제품을 5억 달러 이상 구매했던 중국 시장을 잃을 가능성에 대해 우려했다(CQ Almanac 1991, 45-B).

1992년 3자 구도 대선에서 승리한 클린턴 대통령은 최혜국 대우 갱신 여부를 검토하기 전에 중국이 반드시 충족해야 할 인권 목표를 설정하겠다고 발표했다. 같은 당 소속 대통령을 옹호한다는 입장에 기초하여 대중 강경파로 알려졌던 미첼 상원 원내대표와 펠로시(D-CA) 하원 의원은 기존의 대립적 태도를 철회하기에 이른다. 특히 샌프란시스코 출신인 펠로시는 입장을 바꿔 자유무역에 찬성하면서 "대통령을 뒷받침하는 압도적 표결이 매우 중요하다"고 입장 변경을 합리화 하였다(CQ Almanac 1993, 184). 1994년 클린턴 행정부가 중국의 인권과 무역 특혜를 연계하는 기존 입장을 폐기했음에도 불구하고 여전히 민주당은 대통령 정책 중심으로 결집하였다. 하원 민주당은 소위 '킹 오브 더 힐(King of the Hill)' 의회 절차를 활용하여 중국의 최혜국 대우 지위를 갱신하는 클린턴 대통령의 행정명령을 법제화하는 법안을 통과시켰다. 1995년에는 40년 만에 의회 권력이 공화당으로 넘어갔고 공화당은 워싱턴의 중국 정책을 재편성하고자 했다. 특히 '미국과의 계약(Contract with America)'을 기치로 등장한 초선 공화당 의원들은 전통적인 친기업 성향 동료 의원들보다 전반적으로 자유무역에 훨씬 덜 우호적이었다. 이들은 경제 민족주의(Conley 1999), 재정 책임(Broz 2005), 종교의 자유(Karol 2005)와 같은 중국 관련 부정적 의제를 전면에 내세웠다. 공화당 의원들은 하원 외교위원회 아시아 소위원회 베로이터(공화 · 네브래스카) 위원장이 발의한 '1995년 중국 정책법'을 압도적 표결(416대 10)로 통과시키며 당론을 결집했다. 다만 이 법안은 어떠한 통상 제재 조항도 포함하지 않아 실질적 영향력보다는 상징적 움직임에 그쳤다. 이후 울프(공화 · 버지니아) 의원이 중국의 최혜국 대우 지위를 불승인하는 공동 결의안을 '상정 보류'하자는 동의안을 제출하였고 하원은 이를 321대 107로 가결했다. 1996년부터 1999년까지 하원은 중국에 대한 보호무역 제안, 즉 최혜국 대우 불승인 조치를 계속해서 부결시킨다(1996년 141대 286, 1997년 173대 259, 1998년 166대 264, 1999년 170대 260)(표 1 참조).

| 표 1 중국에 대한 최혜국 대우 조항 부여 관련 미국 하원 표결, 1990-2000

Year	Total (yea-nay)	Republicans	Democrats	Northern Democrats	Southern Democrats
1990	247-174	81-90	166-84	117-53	49-31
1991	223-204	51-112	171-92	119-60	53-32
1992	258-135	76-79	181-56	121-41	60-15
1993	105-318	63-108	41-210	25-143	16-67
1994	75-356	36-141	38-215	27-145	11-70
1995[a]	321-107	178-52	143-54	96-40	47-14
1996	141-286	65-167	75-119	62-75	13-44
1997	173-259	79-147	93-112	74-76	19-36
1998	166-264	78-149	87-115	73-76	14-39
1999	170-260	71-150	98-110	81-72	17-38
2000[b]	237-197	164-57	73-138	43-114	30-24

출처: CQ Almanac; a = 불승인 폐지에 관한 표결이므로 yea 표결이 대통령 입장에 찬성하는 MFN 승인 표결; b = 중국에 대한 영구적 최혜국 대우 조항에 대한 표결이므로 yea 표결이 대통령 입장에 찬성하는 MFN 승인 표결; 이 두 경우를 제외하면 중국에 대한 MFN을 불승인하는 결의안(disapproving resolution)에 관한 표결이므로 yea 표결이 대통령 입장에 반대하는 MFN 불허 표결

Ⅲ 투표 안정성과 입장 변경: 선호, 절차, 그리고 정당 가설들

의회 정치에서 투표 안정성과 입장 변경의 문제는 오랫동안 미국 의회 연구의 지속적인 쟁점이 되어 왔다. 의회 연구자들은 정당과 의원들이 항상 집단적 당론이나 개인별 투표 기록을 고수하는 것은 아니라는 점을 발견해 왔다. 다운스(Downs 1957)는 선거에서 정당이 중위 투표자(median voter) 선호에 맞추기 위해 정책 입장을 이동시키려 한다는 점을

확인했다. 정당 재편성(realignment) 관련 연구자들은 의회 내 극적인 정책 변화를 설명하기 위해 '중요 선거(critical elections)' 개념을 사용한다(Brady 1988, Burnham 1970, Key 1955). 또 다른 연구자들은 인종, 낙태, 국방비 지출과 같은 이슈들이 시간이 지나면서 성격을 달리하게 됨에 따라 정당 지도부가 연합 정치(coalition politics)의 구도를 재검토하게 만들었다고 주장한다(Adams 1997, Carmines and Stimson 1989, Fordham 2007). 특히 밀러와 스코필드(Miller and Schofield 2003)가 제시한 "측면 공격(flanking maneuver)" 개념의 경우 정당이 사회 · 경제 정책 공간에서 전략적으로 위치를 재배치하는 과정을 이해할 수 있도록 기여했다.

개별 의원 차원에서도 정치 환경이 변화하면 입장 변화와 투표 전환이 종종 발생하기도 한다. 의원들이 신뢰할만한 투표 방향을 유지하는지, 아니면 상황 변화에 대응하는 입장 전환을 하는지는 민주주의의 핵심 문제이다. 투표 변화에 관한 고전적 분석에서 애셔와 와이즈버그(Asher and Weisberg 1978)는 투표 변화가 체계적 요인에서 비롯된다고 보았다. 장기적인 쟁점 변화, 의원의 교체, 그리고 백악관의 정당 통제 변화가 주된 요인이다. 다른 많은 의회 연구자들도 의원들이 투표 선택을 뒤집는 이유로 "업적 주장 전략(credit-claiming strategies)" 추구(Mayhew 1974), 입법 경력 구축(Hibbing 1991, Stratmann 2000), 대통령 의제에 대한 지지 또는 반대(Biglaiser, Jackson, and Peake 2004, LeoGrande and Brenner 1993, Meinke 2005, Uslaner 1998), 대통령 거부권 무효화(Cameron 2000, Krehbiel 1998), 정당 이탈 결정의 정당화(Nokken 2000), 그리고 자신의 정책 · 이념적 입장 조정(Espino & Canon, 2009) 등을 지적해 왔다. 실제로 미 · 중 통상 관계의 중요성을 고려할 때 1990년대 중국의 최혜국 대우(MFN) 지위 갱신 표결에서 무엇이 의원들의 선택을 결정했는지에 대해 상당한 연구가 축적되어 왔다.

빅터(Victor 2003)와 캐롤(Karol 2005)은 중국 통상 정책과 관련된 '이차원성(two-dimensionality)'에 주목한다. 이익집단과 정당이 의회 내 중국 관련 법안을 어떻게 전략적으로 활용하여 정책의 기회를 열고 새로운 이슈를 도입하는지를 분석했다. 노켄(Nokken 2003)은 이념 양극화가 심화된 상황에서 자유주의자와 보수주의자가 결합하는 "극단적 연합(ends against the middle)"이 중국의 MFN 연장 과정에서 형성되는 과정을 설명한다. 잭슨과 엥겔(Jackson and Engel 2003)은 중국 MFN 연장 논쟁이 "이례적으로 높은 주목도와 대중 관심"을 받은 사례라고 평가하면서 노조 친화적인 정치활동위원회(PAC)가 일부 민주당 의원들을 대상으로 '징벌 전략(punishment strategy)'을 구사했다고 보았다. 의원들은 중국 정책 표결에서 지역구 압력과 이익집단 요구를 따를 뿐만 아니라 전략적 선택과 절차적 맥락도 함께 고려한다. 린지(Lindsay 1994)는 절차적 입법(procedural legislation)이 의원들에게 매력적인 이유를 설명하면서 실질적 법안(substantive legislation)과 달리 절차적 법안은 의원들이 비난을 피하고 행정부로 책임을 전가하기 용이하다고 지적한다. 노켄(Nokken 2003) 역시 만약 의원들이 진정으로 대중국 통상정책 결정 구조를 재편하려 했다면 이 사안에서 새로운 표결 연합을 형성할 수 있는 입법안을 도입했어야 한다고 본다. 이와는 반대로 2000년 영구적 최혜국 대우 조항(PNTR) 입법 전까지 의원들은 공동결의안(joint resolution) 방식을 철저히 고수했다. 대통령이 중국의 자유무역 지위를 매년 연장하기로 결정하는 경우 실제로 의회가 이를 뒤집을 가능성은 매우 낮아진다. 수팅거(Suettinger 2003, 461)의 설명이다. "법률상으로 불승인 결의안(disapproval resolution)은 MFN 연장 시한인 6월 3일 이후 30일 이내에 위원회에서 보고되어야 한다. 수정은 불가하며 토론은 20시간으로 제한되고 8월 31일까지 결의안을 통과시켜야 한다."

통상정책 결정 과정에서 상·하원 간의 상호 역학(interchamber dynamics) 역시 다수의 하원의원들로 하여금 중국 MFN 연장 표결을 재고하도록 만들었다. 즉, '표결 일관성 유지'와 '입장 변경'의 비용과 편익을 다시 계산하도록 만든 셈이다. 캐롤(Karol 2007)이 재확인했듯이 상원의원들은 하원의원들보다 보호무역 성향이 약하고 자유무역 지향성이 강하다. 특히 하원의 보호무역 조치에 대항하는 대통령의 거부권 행사를 무력화하기 위해 필요한 67명의 상원의원이 함께 행동할 가능성은 거의 없다는 점이 중요하다. 다시 말해 상원에서의 불승인 가능성이 매우 낮은 상황에서 중국 MFN 결정은 하원의원들에게 사실상 '자유 투표(free vote)'로 전환되었다. 절차적 제약과 맥락적 기회 속에서 하원 의원들은 연합 구축(coalition-building)보다는 입장 표명(position-taking) 전략에 더 관심을 기울이게 되었다. 중국과 관련된 복잡하고 논쟁적인 사안을 다루는 별도의 입법을 위해 장기간 협상과 조율을 벌이는 대신 의원들은 표결을 통해 대중국 입장을 명확히 드러냄으로써 정치적 득점을 손쉽게 올릴 수 있었던 셈이다. 그 결과 중국 통상 정책과 관련된 의회 표결은 의원들에게 중국에 대한 다양한 우려를 공개적으로 표명할 수 있는 흔치 않는 입법 기회를 제공했다.

기존의 표결 전환(vote switching) 연구 중에는 의회에서 반복적으로 등장하는 외교정책 어젠다를 다룬 사례가 거의 없다. 본 장의 표결 분석은 의원들이 분열적인 외교정책 사안을 마주하는 경우 지역구 압력, 이념적 성향, 정당 전략, 그리고 절차적 제약이 어떻게 결합되어 작동하는지를 통합적으로 살펴보는 기회를 제공한다. 냉전 종식 이후 핵심적인 외교정책 사안에서 의원들의 표결 안정성과 변화 양상을 체계적으로 분석한 연구는 피크 등(Peake, Jackson, Biglaiser 2007)이 행한 '통상 표결 통합 분석'을 제외하면 거의 찾아 보기 어렵다. 그들은 1993년부터 2001년까지 다섯 건의 주요 통상 법안을 묶어 하원의 표결 일관성을 분석했다. 미국 의원들의 '정책 선호 변화(preference conversion)'가 통상 정책 변화에 영향을 미쳤음을 발견했다. 하지만 다섯 건의 주요 표결은 매년 반복적으로 이루어진 중국 MFN 논쟁의 '반복적(recurring)' 역학을 반영하지는 않는다. 동일한 대중국 통상 법안을 두고 의원들이 언제, 왜 기존 입장을 유지하거나 변경했는지에 대한 이해는 여전히 모호하다. 본 연구는 이러한 연구 공백을 메우기 위해 재임 중인 의원(returning members)의 시계열별 표결 결정 과정을 분석한다. 이를 위해 지역구 특성, 의원 특성, 그리고 정당정치라는 세 가지 차원에서 가설들을 제시한다.

지역구 압력 가설(Constituency Pressure Hypothesis)

중국과의 통상에서 더 강한 이해관계를 가진 지역구를 대표하는 의원일수록 중국에 대한 최혜국 대우(MFN) 연례 표결에서 기존 입장을 변경할 가능성이 낮다.

선거자금 가설(Campaign Finance Hypothesis)

기업 PAC(Political Action Committee) 또는 노동 PAC 중 한쪽으로부터 많은 선거자금을 받은 의원은 대중국 통상에 대한 초기 표결 입장을 고수할 가능성이 높다.

전통적으로 통상 정책에서 의원들의 입장은 지역구 이해 관계에 의해 결정된다는 것이 정설이다(Epstein and O'Halloran 1996, Frieden 1988, Milner and Judkins 2004, Uslaner 1998). 특히 중국산 수입품의 성격을 고려할 때 섬유 산업 이해관계가 걸린 지역구를 대표하는 의원들은 MFN 연장안에 대해 지속적으로 일관된 반대 표를 던질 가능성이 높다(Schiller 1999). 실제로 냉전 종식과 세계 경제의 통합이 진전된 시대에 유권자들은 특정 외교정책이 자국의 국내 이익과 충돌한다고 인식하게 되었다. 그 결과 외교정책 표결에 대해 의원들은 이전보다 강한 정치적 책임을 지게 되었고(Lindsay 1994, Trubowitz 1998) 이러한 지역구의 의원들은 중국 MFN 법안을 '반(反)세계화' 표결의 기회로 인식하기 시작했다(Jackson and Engel 2003). 중국 통상의 수혜자와 피해자 집단은 전형적인 '지역 간 · 산업 간 갈등'의 의회 정치 구도에 참여하게 된 셈이다(Frieden, 1988). 선거자금의 영향과 관련해서는 기업 PAC이나 노동 PAC 가운데 한쪽으로부터 비대칭적으로 많은 기부금을 받은 의원일수록 대중국 통상 법안에 대한 초기 입장을 변경할 가능성이 낮을 것으로 가정해 본다. 특히 첨단기술 산업, 보험업, 금융 서비스업은 중국 시장에서 큰 수혜를 입는 핵심 분야이기 때문에 기업 PAC들은 의원들이 중국과의 자유무역을 외면하지 않도록 적극적으로 설득해 왔다(Bradsher 2000, Karol 2005). 반면 노동조합은 대중국 자유무역을 반(反)세계화 투쟁의 전선으로 간주하며 강하게 반대해 왔다. 중국산 노동집약적 제품의 수입으로 직접적인 피해를 입은 블루칼라 노동자들은 노동 친화적 성향의 의원들에게 선거자금을 집중 지원하도록 노조 지도부를 움직였다. 잭슨과 엥겔(Jackson and Engel 2003)은 2000년에 PNTR 법안을 지지한 경쟁적 선거구 출신 민주당 의원들에 대해 노동 친화적인 정치행동위원회(PAC)가 '징벌 전략(punishment strategy)'을 구사하여 설득 작업을 벌였음을 확인하기도 했다.

이념적 극단성 가설(Ideological Extremity Hypothesis)

의원이 보유한 이념적 극단성이 높을수록 입장 변경에 나서는 빈도는 낮아진다.

접전성 및 선수 가설(Marginality and Seniority Hypothesis)

선거에서 안전지대를 확보한 의원일수록 접전 지역구 의원보다 중국 정책 입장을 더 자주 바꿀 가능성이 높다.

중국 정책에 대한 의원들의 표결 선택 및 변화에 대한 두 번째 설명은 이념적 요인이다(Cronin and Fordham 1999, Schiller 1999, Trubowitz 1998). 예컨대 한국과 일본의 안보를 지원하는 미국 역할에 대해 의원들이 취하는 입장을 살펴보면 중국과의 교류 정책에 대한 태도를 예측하는 데 유용한 지표가 될 수 있다. 실제로 의회 외교정치 연구에서 의원의 이념 성향은 핵심적인 표결 결정 요인으로 자주 지목된다. 대체로 보수 성향 의원일수록 '매파적' 정책에 일관되게 찬성하는 경향이 있다. 중국의 종교 자유 문제와 통상정책을 연계하는 사안에서도 전통적인 친기업 공화당 의원들은 새롭게 부상한 사회보수 성향 동료 의원들과 충돌했다(Rosin and Mufson 2000). 반면에 진보 성향 의원들은 중국 문제를 국제주의 · 관여 정책의 관점에서 바라보는 경향을 유지했다. 대중국 관여(engagement) 정책을 지지하는 중도 민주당 의원들은 노동 친화적 성향의 당내 동료들이 중국과의 통상 협정을 지지하도록 설득했지만 쉽지 않았다(Shoch 2001). 중국 MFN 연장 표결에서는 '양극단이 중간을 포위'하는(ends against the middle) 투표 연합이 형성되기도 했다. 멕레이(McRae 1970), 풀과 로젠탈(Poole and Rosenthal 1997), 쇼크(Shoch 2001), 노켄(Nokken 2003), 캐롤(Karol 2005) 등이 분석한 바와 같다. 1990년대에 중국을 강하게 반대했던 의원들은 자유주의자와 보수주의자가 결합한 '속세의 동맹(unholy alliance)' 또는 '이상한 연합(strange bedfellows)'을 형성했다(Biglaiser et al. 2004). 이러한 극단적 이념 성향 의원들은 각기 다른 동기를 가졌는데 진보는 인권과 환경 보호를, 보수는 종교 자유와 국가 안보를 중시했다. 심지어 2005년에는 뉴욕의 대표적 진보 성향 민주당 상원의원인 슈머(Chuck Schumer)와 사우스캐롤라이나의 보수 성향 공화당 상원의원 그레이엄(Lindsey Graham)이 중국이 위안화를 평가 절상하지 않을 경우 중국산 수입품에 27.5% 일괄 관세를 부과하는 법안을 공동 발의하기도 했다.

선거구의 경쟁 정도, 즉 안전성 역시 개별 의원의 표결 변화에서 중요한 변수다. 의회 연구에서 '접전 가설(marginality hypothesis)'에 따르면 재선 도전을 거세게 받고 강력한 경쟁자가 있는 의원일수록 입장을 바꿀 여지가 제한된다고 본다(Bartels 1991, Conley 1999, Fiorina 1974). 지역구 활동에 묶여 있는 의원들은 의회 내에서의 표결 변경이 선거 전략상 이익이 되지 않는다고 판단할 수 있다. 반면에 고참 의원들의 경우 초선 · 재선 의원보다 1990년대 대중국 통상 논쟁에서 입장을 수정할 수 있는 재량권이 더 컸을 가능성이 있다. 페노(Fenno 1978)가 제시한 의정 활동의 '확장 단계'와 '방어 단계' 구분에 대한 실증 연구 결과는 엇갈리지만(Hibbing 1991), 재선 의원들이 초선 의원들보다 논쟁적인 사안을 더 유연하게 다루는 것은 비교적 잘 알려져 있다. 선거 안전성은 고참 의원들로 하여금 중국 표결과 정치 경력 사이의 연계성을 보다 넓은 시야에서 판단하게 만들 수 있도록 만들었다.

정당 영향 가설(Party Influence Hypothesis)

대통령이나 의회의 정당 구도가 바뀔 경우 의원들은 이전의 본회의 표결 입장을 뒤집을 가능성이 더 높다.

미국 의회 의원의 표결 행태와 관련하여 또 다른 중요한 차원은 제도 및 정당 요인이다(Aldrich 1995, Arnold 1990, Asher and Weisberg 1978, Buchanan 2004, Fiorina 1974, Karol 2007, Rohde 1991). 만약 어떤 의원이 대통령과 같은 정당 소속이며 대통령이 중국과의 자유무역을 지지한다면 해당 의원은 '우리 대통령 지키기' 입법 활동에 참여할 가능성이 크다. 이는 상대 정당이 '대통령 망신 주기' 전략을 쓰는 것을 차단하기 위한 것인데 대통령과 같은 당의 의원들은 백악관을 수호하기 위해 단결하는 경향을 보인다. 베일리와 브레이디(Bailey and Brady 1998)는 동질적 유권자 기반을 가진 상원 의원과 이질적 유권자 기반을 가진 상원 의원이 정당 전략에 주목하는 정도는 다르다고 주장한다. 빅레이저 등(Biglaiser et al 2004)의 연구에서도 1997-2001년 공화당의 대통령 신속무역협상권(fast-track authority) 부여와 관련된 표결 태도 변화는 선거구 이해 관계 변화보다 대통령의 당적 변화가 더 중요 변수였다고 본다. 교차 압력을 받는 공화당 의원의 경우 선거구 요인이나 이념적 성향보다 백악관을 장악하는 정당의 지위가 훨씬 중요한 요소였던 셈이다.

1990년대 중국과의 통상정책 논쟁은 당파적 교착과 의회 양극화가 심화된 환경에서 전개됐다. 길모어(Gilmour 1995)가 말하는 '전략적 불일치'는 1989부터 2001년 사이의 미·중 관계를 이해하는 데 중요한 개념이다(Layman and Carsey 2002, Roberts and Smith 2003, Rohde 1991, Shoch 2001). 한 정당의 대중국 정책 입장은 정책 그 자체의 성격 못지 않게 백악관을 어느 정당이 장악하고 있는지 그리고 의회 다수당이 어느 정당인지에 의해 좌우된다고 가정할 수 있다. 본 연구의 검증 가설은 대통령이 다른 당 소속일 경우 의원들이 중국에 MFN 지위를 부여하는 데 반대할 가능성이 높다는 것이다. 예를 들어 소수당 대통령과 다수당의 대립 구도는 1991-1992년 조지 H. W. 부시 행정부 시절의 하원 민주당에 해당한다. 동일한 구도는 1995-2000년 공화당이 의회를 장악했지만 백악관은 민주당 소속의 클린턴 대통령 차지였던 시기에도 나타났다. 클린턴 행정부 첫 2년(1993-1994)은 민주당이 의회를 장악하고 같은 당 소속 대통령을 지원한 '통합 정부(unified government)' 시기였다. 요컨대 대통령-정당 간 지위의 변화는 의원들이 중국에 대한 최혜국 대우 부여 입장을 바꾸게 만드는 요인으로 작용한다고 볼 수 있다.

이러한 표결 안정성과 변화의 설명 변수를 검증하기 위해 세 가지 상이한 종속변수를 별도로 코딩하였다. 첫 번째 종속변수는 1989-2000년 동안 계속 재직한 의원들의 의회 간(Congress-to-Congress) 표결 데이터다. 중국 MFN에 연속적으로 반대했으면 '1', 그렇지 않으면 '0'으로 기록하였다. 이분형 종속변수는 왜 일부 의원이 수년간 중국 MFN 연장을 완강히 반대한지를 파악하는데 적합하며 로지스틱 회귀분석으로 처리하였다. 두 번째 종속변수 세트는 동일한 자료에서 구성하되 이번에는 반대 시나리오를 분석하기 위해 재직 의원이 이전 의회에서의 입장을 바꾸었으면 '1', 그대로 유지했으면 '0'으로 설정하였다. 이 경우에도 로짓 회귀분석이 표결 전환 가설을 검증하는 데 적합한 분석 틀을 제공한다. 다음 종속변수는 1993년부터 2000년까지 동일한 하원 선거구를 대표한 244명의 의원을 대상으로 한 패널(panel) 분석이다. 1992년 선거를 앞둔 선거구 재조정(redistricting)으로 인해 제103대 의회(1993~1994년)

1차 회기를 의원들의 표결 선택 및 변화를 분석하는 기준 연도로 설정하였다. 와우로(Wawro 2001)가 선거 자금 기부와 본회의 표결 간 관계를 분석할 때 제시한 방식에 따라 본 연구에서도 주요 외교정책 사안에 대한 당내 의원들의 입장 고수 여부 또는 입장 전환 여부를 설명하기 위해 패널 프로빗(panel probit) 접근법을 사용하였다. 구체적으로는 선거구 특성, 선거 안전성(electoral security), 이념, 정당 단합도(party unity), 정당 소속 등 변수를 포함하여 하원 의원들의 본회의 표결에 대한 확률 효과(random effects) 모형을 설정하였다. 계수의 의미를 보다 정확하게 해석하기 위해 각 패널의 확률 효과가 0이라고 가정하고 표결 선택 및 변화 확률에 대한 한계 효과(marginal effects)도 계산하였다.

본 연구의 최종 종속변수는 재직 의원들의 실제 표결 전환 횟수다. 이를 위해 분석 대상을 6개 의회 기간(1989-2000) 동안 동일한 선거구를 대표한 93명으로 한정하였다. 종속변수가 시간 경과에 따른 표결 전환 횟수라는 점에서 사건 횟수 데이터를 분석하는 표준 기법인 포아송 회귀(Poisson regression)를 적용하였다. 킹(King 1988)이 19세기 미국 의회에서의 정당 변경(party switching) 연구에서 지적했듯이 선형 회귀모형은 사건 횟수 자료에 대해 비효율적이고 일관성 없는 편향된 추정을 제공할 수 있는 반면 포아송 회귀모형은 사건 횟수 분석에 더 적합하다. 〈표 2〉에는 1989년부터 2000년까지 동일한 선거구를 대표한 하원 공화당 · 민주당 재직 의원 명단과 중국 MFN 표결에서의 표결 전환 횟수가 제시되어 있다. 표결 전환 횟수는 0회에서 7회까지 분포하며 숫자가 높을수록 표결 입장을 바꾼 빈도가 높음을 의미한다.

| 표 2 재직 의원(continuing members)들과 표결 번복 횟수, 1989-2000

The number of vote swiches	Member of congress	
	Democrats	Republicans
7	Moakley	Hyde
6	Oberstar	Ballenger
5	Berman, Hoyer, Gordon, Gonzalez, Boucher	Goodling, Spence
4	Miller, Lewis, Cardin, Mollohan, Clay, Hall, Ortiz, McDermott	Porter, Skeen, Kasich, Smith
3	Gejdenson, Viscloskey, Dingell, Vento, Sabo, Gephardt, Payne, Kaptur, Defazio, Borski, Kanjorski, Murtha, Coyne, Clement, Frost, Sisisky, Kleczka, Obey	Young, Stearns, Rogers, Barton, Wolf
2	Tauzin, Neal, Skelton, Sawyer, Tanner	Callahan, Kolbe, Herger, Morella, Roukema, Gillmor, Regula, Weldon, Shuster, Gekas, Combest, Delay
1	Evans, Frank, Markey, Taylor, Traficant, Spratt	Hefley, Bilirakis, Ros-Lehtine, Burton, Smith, Duncan, Sensenbrenner
0	Hall, Stenholm, Pickett, Dicks	Stump, Shays, Johnson, Hastert, Leach, Baker, Bereuter, Oxley, Archer, Armey, Hansen, Bateman, Petri

출처: CQ Almanac

독립변수의 경우 선거구 차원의 이해관계가 표결에 미치는 영향을 검증하기 위해 애들러(Adler 2003)의 의회 선거구 자료와 미·중 비즈니스 협의회(U.S.-China Business Council) 자료를 활용하였다. 구체적으로는 지역구 내의 블루칼라 노동자 비율, 농민 비율, 도·소매업 종사자 비율, 외국 출생 인구 비율, 대중국 수출 비중 등의 변수를 사용하였다. 의원 차원의 변수로는 정당 소속 의원의 선거 안전성을 측정하기 위해 평균 선거 승리 격차와 재직 연수를 포함하였다. 또 다른 의원 차원 변수인 선거자금 요인은 기업 PAC과 노동 PAC 기부금 간 차이를 산출하여 이러한 불균형이 의원들의 표결 일관성에 미치는 영향을 측정하였다. 이념적 극단성(ideological extremity)이 표결 전환에 미치는 영향을 검증하기 위해 노켄(Nokken 2003) 방식을 따라 의원들의 DW-Nominate 점수의 절대값을 계산하였다. 이 값이 클수록 해당 의원이 이념적으로 극단적임을 의미한다. 마지막으로 당적 변수를 위해 더미(dummy) 변수를 설정하였으며 민주당에 '1' 값을 부여하여 대통령과 같은 당 소속일 경우가 의회 다수당 지위보다 의원들의 입장 변화를 더 자주 유발하는지를 분석하였다.

IV 분석 결과

로지스틱 회귀분석 결과는 중국 통상 문제에 관한 의원들의 표결 일관성을 설명하는 요인으로서 지역구 이해, 이념, 그리고 정당 변수가 유의미함을 확인시켜준다. 우선 지역구 압력 가설은 중국 무역에 대한 지역구의 이해가 우호적이든 비판적이든 뚜렷할수록 의원들이 입장을 쉽게 바꾸지 않는다고 본다. 모든 독립변수를 기준값에 두었을 때 블루칼라 노동자 비율이 높은 지역구 출신 의원들은 다른 의원들보다 반(反)중국 MFN 표결을 유지할 확률이 약 19~37% 높게 나타났다. 농업 기반 선거구 의원들이 중국에 우호적인 표결에서 반대 방향으로 전환할 가능성은 다른 의원들보다 22~58% 낮았다. 또한 DW-Nominate 점수 절대

값으로 측정한 극단적 이념 변수 역시 높은 설명력을 보였다. 강한 이념적 신념을 가진 의원들은 전반적으로 대중 무역에 적대적인 태도를 보였다. 예외 시기는 클린턴 행정부 첫 해인 1993년으로 다수의 진보 성향 민주당 의원들이 자기 당 소속의 새 대통령 외교정책을 지원하기 위해 입장을 전환했다. 이러한 결과는 노켄(Nokken 2003)이 제시한 "극단이 중도를 압박하는(ends against the middle)" 희귀한 연합 패턴, 즉 미국 외교정책에서의 '이상한 연합(strange bedfellows)' 현상을 뒷받침한다. 전반적으로 민주당은 1990년대 내내 자유무역에 비판적이었으나 1993년만은 예외였다.

의원들의 표결 변경과 관련하여 재직 연수가 많은 의원일수록 중국 MFN 연장과 관련하여 초기 표결에서 입장을 종종 바꾸는 경향이 나타났다. 1990-1991년 사이 표결 전환 확률은 재직 연수가 많은 의원일수록 평균보다 27% 높았다. 또한 1994년 중간 선거 이후 극단적 이념을 가진 의원들이 새로 합류하여 기존 동료들과 함께 입장을 변경하였다. 실제로 제104대 의회(1995-1996) 첫 회기에서 표를 바꾼 의원의 68%가 1994년 찬성에서 1995년 반대로 돌아섰다. 제106대 의회(1999-2000)에서는 다수의 민주당 하원의원들이 1999년 MFN 연장 찬성 입장이었다가 2000년에 중국에 대한 영구적 NTR을 부여하는 법안에는 반대 쪽으로 표심을 바꾸었다. 특히 1999년 표결은 "상징적이고 부담없는" 성격의 표결이었던데 비해 2000년 표결은 "최종적이고 중대한" 성격을 띠게 되면서 입장 전환이 전략적으로 활용되었음을 시사한다. 선거구가 재조정되지 않은 지역구에서 1993~2000년 내내 동일 선거구를 대표한 244명 의원을 대상으로 한 패널 프로빗 분석에서도 중요한 경향성이 확인되었다. 블루칼라 및 농업 이해가 모두 강한 지역구를 대표하는 의원들은 각기 반대 혹은 찬성 입장 한 가지를 지속적으로 유지하였다. 그러나 표심 변경에서는 다른 양상이 나타났다. 블루칼라 지역구 의원들은 농업 지역구 의원보다 입장을 바꾸는 정도가 훨씬 컸다. 이는 1995

년과 2000년에 진보 성향 민주당 의원들이 대거 입장을 전환한 것과 관련이 있다. 이념적 극단성이 강한 의원들은 장기간 반중(反中) 입장을 고수했으며 표결 전환에서도 통계적으로 유의미한 패턴을 보였다. 반면 정당 충성도는 중국 MFN 표결에서 의원들의 입장 변화를 강하게 설명하지 못했다.

| 표 3 연속 재직 의원 93명의 정당별 표결 변경 포아송(Poisson) 회귀분석

	Republicans	Democrats
Blue-collar workers	0.06	0.007
	(0.04)	(0.06)
Farmers	-0.50**	-0.16
	(0.26)	(0.15)
	-39.4%	
Wholesale/retail employment	-0.02	-0.07
	(0.09)	(0.11)
Export to China	-0.06	0.04
	(1.6)	(0.04)
Extreme PAC	0.004	-0.008**
	(0.005)	(0.004)
		-0.8%
Seniority	0.05**	0.02
	(0.02)	(0.01)
	+4.9%	
Vote margin	-0.005	0.08
	(0.005)	(0.06)
Extreme ideology	0.005	-0.002
	(0.006)	(0.04)
Constant	-0.42	1.71
	(1.23)	(1.45)

n	45	48
$x^2(8)$	9.38	8.81
Pseudo-R^2	.05	.05

Note: PAC = political action committee. Standard errors are given in parentheses. Italicized nubers indicate percentage charge in expected count.
*p⟨.10.**p⟨.05.***p⟨.01.

포아송 회귀분석의 결과 정당별 표결 변화 양상에도 뚜렷한 차이가 드러났다. 농업 지역구를 대표하는 경우 공화당 의원들의 표결 변경 횟수는 약 40% 감소했다. 반대로 민주당 의원들은 선거자금 구성에 민감하게 반응하여 기업 · 노동 PAC 기부금의 불균형이 클수록 표결 변화가 적었다. 또한 공화당 내에서는 재직 연수가 많은 의원일수록 입장을 더 자주 바꾸었으며(표결 전환 기대치 4.9% 증가) 이는 전통적으로 장기 재직 의원들이 "확장(expansionist)" 단계에서 "보호(protectionist)" 단계로 옮겨가면서 더 이상 입장을 바꾸지 않는다는 기존 연구(Fenno 1978, Hibbing 1991)와 다소 상반된 발견이기도 하다. 이는 고도의 정당 양극화와 급변하는 글로벌 환경 속에서 장기 재직 의원들의 표결 일관성이 더 이상 유지되지 않을 수 있음을 시사한다. 오히려 선거 안전성을 확보한 고참 의원들이 당의 권력 변동에 따라 보다 적극적으로 당파적 입장을 취하는 전략을 구사했을 가능성도 보여준다(표 3 참조).

IV 소결

본 장의 분석은 11년 동안 반복적으로 상정된 중국 통상정책에 관한 본회의 표결을 통해 미국 연방 의회 의원들이 언제 그리고 왜 과거의 표결 입장을 유지하거나 혹은 변경하는지를 규명하려는 시도였다. 일종의 '제한된 합리성(bounded rationality)' 속에서 활동하는 의원들은 자신의 과거 표결로부터 비교적 손쉽게 향후 표결에 대한 신호를 얻기 마련이다. 더구나 선거 국면에서 '입장 변경자(flip-flopper)'라는 비판을 받는 일은 어떤 의원에게도 가장 피하고 싶은 상황이다. 다시 말해 실용성과 신뢰성의 요구가 의원들의 표결 일관성을 지속적으로 합리화시켜 준다. 의회간(Congress-to-Congress) 분석 결과는 이러한 전통적 합의를 확인시켜 주고 있다. 아울러 본 연구는 탈냉전 이후 미국 의회의 재부상을 시사하는 증거도 제시한다. 외교정책 표결에서 다원적 · 교차적 투표 맥락이 형성될 때 의원들은 지역구 이해와 이념적 신념을 보다 적극적으로 표출했다. 지역구의 블루칼라 노동자 비율이나 농업 종사자 비중과 같은 경제적 지표, 그리고 의원들의 원칙적 입장이 결합될 때 표결 일관성이 상당 부분 설명되었다. 1990년대 이후 심화된 정당 양극화도 의원들이 입장을 유지하는 또 다른 이유가 된다. 다수의 학자들은 1990년대 정당들이 내부적으로는 상당히 단일화되고 상호 간에는 더욱 뚜렷이 구별되었다고 지적한다(Aldrich 1995, Layman and Carsey 2002, Roberts and Smith 2003, Rohde 1991, Stonecash, Brewer, and Mariani 2003, Theriault 2008). 정당 양극화의 정책적 귀결은 주로 두 가지 차원에서 나타난다. 첫째, 정당 소속 의원들은 정책 선호가 점차 동질화되면서 정당 내부 분열을 초래하는 정책 아젠다의 수가 실제로 감소한다. 둘째, 정당 지도부의 정치적 영향력이 강화되면서 본 회의에서 정당 분열 표결의 빈도가 줄어든다. 다시 말해 '조건부 정당정부(conditonal party government)'나 '절차적 카르텔로서의 정당(party as procedural cartel)'은 이론적으로 볼 때 반복적이면서도 분열적인 아젠다를 의회 내에 허용하거나 용인하지 않는 구조로 이해된다.

이와는 대조적으로 본 연구의 실증 결과는 특히 중국 통상정책과 같은 분열 이슈(wedge issue)를 두고 당 지도부가 정당의 평판을 고민하고 있는 상황에서 당 소속 의원들에게는 여전히 입장 전환의 여지가 존재함을 보여준다. 종교적 보수파, 기업 이해, 노동 조합, 대중국 관여정책 지지자 등 양당의 핵심 지지층은 매년 중국의 MFN 지위 연장 문제에 대해 상충하는 반응을 보였다. 이러한 경쟁적 이해와 복합적 정책결정 과정은 어떤 의미에서 당 지도부의 손을 묶었고 당 소속 의원들의 입장 변경을 허용하는 방향으로 작동했다. 실제로 진보 성향 민주당 의원들은 1993년에는 새 대통령과 당의 입장을 지지하기 위해 표결 입장을 바꾸었으나 2000년에는 같은 당 출신 대통령의 주요 외교정책 목표임에도 불구하고 집단적으로 입장을 변경했다. 또한 입법 절차와 양원 간 차이가 하원 의원들로 하여금 대통령의 정책을 뒤집기 어렵게 만들 때 의원들은 반복되는 표결을 이용해 다양한 우려를 공개적으로 표출하였다. 메이휴(Mayhew 1974, 62)는 "유권자의 요구는 의원이 바람직한 사건이나 변화를 만들어내도록 하는 것이 아니라 바람직한 판단과 발언을 하기 원하는 것"이라고 지적한 바 있다. 다수의 상원 의원이 대통령과 입장을 같이하는 상황에서 하원 의원들은 표결 일관성과 관련된 새로운 유인구조에 직면하게 되는 셈이다. 민주당과 공화당 두 정당이 중국에 대한 통일된 당 입장을 어떻게 마련할지에 대해 고민하는 과정에서 일부 의원들은 표결을 변경하는 전략을 채택했다. 그들은 의회 권력 구조 변화나 표결 기록의 정치적 파급 효과 변화에 맞춰 과거 입장을 뒤집기도 했다. 요컨대 본 연구는 탈냉전기 의회의 다원적이고 복잡한 외교정책 표결 맥락 속에서 정당 소속 의원들이 표결 변경의 비용과 표결 유지의 이익을 지속적으로 재계산하며 의사결정을 내린다는 점을 보여준다.

chapter 08

2000년대 미국 정치 양극화 시대의 중국 정책: 양극화된 정당정치는 양극화된 중국 정책을 만드는가?

CHAPTER 08

2000년대 미국 정치 양극화 시대의 중국 정책: 양극화된 정당정치는 양극화된 중국 정책을 만드는가?

"슈머 상원의원과 나는 지난 봄 67명의 상원의원들이 슈머-그레이엄 수정안(중국 위안화 개혁을 요구하는 내용)을 유예하지 않기로 한 표결이 건설적인 신호였다고 확신한다. 이는 중국 환율 문제에 대한 의회의 긴박성과 진지함을 분명히 보여주었으며, 우리의 위안화 개혁 노력이 추진력을 얻는 데 기여하고 있다."

– 그레이엄(Lindsey Graham, R–SC) 상원의원

2005년 6월 30일

I 서론

정치적 양극화 상황은 미국 외교정책의 선택과 변화에 어떠한 영향을 미치는가? 오늘날 미국 외교정책 결정 과정에서의 당파적 양극화는 새로운 상수로 자리 잡고 있다. 1990년대 냉전 종식은 이른바 "냉전 합의(Cold War Consensus)"의 종언을 의미하였고 2001년 9 · 11 사태 이후 나타났던 "결집 효과(rally-around-the-flag)" 역시 본질적으로는 단기적이었다. 다수의 연구들은 외교 현안에서의 두 당파 간 이견이 점차 확대되고 있으며 "해안선을 넘어서면 정치가 멈춘다"는 격언이 더 이상 통용되지

않음을 지적하고 있다. 하지만 워싱턴의 정치적 양극화가 실제로 어떠한 메커니즘을 통해 미국 외교정책에 영향을 미치는지에 대해서는 명확히 알려진 바가 많지 않다. 본 장은 조지 W. 부시(George W. Bush)와 오바마(Obama) 행정부 시기의 대중(對中) 정책을 중심으로 정치적 양극화와 외교정책 결정 간 상호 작용의 원인과 과정을 분석하고자 한다.

중국 문제는 다양한 이해관계, 이념, 제도를 매개로 미국 국내 정치에 유입되고 있다. 우선 미국 대통령 선거 국면에서 중국은 전통적으로 도전자 후보가 공세를 펼치는 '핫 버튼(hot-button)' 의제가 되었다. 1980년 레이건(Reagan)의 대만 방위 옹호, 1992년 클린턴(Clinton)의 '베이징 도살자들(butchers of Beijing)'에 대한 비판, 2000년 조지 W. 부시의 중국에 대한 '전략적 경쟁자(strategic competitor)' 규정 등이 그 예다. 중국 문제는 선거 국면에서 반복적으로 핵심 의제로 등장하지만 동일한 쟁점이 반드시 의회 입법 과제나 대통령 주도의 정책으로 이어지는 것은 아니었다. 실제로 클린턴 대통령이 자신의 정치적 유산으로 중국 통상 정책을 사수한 것은 미국의 대중정책에서 강력한 대통령 리더십이 발휘되었던 사실상의 마지막 사례다. 2000년 이후 조지 W. 부시와 오바마 대통령은 의회 차원의 중국 문제에 관해 대체로 개입을 자제했다.

중국 문제가 빈번히 유권자들의 관심을 자극하고 논란을 야기하는 상황 속에서 의원들은 행정부와 함께 중국을 외교정책 의제의 상위에 올려왔다. 노켄(Nokken)은 중국 최혜국 대우(MFN) 논란에서 "극단적 연합(ends-against-the-middle coalition)"이 형성되었음을 발견하였다. 시(Xie)는 미국의 대중 통상정책에서 정당과 이념이 핵심 결정 요인임을 지적하였고 의회 구성원들이 선거 인센티브를 위해 중국 문제를 활용하며 전략적으로 표결 입장을 변경하는 역학에 주목하였다. 포담과 클라인버그(Fordham and Kleinberg)는 시카고 국제문제협의회(Chicago Council on Foreign Relations)의 여론조사를 분석함으로써 통상 문제가 베이징 정권을 '잠재적 안보 위협'으로 볼 것인지 여부를 가르는 핵심 요인임을 확인하였다.

반면에 그리스(Gries) 등은 미국의 이념이 대중 정책 선호를 결정하는 중요한 변수임을 강조한다.

특히 주목할 점은 중국 정책과 관련된 의회 표결에서 예상보다 초당적 투표가 훨씬 빈번하게 나타난다는 사실이다. 2005년 미국 수출입은행의 중국 원전 건설과 관련된 지원 여부를 둘러싼 논란은 이를 보여주는 대표적 사례다. 당시 일부 의원들은 미국의 수출입은행이 영국 자본의 웨스팅하우스 전기공사(Westinghouse Electric Corporation) 에 50억 달러를 대출하는 것에 대해 금지하는 조치를 발의한 바 있다. 당시 43대 부시 대통령은 중국 원전 사업이나 베이징을 적대시하는 수정안에 대해 공개적으로 입장을 밝히지 않았다. 테러와의 전쟁이나 이라크 전쟁 수행과 관련하여 중국의 도움이 절실했던 것이 배경이기도 했다. 미국 정치에서는 대통령이 침묵을 유지하는 경우 종종 '이상한 연합(strange bedfellows)'이 형성되기도 한다. 하원에서는 진보파 샌더스(Bernard Sanders, 무소속 · 버몬트) 의원과 보수 강경파 로라베이커(Dana Rohrabacher, 공화 · 캘리포니아) 의원이 이례적으로 연대하여 수정안을 공동 발의하였다. 상원에서는 재정 보수주의자인 코번(Tom Coburn, 공화 · 오클라호마) 의원과 노동조합의 강력한 우군인 복서(Barbara Boxer, 민주 · 캘리포니아) 의원이 또 하나의 이상한 연합을 구성하였다. 이념적 양극화로 인해 당파적 교착에 빠지기 쉬운 세계 최고의 심의 기관이라 불리는 미국 상원에서 당시의 복서-코번 수정안(Boxer-Coburn Amendment)은 의회가 움직이도록 만든 효과적인 연합 전략이기도 했다.

실제로 다수의 학자와 언론이 외교정책 현안에서의 당파성이 점점 더 심화되고 있다고 평가하는 시기에 왜 중국 정책과 관련한 의회 표결에서는 당파성이 큰 역할을 하지 않는 것처럼 보이는가 하는 점은 의문이다. 본 연구는 대통령과 정당 지도부, 의원들 사이의 정치적 상호 작용에 초점을 맞추어 해답을 찾아본다. 대통령과 당 지도부가 곤혹스러운 외교정책에 대해 명확한 입장을 취하지 않을 경우 의원들은 신속하게 자신들의 전통적인 '지침서(playbook)'에 의존하게 된다. 실제로 정당 충성심은 평의원들의 입법적 고려 사항 목록에서 그리 상위에 있지는 않다. 대신 미국 연방 의회 의원들은 입법 과정에서 신속하게 자신의 입장을 표명하며 첨예한 현안에 대해서는 당적을 넘어서기도 한다. 강경 보수파와 진보 진영의 핵심 인사들이 미·중 관계에 관한 입장을 공동으로 재확인하는 경우 역시 생각보다 빈번하다. 이러한 '이상한 연합(strange bedfellows)'은 무역, 환율, 인권 문제를 둘러싸고 베이징 정권을 강하게 비판하는 수정안이나 결의안을 제안함으로써 정치적 성과를 노린다.

본 장의 구성은 다음과 같다. 첫째, 정당정치와 국제 관계 간 연관성에 초점을 맞추어 미국 정치에서 국내 정치와 외교정책이 어떻게 맞물리는지를 살펴본다. 다음으로 부시 및 오바마 행정부 시기에 발의 및 처리된 중국 관련 법안, 결의안, 수정안에 나타난 의회 행태를 분석한다. 이어서 의원들의 표결 결정과 연합 형성을 설명하기 위한 검증 가능한 가설들을 제시한다. 실증 분석 결과 상원에서는 의원들의 이념적 성향이, 하원에서는 노동계 정치활동위원회(PAC) 기부금이 중국 관련 입법 선택에 중요한 영향을 미치는 것으로 드러났다. 마지막으로 여전히 지배적인 미국과 점차 급부상하는 중국 간 경쟁의 시대에 미국 국내 정치의 행정부-입법부, 상원-하원 간 정치적 역학 관계가 미·중 경쟁에 미치는 함의를 중심으로 결론을 제시한다.

Ⅱ 정당정치와 국제 관계: 이론과 역사

국내 정치와 당파성이 국제관계에 미치는 영향은 미국 외교사 연구에서 오래 지속되어 온 주요 의제다. 실제로 외교와 정치의 연계는 미국 공화국 건국 초기로까지 거슬러 올라간다. 헌법 제정 당시 매디슨(James Madison)을 비롯한 건국 지도자들은 공익을 분파적 이해로 환원하는 정파적 접근을 경계하며 정당을 지속 가능한 통치제도로 인정하지 않았다. 그러나 매디슨의 예상 및 조지 워싱턴의 우려와는 반대로 의회 내 당파 정치는 급속하게 형성되었다. 특히 주요 외교정책 분쟁들은 정당의 형성과 변동, 그리고 붕괴까지 이어지는 정당 생애 주기의 중대 전환점이 되었다. 예컨대 제1당 체제(first party system)는 1794~1795년 제이 조약(Jay Treaty) 논란을 계기로 형성되기 시작하였다. 이어 1803년 루이지애나 매입(Louisiana Purchase) 과정에서는 연방당(Federalists)과 공화당(Republicans) 모두가 이전 입장을 번복하며 특사 임명이나 행정부 외교문서 공개 여부와 같은 핵심 쟁점에서 상반된 태도를 취하게 된다. 또한 1812년 영국과의 전쟁 결과는 연방당에 치명타를 입혔다. 연방당은 하트퍼드 회의(Hartford Convention)를 열어 영국과의 별도 평화조약 체결을 모색했으나 이는 오히려 당 해체로 귀결되었다.

외교정책의 선택과 변화는 정당 변화를 이끌었을 뿐만 아니라 때로는 정당 간 경쟁의 정도를 변화시키기도 했다. 냉전 초기 상원 외교위원장 반덴버그(Arthur Vandenberg, 공화 · 미시간)는 "정치는 해안선에서 멈춰야 한다(politics should stop at the water's edge)"는 발언과 입장으로 유명하다. 그는 진주만 공격 이후 고립주의에서 국제주의로 자신의 이념적 입장을 전환하였고 트루먼 행정부와 함께 유럽 경제 재건과 소련 공산주의 봉쇄를 위한 초당적 노력을 적극적으로 추진하였다. 하지만 외교정책에서의 당파적 분열 해소는 오래가지 않았다. 마셜 플랜(Marshall Plan)의 의회 비준을 위해 트루먼 대통령은 명망 있는 국무장관의 권위를 빌려야 했고 반덴버그 자신도 공화당 내에서 강력한 보수 성향의 '차이나 로비(China Lobby)'가 부상하는 것을 목격해야 했다. 특히 차이나 로비 그룹 의원들은 트루먼 대통령에게 "누가 중국을 잃어버렸는가?"라는 정치적 공세를 펼쳤다. 미국 정치사에서 정치는 때로 해안선에서 멈추지 않을 뿐만 아니라 오히려 해안선에서 시작할 수 있음을 이해하게 된다.

이처럼 국내 정치와 당파 정치가 국제 관계와 얽히는 과정에 대한 역사학자들의 서술은 부족하지 않은데 비해 정치학자들은 대체로 외교와 국내 정치를 서로 분리된 영역으로 인식해 왔다. 국제 관계 이론은 무정부적 국제 체제 속에서 국가가 생존과 안보를 추구한다고 본다. 따라서 국내적인 이해 관계, 이념 성향, 정치 제도는 부차적인 요소로 간주하는 경향이 있다. 미국 정치학자들은 미국 정치가 세계 경제와 국제정치 질서에 의해 영향받았다는 역사적 사실을 충분히 주목하지 않았다. 샷슈나이더(E.E. Schattschneider)가 일찍이 "미국의 정치적 갈등의 범위는 세계적 위기에 의해 달라져 왔다"고 지적했음에도 불구하고 윌다브스키(Wildavsky)의 '두 대통령제(two presidencies) 이론'은 국내와 외교를 통합적으로 분석하는 드문 이론 중 하나에 불과했다. 요컨대 국제관계 이론가들은 국내 정치를, 미국 정치 연구자들은 국제정치를 각기 상당 부분 외면해 온 셈이다.

실제로 '해안선 너머'의 영역에서 샷슈나이더의 지적처럼 대통령 반대 정당은 대통령 리더십에 맞서 '갈등의 범위 확대(expanding the scope of conflict)'를 시도해 왔다. 미국 선거정치 연구의 주요 학자들은 지배 정당 체제에 균열을 내려는 의도로 분열이슈(wedge issue)를 제기하는 라이벌 정당 연합의 등장을 지속적으로 관찰해 왔다. 궁극적으로 이들의 목표는 집권당 일부 의원들이 상충되는 압력(cross-pressure)에 직면하도록 새로운 당파적 균열선을 만들어 내는 것이었다. 우드(Wood)와 피크(Peake)가 확인하듯 "대통령의 외교정책 구상은 종종 미국 국내 제도 바깥의 사건에 의해 영향을 받는다." 미국이 대외 위기에 대응하는 과정에서 국내 갈등이 형성되면 대통령 반대 정당은 이를 분열 이슈로 활용한다. 소위 정치적으로 "우리를 단결시키고 그들을 분열시키는(unite-us-divide-them)" 전략에 나선다. 다시 말해 당 지도자인 대통령에 대한 충성심과 지역구 이해 사이에서 정치적 압박을 받는 일부 의원들은 '발 맞추지 못하면 낙선한다(out of step, out of office)'는 위기감 속에 상대 정당 편을 들기도 한다.

외교정책 연구가 반복적으로 지적해 온 또 하나의 핵심 동기는 의원들의 이념 성향이다. 이념적 지향은 미국의 대외 대응을 숙의하고 결정하는 과정에서 중요한 동력이 되어왔다. 실제로 미국 외교정책의 "애국적" 전통은 클레이(Clay)에서 부시(Bush)에 이르는 휘그당과 공화당의 레토릭 속에 오랫동안 자리매김 해왔다. 1812년 전쟁 이후 고조된 민족주의 속에서 고안된 '아메리칸 시스템(American System)'과 9 · 11 사태 직후 제정된 '미국 애국법(USA Patriot Act)' 모두 공화당 주도 정책이었다. 1994년 중간 선거 승리 이후 일부 공화당 의원들이 자유무역협정(FTA)에 맞서 '경제민족주의(economic nationalism)'를 표방한 것 역시 자연스러운 흐름이었다. 더 나아가 보수와 진보는 관세, 이민, 국방비 지출과 같은 외교정책 의제에서 종종 입장을 재조정해 왔다. 티치노(Tichenor)가 이민을 "미국 정치에서 강력한 교차 쟁점"인 것으로 분석하고 있듯이 자유무역협정은 종종 전통적인 진보-보수 구도를 넘어서기도 한다. 잠재적으로 '정당 분열(party-splitting)'을 야기할 수 있는 통상 의제를 다루기 위한 이색적 정치 연합도 등장한다. 탈냉전 시기 이후에도 이념에 기반한 외교정책 결정의 유인은 강화되어 왔다.

개별 정당의 경계를 넘는 문제와 관련하여 21세기 이후 민주당과 공화당 모두에서 중국 문제는 점점 더 '정당 분열(party-splitting)' 성격을 띠게 되었다. 미 · 중 간 상호의존적인 경제관계가 전반적으로 유지되는 가운데 중국 관련 쟁점은 미국 국내 정치에서 국가안보, 자유무역, 종교의 자유, 환경보호, 소비자 안전 등 다양한 차원을 포괄하고 있다. 구체적으로 국제주의와 대중(對中) 관여를 지지하는 친기업 성향의 민주당 인사들은 중국의 무역 관행에 강경 대응을 요구하는 노동계 우호 진보파와 충돌하는 경우가 종종 있다. 동시에 중국의 정치 · 종교 자유를 우려하는 사회적 보수주의자들은 중국 내 자유무역정책과 시장 개방을 전통적으로 지지해 온 같은 공화당 소속 의원들과 의견을 달리한다. 이와 같은 양당 내부의 균열은 결과적으로 의회에서 이념에 기반한 대외정책 선택을 촉진하는 요인으로 작용하고 있다.

Ⅲ 2001-2012년 기간 미국의 대중정책과 정당정치

조지 W. 부시 대통령은 취임 이후 중국 문제를 둘러싸고 대결을 주장하는 원칙주의 성향의 네오콘(neocon) 그룹과 협상을 중시하는 실용적 온건파 사이에서 균형을 잡아야 했다. 9·11 사태 이후 국제정세 속에서 중국 정부는 미국 주도의 테러 전쟁을 지지하고 이라크 전쟁을 묵인하며 북한 핵 문제 해결에도 중요한 역할을 한 것으로 평가되었다. 이에 따라 부시 행정부는 중국을 '책임 있는 이해당사자(responsible stakeholder)'로 간주하며 양국 관계를 개선하고자 했다. 일부 비판자들은 "카터의 인권정책이나 레이건의 반공정책 사례와 마찬가지로 부시의 민주주의 확산 캠페인에는 중국이 포함되지 않았다"고 반박하기도 했다. 실제로 중국 문제에서 선거 공약을 철회한 대통령이 부시가 처음은 아니었다. 2008년 금융위기 속에서 민주당 대선후보였던 오바마(Obama) 역시 대선 기간 동안 중국에 대해 강경한 입장을 취하지 않았다. 요컨대 대통령들이 선거 이후 대중정책에서 입장을 전환하거나 공개적 선호를 자제하는 현상은 상대적으로 주목받지 못했다.

한편 1989년 톈안먼 사태 이후 미·중 관계는 양당의 경계를 가로지르는 복합적이고 다차원적인 현안이 되어 왔다. 공화당 내부를 보면 1994년 중간 선거 당시 '깅그리치 혁명'을 통해 의회에 입성한 사회적 보수주의자들은 '미국과의 계약(Contract with America)' 가치를 내세운 깅그리치 지도부를 적극 지지했다. 이들은 전통적인 친기업 공화당 그룹과 달리 종교의 자유와 경제 민족주의적 접근에 더 큰 관심을 가졌다. 그 결과 종교의 자유, 낙태, 무역, 환율 문제에서 이들은 구(舊)공화당 주류와 자주 충돌했다. 민주당 역시 예외가 아니었다. 노동조합과 환경단체에 가까운 진보 성향 의원들은 대체로 베이징 정권에 비판적이지만 친기업 민주당 의원들은 중국에 대한 과도한 압박을 경계하는 경향이 있었다. 이러한 두 정당 모두의 내부 균열로 인해 어느 정당도 중국 문제를 상대 정당을 향한 효과적인 분열 이슈(wedge issue)로 활용하지 못하게 된다. 동시에 중국의 부상이라는 현실 속에서 의원들은 국가안보, 인권, 종교의 자유, 무역, 환율 문제를 두고 선거 전략과 절차적 고려를 우선시했다. 개별 의원들의 입법 행태와 전략적 표결은 결과적으로 백악관이나 당 지도부가 정책 노선을 근본적으로 재검토하지 못하도록 만든 셈이다.

1 국가 안보(national security)

미국 지도자들이 중국의 군사력 증강에 대해 점점 더 우려하고 있다는 것은 더 이상 비밀이 아니다. 2005년 유럽 연합(EU) 회원국의 대중(對中) 무기 판매를 둘러싼 입법 사례는 연방의회가 상징적 제스처와 실질적 정책 사이에서 절묘한 균형을 모색한 전형적 사례다. 1989년 톈안먼 사건에 항의하여 EU와 미국은 모두 중국에 대한 무기 금수 조치를 취하였다. 그러나 2005년에 접어들자 EU는 대중 무기 금수 해제를 일방적으로 추진하게 된다. 이는 중국과의 통상관계 개선뿐 아니라 자국 방위산업의 시장 확대를 염두에 둔 조치였다. 프랑스와 독일이 주도한 이러한 움직임에 대해 부시 행정부와 공화당이 장악한 의회는 강하게 반발하였다. 2005년 2월 2일에 미국 하원은 갈레글리(Rep. Elton Gallegly, 공화·캘리포니아) 의원이 발의한 결의안을 압도적으로 채택하였다. 결의안 내용 중에는 "EU 회원국의 대중 무기 판매 증가와 EU 이사회(European Council)의 대중 무기 금수 해제 결정을 개탄한다"는 것이 포함되어 있었다. 이 안건은 신속절차(suspension of the rules) 표결에서 찬성 411표, 반대 3표로 가결되었으며, 반대표는 공화당 1명과 민주당 2명에 불과했다. 하지만 그것은 '값싼 발언(cheap talk)'에 불과했다. 하원 국제관계위원장인 보수 성향의 하이드(Henry Hyde, 공화 · 일리노이) 의원은 2005년 7월에 "중국에 무기나 이중용도(dual-use) 기술을 수출한 유럽 또는 기타 주체를 대통령이 의회에 보고하도록 요구하는" 법안(HR 3100)을 발의했다. 그러나 이 안건은 의회에서 팽팽하게 갈려 결국 215 대 203으로 부결되었다. 신속절차(suspension of the rules) 채택에 필요한 3분의 2 찬성(이 경우 279표)에 크게 미달한 것이다. 표결 결과는 공화당 118 대 106, 민주당 96 대 97, 북부 민주당 70 대 73, 남부 민주당 26 대 24로, 당파와 지역 간 균열이 거의 대등했던 것으로 나타났다. 이 사례는 의회가 EU의 대중 무기 판매를 비판하는 입장을 표명하는 것과 행정부가 의회의 주도에 따라 중국 · 안보 정책을 집행하도록 하는 외교정책을 실제로 채택하는 것은 전혀 다른 문제임을 잘 보여주었다.

2 무역과 환율(trade and currency)

2001년 중반에 중국의 WTO 가입 지연으로 인해 연방 의회가 1년 전에 승인했던 중국의 영구적 정상무역관계(PNTR) 지위는 아직 발효되지 않고 있었다. 이에 따라 조지 W. 부시 대통령은 중국의 정상무역관계(NTR) 지위를 1년 더 연장할 것을 의회에 다시 권고해야 했다. 자유무역 지지자들은 이미 전년도에 PNTR이 승인되었고 중국의 WTO 가입이 임박한 상황에서 NTR 연장 거부 결의안은 무의미한 조치라고 보았다. 그러나 미 · 중 관계는 기대만큼 순조롭게 진행되지 않았다. 2001년 4월

1일 남중국해 상공에서 미 해군 정찰기와 중국군 전투기가 충돌하여 미군 승무원 24명이 10일간 억류된 사건이 발생하였고 이는 상당수 의원들을 분노케 만들었다. 여기에 중국의 지속적인 인권 탄압과 종교 자유 억압 문제까지 겹치면서 공화당 로라베이커(Dana Rohrabacher, 캘리포니아) 의원은 부시 대통령의 NTR 연장 권고를 거부하는 결의안을 발의했다. 그러나 하원은 관례대로 이 결의안을 169대 259로 부결시켰다. 이후 2001년 11월 11일 중국은 공식적으로 WTO 회원국이 되었다. 그 이후 미국의 대중국 무역 적자는 급격히 확대되었다. 적자 규모는 1994년 300억 달러에서 2005년 2,020억 달러로 증가했다. 의원들은 당파를 넘어 중국의 불공정 무역 관행에 대응할 필요성에 동의했지만 정작 정치적 전선은 베이징이 아니라 중미(Central America)로 옮겨갔다. 2005년 7월 부시 행정부와 공화당 지도부는 중미자유무역협정(CAFTA) 법안 통과를 위해 필요한 표 확보에 어려움을 겪었다. 이에 하원 세입위원장 토마스(Bill Thomas, 공화 · 캘리포니아)는 일부 회의적인 공화당 의원들을 설득하기 위해 중국이 무역 약속을 준수하도록 제도적 장치를 마련하는 중국 관련 법안을 본회의에 상정하였다. 중국 관련 법안은 민주당의 반발 역시 불러왔다. 민주당은 중국의 환율과 무역 관행에 대한 무역대표부(USTR) 조사 등 보다 강력한 조치를 요구하였다. 하원 세입위원회 민주당 간사인 랭글(Charles Rangel, 뉴욕)은 "이 법안은 중국과 아무 관계가 없다. 이는 전적으로 CAFTA 표 확보를 위한 것"이라고 비판했다. 이에 인디애나의 공화당 의원 사우더(Mark Souder)는 "나를 위한 것이었다"고 직설적으로 인정할 정도였다. CAFTA 표결 당일 하원은 이 '중국 때리기' 성격의 무역 법안을 255대 168로 통과시켰다. 표결 결과 공화당은 221대 5로 단결했지만 남부 민주당은 20대 29로 갈라졌다.

2005년에는 중국과의 환율 문제가 전면에 부상했다. 이는 중국이 규칙을 준수하고 위안화 가치를 달러 대비 절상하겠다는 약속을 이행하지 않는 데 대한 불만이 커진 것을 반영했다. 평소 거의 이념적으로 의견이 일치하지 않는 두 상원의원, 찰스 슈머(Charles Schumer, 민주·뉴욕)와 린지 그레이엄(Lindsey Graham, 공화·사우스캐롤라이나)은 2006 회계연도 국무부 예산법(Fiscal 2006 State Department Authorization Bill)에 공동 수정안을 발의했다. 해당 수정안은 중국이 위안화 가치를 재평가하지 않을 경우 대중 수입품에 27.5% 일괄 관세를 부과하도록 규정했다. 공화당이 장악한 하원에서 아무 조치도 취하지 않는 가운데 루거(Richard Lugar, 공화·인디애나) 상원 외교위원장이 제안한 수정안 보류 동의안은 찬성 33표, 반대 67표로 부결되었고, 공화당 상원의원들은 26대 29로 분열되었다. 2010년 9월 중간 선거를 앞둔 시점에 하원에서는 중국을 환율 조작국으로 지정하도록 상무부에 압박하는 법안이 발의되었다. 오바마 대통령은 공개적으로 입장을 밝히지 않았으나 노동조합은 법안을 강력히 지지했고, 기업계는 찬반으로 나뉘었다. 중소 제조업체들은 이를 환영했지만 소매업계는 수입품 가격 상승과 중국의 보복 가능성을 우려하며 반대했다. 결국 이 법안은 공화당 의원 99명을 포함해 찬성 348표, 반대 79표로 하원을 통과했다. 여기에는 중간 선거를 한 달여 앞둔 시점이었음에도 불구하고 평소 상대당과 손잡지 않던 세입위원회 간사 캠프(Dave Camp, 공화·미시간)의 찬성표도 포함되어 있었다. 2001~2012년의 대중정책 표결에서 나타난 '당 경계 넘기(crossing-the-party-line)' 사례는 〈표 1〉에 요약되어 있다.

| 표 1 중국 관련 법안과 당파 초월 표결 현황, 2001-2012

날짜	법안 설명	표결 결과
2001년 7월 19일	2001년 7월부터 2002년 7월까지 중국산 제품에 대해 정상무역관계(NTR) 부여를 요청한 대통령의 제안을 거부하는 공동결의안 표결. 반대표는 대통령 입장 지지를 의미함.	**부결 169-259** 공화당 62-157; 민주당 105-102 (북부 민주당 89-65; 남부 민주당 16-37)

2005년 4월 6일	중국이 법안 시행 180일 내에 위안화 가치를 달러 대비 절상하지 않을 경우 대중 수입품에 27.5% 관세를 부과하는 슈머(민주 · 뉴욕) 수정안을 보류(table)하자는 루거(공화 · 인디애나) 동의안 표결.	**부결 33-67** 공화당 26-29; 민주당 7-37 (북부 민주당 7-33; 남부 민주당 0-4)
2005년 7월 14일	대통령이 법안 발효 180일 후, 그리고 매년, 중국에 무기나 이중 용도 기술을 수출한 유럽 및 기타 주체를 의회에 보고하도록 요구하는 하이드(공화 · 일리노이) 법안. 신속절차(suspension of the rules)로 표결.	**부결 215-203** 공화당 118-106; 민주당 96-97 (북부 민주당 70-73; 남부 민주당 26-24)
2005년 6월 28일	수출입은행이 중국 원자력발전소 건설을 위한 연방 대출 · 보증에 자금 사용을 금지하는 샌더스(무소속 · 버몬트) 수정안.	**가결 313-114** 공화당 139-88; 민주당 173-26 (북부 민주당 136-15; 남부 민주당 37-11)
2005년 7월 19일	수출입은행이 중국 원자력발전소 건설에 대한 연방 대출 · 보증을 승인하지 못하도록 하는 코번(공화 · 오클라호마) 수정안.	**부결 37-62** 공화당 14-41; 민주당 23-20 (북부 민주당 23-17; 남부 민주당 0-3)
2010년 9월 29일	상무부가 외국 정부의 환율 저평가를 확인할 경우 수입품에 상계관세를 부과할 수 있도록 허용하는 법안.	**가결 349-79** 민주당 249-5; 공화당 99-74

출처: CQ Almanac

| 표 2 중국 정책과 정당정치, 2001-2012

의회 회기	초당적(Bipartisan)	당파적(Partisan)	교차적 (Cross-cutting)
제107차 의회 (2001-2002)	H.Res. 56 중국 인권 H.Res. 160 중국 구금 H.R. 2500 중국 지급		
제108차 의회 (2003-2004)	H.Res. 414 대중 무역 H.Res. 530 중국 인권		

제109차 의회 (2005-2006)	H.Res. 57 EU의 대중 무기 판매 H.Con.Res. 98 중 · 대만 관계 H.Con.Res. 294 중국 강제수용소 H.Con.Res. 365 중국 법률 관행 H.Res. 794 텐안먼 시위 추모	H.R. 3283 중국 무역 관행	H.R. 3100 대중 무기 판매 H.R. 3057 중국 원자력 발전소 S. 600 대중 수입품 관세
제110차 의회 (2007-2008)	H.Res. 422 중국과 다르푸르 H.Res. 1077 티베트 보호		
제111차 의회 (2009-2010)	H.Res. 489 텐안먼 H.Res. 605 파룬궁		H.R. 2378 미 · 중 무역환율 정책
제112차 의회 (2011-2012)		H.R. 1938 키스톤 XL 송유관 Permit/Exports to China Finding H.R. 5325 미 · 중 청정에너지 자원센터	

출처: CQ Almanac

3 인권과 민주화

무역 · 환율 문제는 당파 구분을 넘나들며 다양한 이해관계를 분열시키는 경향이 있지만 중국의 인권과 민주화 의제는 쉽게 초당적 지지를 이끌어냈다. 의회의 '의사 표명 결의안(sense of Congress)'에는 중국과 티베트의 인권 침해 종식 요구, 중국의 강제수용소와 해외 학자 구금 규탄, 대만에 대한 무력 사용 위험 경고, 텐안먼 사태 희생자 추모, 중국의 수단 투자 즉각 중단 촉구 등이 포함되었다. 중국 인권 문제의 대표적 옹호자는 뉴저지의 스미스(Chris Smith) 하원의원이었다. 하원 인권 소위원회 공화당 위원장을 맡은 그는 이러한 결의안들이 신속절차(suspension of the rules) 요건인 3분의 2 찬성을 필요로 함에도 불구하고 의회에서 실질적 반대 없이 통과되도록 이끌었다. 부시 행정부 시기, 중국 관련 법안과 의회 행태는 초당적 협력, 당파적 갈등, 그리고 당을 넘는 '이상한 연합(strange bedfellows)'까지 폭넓게 분포하게 된다(표 2).

IV 가설 검증 및 통계 모형

연방의회 의원들은 법안의 최종 결과가 사전에 높은 예측 가능성을 지니는 경우 입법 과정을 통해 자신의 정책 선호를 표출하는 경향을 보인다. 예컨대 대통령의 거부권 행사가 거의 확실시되는 상황에서는 '입장 표명 전략(position-taking strategy)'이 우세하게 나타난다. 또한 국방예산처럼 재승인(reauthorization) 법안의 통과가 거의 확실한 경우 당내 평의원(backbenchers)들은 수정안 발의나 재심 부의(recommitment) 동의를 통해 불만과 이견 등 개인의 입장을 표출한다. 최종적으로 양원을 모두 통과할 것으로 예상되는 공동 결의안에 대해서도 의원들은 종종 당을 가로지르는 표결을 한다. 이러한 입법 절차는 평의원들에게 당의 '평판도(brand-name)' 훼손 위험을 크게 감수하지 않으면서도 입장을 표명할 수 있는 유용한 기회를 제공하는 셈이다.

미·중 정책과 관련한 본회의 표결 역학을 검증하기 위해 몇 가지 가설을 제시하기로 한다. 우선 초당적 승인이나 전면적인 중국 규탄과 같이 표결 결과에 변동성이 전혀 없는 사안은 상대적으로 분석 가치가 낮다. 또한 109대 의회(2005~06)의 HR 3283 「중국 무역 관행」 법안과 같이 당론 표결이 나타난 경우에는 단순히 당파적 이견이 존재한다고 결론지을 수 있다. 그러나 '당파 초월 표결(crossing-the-party-line)'이 발생하는 중국 관련 사안에서는 의원들의 표결 동기를 설명하는 요인이 무엇인지 여전히 의문으로 남는다. 이를 검증하기 위해 하원 법안 3건과 상원 법안 2건 등 총 5건의 중국 관련 법안을 분석 대상으로 설정하였다. 중국의 인권 보호나 종교 자유 증진과 같은 전형적인 초당적 의제와 달리 당파 분열형 중국 관련 법안은 의원들의 대중 정책 표결 동기를 드러낼 수 있는 조건을 제공한다. 종속변수는 의원이 '에너지 초강대국'인 중국의 원자력발전소 자금 지원에 반대하거나 '군사적 경쟁국'인 중국에 대한 무기 판매에 반대한 경우를 1로, 그렇지 않은 경우를 0으로 정했다. 종속변수가 이분형이므로 범주형 결과의 확률을 추정하기 위해 로지스틱 회귀모형(logistic regression model)을 적용하였다. 이 통계기법을 통해, ① 선거구 특성, ② 의원의 동기, ③ 당 압력이라는 세 가지 표결 차원이 미·중 정책 관련 입법행태와 연합 형성에 미치는 영향을 검증하였다.

1 선거구 특성(Constituency Characteristics)

세계에서 인구가 가장 많은 국가인 중국은 미국 경제와 사회의 여러 부문에 기회와 도전을 동시에 제공한다. 오랫동안 중국은 기업 경영진에게는 비즈니스 기회의 땅으로, 오하이오·미시간 등지의 블루칼라 노동자들에게는 일자리 해외 이전의 주범으로 인식되어 왔다. 민주당이 상대적으로 중간 계층 및 저소득층을 대변한다는 점을 고려할 때 민주당 성향 유권자가 많은 지역구의 의원일수록 의회에서 반중(反中) 성향의 표결에 참여할 가능성이 높다는 가설이 설정된다. 또한 노동조합 정치활동위원회(Labor PAC)로부터 더 많은 선거자금을 받은 의원일수록 중국에 비판적인 입법에 찬성할 가능성이 크다.

2 의원 동기(Member Motivations)

미국 정치에서 중국 문제가 점점 더 상징적이고 감정적인 성격을 띠게 됨에 따라 강한 이념적 신념(absolute ideology)을 가진 의원일수록 베이징 정권에 대해 강경한 태도를 보인다. 즉, 급진적 이념 성향의 의원들은 중국 비판 입법 추진에서 더 적극적일 가능성이 높다. 마찬가지로 복음주의적 종교 성향(evangelical members)을 가진 의원들은 공산주의 중국의 인권과 종교 자유 상황에 대해 심각한 우려를 가지고 다양한 정책 분야에서 중국을 압박하려 한다. 또한 의회 내부에서는 다양한 연합이 본질적으로 존재하며 의원들은 위원회 소속을 넘어 유사한 선거구 이해나 이념을 공유하는 집단별로 당내 코커스(caucus) 혹은 계파를 형성하기도 하고 참여하기도 한다. 레이(Rae 1998)는 "미국의 당내 계파는 분석하기 어려울 정도로 포착하기 힘들다"고 평가했지만 당내 계파 구도는 입법 및 선거 전략에서 당 지도부의 전략적 계산에 지속적으로 영향을 미쳐 왔다. 외교정책 현안을 둘러싼 이념, 지역, 분배 정치 역시 당내 계파 정치와 상호 작용하며 의원들은 동일 계파 구성원이나 동일 정당 동료로부터 표결 신호(voting cue)를 받는 경우가 많다. 중도 성향 연합인 '신민주당 연합(New Democrat Coalition, NDC)'과 '공화당 메인스트리트 파트너십(Republican Main Street Partnership, RMSC)'은 모두 중국과의 관여와 타협을 지지하므로 이들 소속 의원들은 대체로 대중 강경 조치에 덜 협력적일 것으로 예상된다. 입장 표명 전략(position-taking strategy)을 위해서는 선거 주기(timing) 역시 중요한 변수이다. 상원의원의 재선이 다가올수록 중도화 경향에 대한 실증 결과는 엇갈리지만 다수의 사례 보고에 따르면 재선에 나서는 정치인(대선 후보 포함)들에게 '중국 때리기(China-bashing)'는 일종의 선거 전략 중 하나로 자리 잡았다. 따라서 재선에 출마하는 상원의원(up next 변수)은 의회에서 중국 비판에 더 적극적일 것으로 가설이 설정된다. 반면 의회에서의 재직 기간이 긴 고참 의원일수록 정치적 '불안감'이

적기 때문에 초·재선 의원에 비해 중국 비판에 덜 적극적일 것으로 예상된다.

3 정당 지도부 압력(Party Pressures)

106대 의회(1999~2000)에서 중국에 대한 영구적 정상무역관계(PNTR)가 승인된 이후 미국의 대중정책 결정은 점점 더 "입장 표명 정치"의 성격을 띠게 되었다. 중국의 부상이 의회와 선거 과정에서 자주 언급되는 의제임에 분명하지만 단기적으로 의회 내에서 미국의 대중정책에 급격한 변화가 일어날 가능성은 낮다. 특히 최혜국 대우 지위 부여가 이미 확정된 상황에서 행정부는 중국에 대한 지렛대를 어느 정도 상실한 상태였다. 물론 현재의 트럼프가 들고 나온 관세 전쟁은 전혀 다른 양상을 보이고 있다. 결국 중국이 선거 쟁점으로서 부각될수록 의원들은 소속 정당의 정책 입장과 개인의 대중 입장 표명을 모두 고려해서 행동하게 된다. 〈표 3〉은 중국 문제와 관련하여 양당이 내부적으로 어떻게 복잡한 입장 차이가 있는지를 보여준다. 리(Lee 2009, 77)의 지적처럼 "대통령 리더십에 대한 전략적 대응이 입법 과정에서 정당정치의 양상을 형성"한다. 공화당이 집권했던 부시 행정부 시기에 민주당은 전통적 자유무역 지지 공화당과 새롭게 부상한 사회적 보수파 간의 균열을 활용하고자 했다. 동시에 노동계에 우호적인 진보파와 친기업 성향의 민주당 의원들 간의 자체 내부 갈등은 최소화하려 했다.

| 표 3 중국 문제를 둘러싼 공화당과 민주당 내부의 다양성

정책 분야	친기업 공화당 (Pro-business Republicans)	사회보수 공화당 (Social Conservatives)	진보 성향 민주당 (Liberal Democrats)	뉴데모크랫 (New Democrats)
무역 (Trade)	친중 (Pro-China)	반중 (Anti-China)	반중 (Anti-China)	친중 (Pro-China)
인권 (Human Rights)		반중 (Anti-China)	반중 (Anti-China)	
종교의 자유 (Religious Freedom)		반중 (Anti-China)	반중 (Anti-China)	
환경정책 (Environmental Policy)			반중 (Anti-China)	반중 (Anti-China)

4 연구 결과

분석 결과에 따르면 진보든 보수든 이념 성향이 강한 의원일수록 중국 관련 표결에 적극적으로 참여하는 경향이 뚜렷하게 나타났다. DW-NOMINATE 점수의 절대값으로 측정한 극단적 이념 성향은 하원과 상원 양원에서 처리된 다섯 건의 '당파 초월(crossing-the-party-line)' 대중(對中) 법안 모두에서 통계적으로 유의미했다. 다만 EU의 대중 무기 판매에 대한 대통령의 보고를 의무화하는 하이드(Hyde, 공화 · 일리노이) 발의안의 경우 의원들의 이념보다는 중도 성향 연합 소속 여부가 무기 판매 문제에 대한 민감성을 더 잘 설명하는 변수였다. 종합하면 의회 내 진보와 보수는 '이상한 연합(unholy coalition)'을 형성하여 수출입은행의 중국 원자력발전소 자금 지원 저지, 중국 무역 관행에 대한 제재, EU의 대중 무기 거래 차단, 중국 환율 조작국 지정 반대 등의 사안에 공동 대응했다.

하원과 상원 사이의 뚜렷한 차이 중 하나는 노동조합 정치활동위원회(Labor PAC) 후원금이 의원들의 대중 표결에 미치는 영향이다. 하원에서의 두 건의 법안을 분석한 결과 노동계 후원금 수령액이 많은 의원일수록 중국에 반대하는 표를 던질 가능성이 높았다. 이는 MFN 거부 결의와 같이 무역 관련 사안에서 분명히 나타났을 뿐 아니라 중국 원자력발전소 건설이나 무기 판매처럼 국가안보 성격의 사안에서도 선명하게 드러났다. 또한 하원에서는 특히 하이드 의원이 행정부와 대립했던 시기를 전후하여 초·재선 의원에 비해 고참 의원들이 중국에 강하게 반대하는 모습을 거의 보이지 않았다. 상원의 경우 전통적으로 개별 상원의원의 선호가 당 지도부의 영향력을 넘어서는 경향이 있다. 무역 제재나 원자력발전소 건설과 관련한 표결에서 의원 개인의 이념이 결정적이었다. 극단적 이념 성향을 지닌 상원의원들은 중국 수입품에 27.5% 관세를 부과하는 슈머(민주·뉴욕) 수정안을 지지하는 데 힘을 모았다. 또한 정치적으로 양극화된 상원의원들은 수출입은행의 중국 원전 자금 지원 중단을 위해 영향력을 행사했다. 흥미로운 점은 재선 도전을 앞둔 상원의원들이 다른 의원들보다 중국 비판 표결에 신중한 태도를 보였다는 사실이다. 이는 재선을 앞둔 의원들이 대중 강경 표결 기록을 필요로 할 것이라는 일반적 가정과 상충한다. 물론 단일 법안과 단일 사례를 기반으로 한 결과이므로 재선이 걸린 상원의원들이 실제로 반중(反中) 입장 표명을 회피하는 경향이 있는지는 추가적인 연구가 필요하다.

V 논의와 결론

미국 정치사에서 중국 문제는 정당 경쟁과 대통령 선출 과정을 거치며 반복적으로 국내 정치와 선거정치의 한복판으로 진입했다고 볼 수 있다. 1868년 미국은 벌링게임 조약(Burlingame Treaty)을 체결하며 중국과 수교를 맺었고 새로 형성된 양자관계는 존슨(Andrew Johnson) 행정부 당시로서는 드물게 초당적 지지를 이끌어냈다. 재건 시기 이후와 2차 세계대전 이후에도 미국 지도자들은 자신의 정당을 결집시키고 상대 정당을 분열시키기 위해 주저 없이 '중국 카드(China Card)'를 활용해 왔다. 특히 대통령 반대정당은 중국 문제를 기존 당파적 의제 구도를 흔들고 차기 선거를 위한 새로운 균열선을 설계하는 전략적 도구로 이용했다. 그러나 중국 문제를 전통적인 '분열 이슈'로 활용해 온 이러한 역사적 패턴과 달리 본 연구가 보여주는 것은 정치 양극화 시대의 미국 의회에서는 양당이 모두 중국 문제에 있어서 내부 분열을 겪는다는 사실이다. 결과적으로 정당을 초월한 발언과 표결이 종종 나타난다. 진보와 보수 성향 의원들은 '이상한 연합(strange bedfellows)'을 형성하여 중국에 대한 우려를 공동으로 표출하고 베이징 정권을 비판하는 일련의 입법 조치에 함께 참여했다. 이해관계, 이념, 제도적 틀이 상호 작용한 결과 중국 문제는 양당 모두에게 '정당 분열(party-splitting)' 이슈로 자리잡았다. 공화당은 민주당 내부의 친기업 · 친중 그룹과 노동계 중심의 반중(反中) 세력 간 균열을 발견했다. 반대로 민주당은 공화당 내부의 사회적 보수파와 전통적 자유무역 지지 세력 간의 분열을 확인했다. 이러한 성격 때문에 빈번한 입장 표명에도 불구하고 당 차원의 대중정책 재정립 의도는 크지 않았다고 볼 수 있다. 중국 문제는 여전히 국내 정치와 외교정책이 교차하는 사안으로 남아 있다. 이러한 발견은 정치 양극화와 경제 세계화 시대의 미 · 중 관계 이해를 확장하는 데 중요한 의미를 갖는다. 냉전 시기와 비교할 때 경제적 이해가 오늘날 미국 외교정책 결정 과정에서 더 큰 비중을 차지하는 것으로 보인다. 그러나 세계화 논쟁에서 흔히 전제되는 '경제 결정론(economic determinism)'과 달리 사회 · 문화 · 이념적 요인 역시 미 · 중 관계 재편에서 핵심적인 역할을 하고 있다. 미국 의회의 대중정책의 정치학을 분석하는 것은 국내 이해관계가 미국 외교정책의 선택과 변화를 어떻게 규정하는지를 드러내는 데 기여한다.

사실 트럼프 행정부 시기의 의회와 중국 문제는 거의 모든 것이 유동적이었다. 하나의 역설적 시나리오는 민주당 의원들이 마지못해 '대중 강경론'을 내세운 트럼프 대통령과 협력하는 반면 공화당 의원들이 자당 대통령의 대중 접근법으로 인해 혼선을 겪고 있다는 점이다. 전통적으로 무역정책 수립에서 행정부-의회 간 연합은 자유무역을 지지하는 민주당 대통령(클린턴, 오바마)이 자당의 보호무역 성향 의원이 아닌 상대 정당 공화당과 협력하는 방식이었다. 하지만 트럼프의 경우 그 반대가 될 가능성이 있었다. 공화당 대통령이 중국 견제를 위해 민주당과 손잡는 것이다. 물론 양극화 시대에 트럼프 개인에 대한 비호감 정서로 인해 민주당이 정책 중심의 선택을 하지 않을 가능성도 매우 크다. 이제 더 이상 미국 대통령은 선거가 끝난 이후에도 중국 문제에 침묵하지 않으며 이러한 전례 없는 요소가 무역 · 관세 · 영토 문제를 포함한 미 · 중 정책에 어떻게 작용할 것인지 지켜봐야 한다. 현재는 트럼프 독단의 행정명령 중심의 대중 정책이 추진되고 있다.

마지막으로 중국 문제에서 의원 개개인의 선호와 영향력은 '양날의 검'이 될 수 있음을 주목해야 한다. 의회의 일부 유력 인사들은 다양한 중국 현안을 적극적으로 다루었지만 행정부는 여전히 베이징의 진정한 의도를 파악하기 위해 고심하고 있다. 의회와 외교정책을 둘러싼 지속적 현실은 의원이 입장을 표명하는 것과 실제로 주도권을 행사하는 것은 전혀 다른 차원이라는 점이다. 향후 연구는 의회의 외교정책 영향력이 풀뿌리 대표성을 통해 국가이익의 최적 공급에 기여하는지 아니면 워싱턴의 이미 단절된 정책결정 과정을 더욱 고착화시키는지를 근본적으로 검토하는 일이다.

chapter 09

2022년 미국 의회의 인플레이션 감축법과 반도체 과학법 분석: 미국은 "어떻게" 중국을 견제하는가?

CHAPTER 09

2022년 미국 의회의 인플레이션 감축법과 반도체 과학법 분석: 미국은 "어떻게" 중국을 견제하는가?

"내가 미국에 지나치게 집중한다는 국제적 비판이 나온다.
하지만 그런 비판 따위는 집어치워라."

– *The Washington Post*, "Campaign–mode Biden Gives Allies Hell"
2023년 2월 2일

I 서론: 미·중 갈등 심화와 미국 정치 변화

오늘날 국제관계의 가장 큰 특징 중 하나는 미국의 중국 견제(countering China)라고 할 수 있다. 그에 대한 배경 설명으로는 투키디데스(Thucydides)의 함정, 세력 전이(power transition) 이론, 신(新)냉전의 도래, "차가운 평화(cold peace)" 등 다양한 내용이 있다. 이처럼 국제 정치학의 시각은 주로 미국이 중국을 견제하는가, 그 이유는 무엇인가에 초점을 두고 있다. 그런데 실제로 미국이 중국을 "어떻게" 그리고 "언제" 견제하는지에 대한 분석은 국제정치 못지않게 미국 정치에 대한 이해와 분석을 필요로 한다(정하용 2023). 미국의 국내 정치 동학에 대한 실체 파악이 부족한 경우 미국이 벌이는 중국 견제를 지나치게 단편적이거나 혹은 단선적으로 해석하게 될 염려가 있다. 따라서 급변하고 다변화하는 국제 정치 및 경제 질서를 총체적으로 인식하기 위해서는 현재 미국의 중국 대응을 보다 다양한 관점에서 바라보는 것이 필수적이다. 그중에서도 특히 미·중 경쟁의 핵심 사안으로 경제안보가 부각되고 있다. 본 연구는 경제 안보를 중심으로 한 미국의 대중(對中) 접근법이 대통령의 리더십 스타일과 정책 방식, 그리고 의회-정당정치 및 경쟁 등에 따라 어떻게 다른 모습을 보이는지 탐색해 본다.

오바마 행정부 시대 이후 본격적으로 불거진 미국과 중국 간 첨예한 경쟁은 국가 성격 맥락과 맞물리며 갈등과 혼선을 불러일으키고 있다(Fearon 1998). 우선 중국의 도전에 대응하는 미국의 국가 성격이 이전과 달라졌다. 탈냉전 시기를 거치면서 미국은 이제 더 이상 자유주의적 국제주의를 적극적으로 추구하는 국가라고 보기 어려운 상황이다(Mead 2021). 확장 관여에 기초한 공정 무역 기조와 복지 국가 축소를 몰아붙였던 민주당 클린턴 정부 시대가 종료된 후 21세기 초의 공화당 부시 대통령 시대는 이라크 전쟁과 금융 위기로 촉발된 대외 관계 실패 상황을 직면하게 된다. 그 결과 베트남 증후군이 국민들 사이에 다시 등장하게 되었고 비(非)개입주의 정서가 미국 국내에 등장하였다.[1] 게다가 세계화의 폐해를 인식한 분노 정서가 대통령 선거의 경합주 경쟁과 맞물리게 되면서 진보 진영으로부터는 점령하라 운동을, 보수 그룹으로부터는 티파티(Tea Party) 정서를 촉발시켰다(손병권 2024). 양극화와 불평등이라는 보편적 위기에 처했지만 양당제 미국은 절반의 해법만 가진 경쟁을 경험 중이다. 예를 들어 소득 불평등 문제는 민주당만 심각하게 다루고 있고 공화당은 토착주의에 기반한 강경한 이민 정책으로 뭉치고 있는 중이다. 그런데 국내 문제 해결이 우선이라는 인식과 관련해서는 국내 정치적으

---

1 미국의 고립주의 전통에 대해서는 Charles A. Kupchan. 2020. *Isolationism: A History of America's Efforts to Shield Itself from the World.* (Oxford: Oxford University Press)를 참조.

로 이견이 거의 없다. 실제로 미국의 국가 재건(nation building at home)을 강조했던 오바마 대통령은 2012년 재선과 2014년 두 번째 중간 선거를 끝낸 2015년에 들어서 파리기후협정, 이란 핵협상, 환태평양동반자협상을 연달아 추진하면서 국제주의 성향으로 변신한다. 그 결과 오바마를 선택했던 중서부 유권자들 상당수가 2016년 대선에서 미국 우선주의를 내세운 트럼프 지지로 선회하게 된다.[2] 팬데믹 대선에서 트럼프를 몰아낸 바이든 역시 트럼프의 중국 관세를 유지하였을 뿐만 아니라 미국 내 생산 강화를 위한 규정들을 입법으로 밀어부친 적이 있다. 결국 냉전 합의가 사라진지 오래인 미국에서 미국 우선주의가 새로운 국가 성격과 담론으로 자리매김 중이다.[3]

한편 중국의 국가 성격을 해석하는 미국의 입장 역시 복잡해졌다. 역사적으로 세력 균형이나 다자 체제에 익숙하지 않은 미국에게 2차 세계 대전 이후의 세계 각국은 동맹이 아니면 적대국 둘 중 하나였다. 특이하게도 중국은 1979년 국교 정상화 이후 이 중 어디에도 속하지 않은 채 경제적 교류가 이어졌다. 프리드버그(Friedberg 2011, 4) 설명대로 미국에게 중국은 "주요 교역 국가지만 민주주의 국가가 아니고, 신뢰할 만한 친구 나라가 아니지만 그렇다고 타도해야 할 원수 나라도 아니다." 그런데 미국의 중국에 대한 접근법이 최근 들어 급격히 바뀌고 있는 중이다. 그 배경으로 미국 국내 정치 변화라는 내생 변수와 팬데믹 및 공급망 위기라는 외생 변수의 조합을 꼽을 수 있다. 중국에 대한 대대적인 비판과

---

2 2008년과 2012년 두 번 모두 오바마를 지지했던 700여 개의 가까운 카운티(county) 중 200개 이상이 2016년에 트럼프 지지로 돌아섰다. 이들을 "오바마-트럼프 유권자(Obama-Trump voters)"라고 부르기도 한다. "MAP: The Obama Voters Who Helped Trump Win," *The Washington Post*, Nov 9, 2016.

3 트럼프 시대의 자유주의적 국제주의에 관한 광범위한 분석은 Robert Jervis, Francis J. Gavin, Joshua Rovner, and Diane N. Labrosse. ed. 2018. *Chaos in the Liberal Order: The Trump Presidency and International Politics in the Twenty-First Century*. (New York: Columbia University Press)을 참조.

공격을 선거 이전과 이후에 일관되게 벌인 트럼프 대통령으로 인해 미국 국내에 중국에 대한 비호감도가 급속도로 커졌다. 냉전 시기에 소련을 견제하기 위해 고안된 중국 카드(China card) 같은 전략적 접근법은 더 이상 미국에서 논의되기 어려워졌다. “판을 깨지 않는 범주 내에서의 경쟁(competition without catastrophe)”을 선언한 바이든 행정부 역시 중국에 대한 강경 대응을 놓고 공화당과 경쟁 중이다. 오바마 민주당 후보가 중국 비판 없이 두 차례의 대선을 치렀던 사실과 비교해 보면 사실상 급격한 변화라고 할 수 있다(Bader 2013). 한편 미국 국민들 중 상당수가 중국을 COVID-19 전염의 원인 제공자이자 과도한 대응을 일삼는 권위주의 국가로 인식하게 된 점은 중대한 외생 변수 변화다. 그동안 중국을 세계의 시장과 공장으로 인식하거나 미국 사회 내부의 중국 영향에 익숙해 있던 미국 국민들이 팬데믹 위기를 겪으면서 이제는 중국과 중국 공산당을 위협이자 혐오의 대상으로 인식하기 시작한 것이다.

본 연구는 그동안 경제안보에 대한 논의가 주로 국제정치 차원에서 조명되어 온 것을 보완하는 차원에서 경제안보의 미국 정치적 상관성을 분석해 보고자 한다. 국내 경제 상황과 국제정치 경쟁을 주된 안보 수요와 정책 목표로 연결하는 경제안보 개념은 국가 내부의 속성에 민감하게 작동할 수밖에 없다. 즉 중국 견제라는 미국의 대외 정책 방향이 설정되어 있는 경우에도 그 정책의 형식(type)과 시기(timing), 그리고 관련 정세(trend) 등은 각기 다를 수 있다. 예컨대 중국 견제를 위한 미국의 대전략(grand strategy)은 미국 내의 초당파적 지지를 받는가? 행정 명령과 의회 입법의 차이에 따른 영향은 무엇인가? 정책 시기가 대통령 선거 이전인가 이후인가? 그리고 미·중 경쟁이 격화된 오바마-트럼프-바이든 시대의 이전과 다른 특이한 정세는 무엇인가? 등에 대한 구체적 이해가 필요하다. 궁극적으로 각국의 경제 상황은 국가 내부의 문제라는 점을 고려해 볼 때 경제안보는 국내 경제 및 정치와 높은 상관성을 가질 수밖에 없다. 따라서 미국 경제안보 정책의 내용과 일관성은 국내의 정파 연합 및 이해관계에 따라 세부적인 차원에서 적지 않은 영향을 받고 있다.

본 장의 구성은 다음과 같다. 우선 미국 외교정책과 초당파적 정당정치와 관련된 구도와 배경을 이론적 차원에서 살펴본다. 미국의 대외 정책과 관련한 초당파적 지지(bipartisanship)는 언제, 어떻게, 왜 형성되는지에 대해 국내 정치의 총체적 시각에서 조명해 볼 때 현재의 중국 견제와 미국 정치 상관성에 대해 보다 체계적인 접근이 가능해진다. 대통령 리더십과 행정부 역할, 그리고 의회-정당 중심의 정책 연합 분석도 포함된다. 다음으로 미국 경제안보 정책의 개념과 특징을 미국 정치 시각에서 정리해 본다. 그리고 인플레이션 감축법과 반도체 과학법을 둘러싼 입법 정치 과정을 복기해 봄으로써 실제로 중국 견제를 위한 미국 내 초당파적 지지가 존재하는지에 대해 따져본다. 마지막으로 결론을 대신하여 미국 경제안보 정책의 전망에 대해 미국 민주주의 관점에서 살펴본다.

Ⅱ 미국 민주주의와 대외 정책의 상관성

1 미국 국내 정치와 외교정책: 초당파적, 당파적, 교차당파적 상황

쿠퍼와 영(Cooper and Young 1997)에 따르면 양당제를 특징으로 하는 미국 정치에서 발견되는 정당 협력과 갈등 양상을 세 가지로 분류한다. 초당파적(bipartisan), 당파적(partisan), 교차 당파적(cross-partisan) 상황이다. 미국의 외교-안보 정책을 둘러싼 초당파적 국내 정치가 일종의 규범으로 자리 잡은 배경에는 냉전 초기 트루먼 민주당 행정부에게 초당파적 협력을 제공했던 반덴버그(Arthur Vandenberg, R-MI) 공화당 상원 의원의 사례가 중요했다. 특히 미국 내 반공주의를 기초로 한 국내 정서가 소련과의 이분법적 냉전 구도를 공고히 하면서 적어도 대외 정책 영역에서는 정당 간 갈등을 최소화하는 초당파적 협력이 강조된다. 하지만 정치적 목적 달성을 위한 당파적 대결이 외교 영역에서 사라졌다고 보기는 어렵다. 1948년 11월의 충격적인 대선 패배 이후 1949년에 잇따른 소련의 핵실험 성공과 중국의 공산화를 계기로 트루먼 대통령의 외교 실정을 공격하기로 한 공화당이 1950년 1월 트루먼의 한국 지원 법안에 당파적 표결로 반대한 것이 한 예다. 한편 교차 당파적 상황은 먼저 한 정당의 내부 그룹이 다른 정당의 일부 그룹과 협력하여 법안 통과를 위한 승리 연합(winning coalition) 결성에 나서는 경우를 생각해 볼 수 있다. 두 번째 임기 마지막 해인 2000년에 클린턴 대통령이 중국에 영구적 최혜국 대우(PNTR) 조항을 부여하고자 시도했을 때 공화당 다수파와 민주당 일부를 묶어 이를 성공시켰던 사례가 있다. 한편 두 정당의 내부가 거의 비슷한 정도로 분열되어 있어 다수가 만들어지지 않는 경우라면 실질적인 입법 정치(law making)는 어려워진다. 대신 메이휴(Mayhew 1974)가 강조한대로 의정 활동에 필수적인 입장 표명(position taking)의 정치가 자리 잡게 된다.

특히 외교정책과 초당파적 정당정치는 존스(Jones 1994)의 지적대로 대통령과 의회 간 생성될 수도 있고 의회 자체가 만들어낼 수도 있다. 전자의 경우 미국의 외교 역사에서 자주 등장하였던 군 통수권자 대통령 주도 하의 초당파적 의회 지지와 관련이 깊다. 뮬러(Mueller 1973)가 주창한 국가 위기 시 결집 효과(rally-around-the-flag effect) 요인과 윌다브스키(Wildavski 1966)가 명명한 대로 외교정책 분야에 우위를 가진 "두 대통령제(two-presidencies)" 이론을 그 배경으로 꼽을 수 있다. 또한 피셔(Fisher 2007)가 밝혔듯이 1800년 당시 하원 의원이던 마셜(Marshall) 이래 1936년 연방 대법원의 커티스-라이트(Curtiss-Wright) 판례에서도 대외 문제의 유일한 리더십 기관(sole organ)은 연방 대통령임이 인정되어 왔다. 대통령의 주도권과는 별개로 의회가 자체적으로 만들어내는 초당파적 외교 정치는 주로 인권과 민주주의, 그리고 동맹 강조 등 주로 규범적인 차원에 집중된 경향을 보인다. 2004년과 2008년 두 차례에 걸쳐 통과된 북한 인권법(North Korean Human Rights Act)과 신장 위구르족 보호 및 홍콩 민주주의 옹호를 위한 법안 및 결의안 등은 모두 미국 의회의 초당파적 지지로 통과된 바 있다. 한미동맹 70주년을 축하하는 결의안이나 천안함 관련 북한 비방 결의안 역시 미국 의회 내 이견을 찾아볼 수 없는 초당파적 협력의 전형에 가깝다.

미국 의회와 외교정책을 다각도에서 연구해 온 카터와 스캇(Cater and Scott 2021)은 보다 자세한 의회 역할의 구분을 위해 활동성(activity)과 적극성(assertiveness)이라는 두 가지 기준을 중심으로 네 가지 유형을 정리하고 있다. 〈그림 1〉처럼 활동적이면서 동시에 적극적인 의회는 대통령과 경쟁적 양상을 띠는 의회(Competitive Congress)라고 할 수 있다. 대통령의 외교정책에 빈번하게 개입하고 목소리를 내는 유형에 속한다. 만일 의회가 활동적이지만 덜 적극적인 경우 대통령의 대외 정책을 주로 지지하는 의회(Supportive Congress)가 된다. 반대로 덜 활동적이면서 보다 적극적인 의회는 전략적 의회(Strategic Congress)에 속하는데 대통령과의 외교정책 경쟁을 선별적으로 수행한다는 특징을 보인다. 타마(Tama 2020, 2023)가 분석한 제재 정책 관련 의회의 외교정책 결정과 영향력이 전략적 의회 유형에 속한다. 특히 트럼프의 러시아 정책에 반대하며 의회가 초당파적으로 러시아 제재 법안을 통과시킨 사례를 두고 타마는 "반(反)대통령 초당파주의(anti-president bipartisanship)"라고 제시한다. 마지막으로 활동적이지도 않고 적극적이지도 않은 의회는 결국 대통령의 외교정책 리더십에 거의 대부분 그대로 따라가는 유형이다. 결국 이들 서로 다른 네 가지 유형의 의회들이 모두 최종 법안을 초당파적으로 통과시킬 수도 있음은 물론이다. 요점은 외교정책상 의회-대통령 관계가 알려진 것보다 더 복잡하고 다양할 수 있다는 사실이다. 의회 자체적으로 대외 정책을 주도할 수도 있고 대통령에 반대하는 양상의 초당파적 협력이 발생할 수도 있으며 대통령과 경쟁하는 외교정책 대안을 제시할 수도 있음을 알 수 있다.

| 그림 1 미국 의회의 외교정책 관여 양상 분류

출처: Carter and Scott(2021, viii)

2 미국의 중국 견제 정책 타입(type)과 시기(timing): 대통령과 의회-정당정치

건국 이후 줄곧 대통령 제도를 운영하고 있는 미국에서는 이념적 성향에 기초한 정책 제안자로서 대통령의 영향력이 크다(백창재 2020, Neustadt 1960, Skowronek 1997, Greenstein 1988, Howell 2003). 대통령 리더십 차이에 따른 정책 차이는 미국과 중국 간 경쟁이 본격화된 현재에도 여전히 고려해야 할 중요한 요소다. 국내 정치 맥락에 따라 대통령의 경제 안보 리더십이 다르게 작동하기 때문이다. 선출직 정치 경험이 전혀 없던 아웃사이더로서 백악관에 입성한 트럼프에게 의회 내 정책 연합 세력 구축은 쉽지 않았다. 실제로 공화당과 민주당은 모두 내부적으로 중국과 트럼프에 대해 복잡하고 모순적인 입장을 가지고 있었다. 공화당은 자유무역 및 농산물 수출에 대한 전통 지지층의 요구를 하루아침에 외면할 수 없었다. 민주당도 아시아계 미국인들의 지지를 유지하기 위해 중국을 일방적으로 비방하기 어려웠다. 이러한 맥락에서 트럼프는 의회를 우회하는 행정 명령에 기초하여 대통령의 일방적 권력을 리더십 도구로 사용하게 된다. 트럼프 임기 첫 해인 2017년 말 발표된 국가 안보 전략(National Security Strategy)에서 "경제안보(economic security)"라는 표현이 처음으로 사용되었다. 이는 그동안 국제 사회가 미국의 경제적 이익을 심각하게 침해하여 왔음을 강조하려는 시도였다. 이후 트럼프의 보호 무역 책사였던 나바로(Navarro)가 경제안보가 국가 안보라는 점을 설파하게 된다. 트럼프는 중국과의 무역 전쟁을 주로 행정 명령으로 진두지휘하게 되었고 입법 정치로 접근하지 않았으므로 트럼프 당시 의회에서는 별 역할이나 갈등이 두드러지지 않았다(Goldgeier and Saunders 2018). 선거 해인 2020년에 중국과의 1단계 무역 협상(phase one trade deal) 역시 행정 명령 방식으로 타결되었다. 그 결과 트럼프 당시 입법으로 고착화된 대(對)중국 무역 정책은 찾아보기 어렵다.

바이든 대통령 경우 임기 첫 2년 동안의 단점 정부 상황을 이용하여 경제안보의 입법화를 추진한 바 있다. 이 점에서 트럼프 행정부 시기와 대통령 리더십 차별성이 드러난다. 민주당 내 중도파와 진보파 간 합의 실패로 인해 "더 나은 재건(Build Back Better)" 법안이 한동안 좌초되는 듯 했다. 하지만 2022년 7월 맨신(Manchin, D-WV) 상원 의원의 협력에 힘입어 인플레이션 감축법 내 미국 최종 조립 의무 조항까지 마련하게 된다. 특히 예산 조정(budget reconciliation) 절차를 이용한 상원 내 필리버스터(filibuster) 무력화를 추진함으로써 바이든은 이전에 중시하던 초당파적 대통령 이미지까지 과감히 포기하는 모습을 보였다.[4] 행정 명령에만 의

4 예를 들어 바이든이 행했던 2023년 2월 노조 대상 연설 중 다음을 참고. "내가 미국에 지나치게 집중한다는 국제적 비판이 나온다. 하지만 그런 비판 따위는 집어치워라! (*I am getting criticized internationally for my maybe focusing too much on America? The hell with that!*)" *The Washington Post*, Feb 2, 2023. "Campaign-mode Biden Gives Allies Hell"

존했던 트럼프와 달리 비록 당파적 방식일지라도 의회 입법을 도모함으로써 미국 내 투자와 과학 기술 지원을 공고히 하려는 바이든의 리더십을 확인해 볼 수 있다. 물론 바이든 대통령 역시 행정 명령을 통한 경제안보 전략 추진을 마다하지 않았다. 행정 명령을 발동하여 대통령 예산국(OMB) 산하에 "미국 국내 생산 사무소(Made in America Office)"를 설치한 경우가 대표적이다. 2023년 1월 말에는 "미국 내 투자 전담 부처(Invest in America cabinet)"까지 만들도록 지시하였는데 이는 상업부, 노동부, 교통부, 재무부, 에너지부, 그리고 보건 환경부의 장관들로 구성되었다. 바이든은 이 부처가 미국 내 투자를 유도하고 사회간접자본의 확충에 집중하도록 결정하였다.

한편 미국 의회와 정당정치가 미국 대외 정책에 미치는 영향에 대해서는 그동안 많은 연구들이 축적되어 왔다. 예컨대 샷슈나이더(E.E. Schattschneider 1935)의 고전적 연구 주제는 의회의 관세 정책이었다. 수입대체 산업은 보호 무역 정책을 선호하고 수출 산업은 자유무역을 지지하는데 이들 산업이 지역의 정치인들과 각각 연결된다. 누가 정권을 획득하는가에 따라 관세율이 결정된다는 것이 핵심 내용이다. 관련하여 미국 대전략의 정치 경제적 함의를 분석한 나리즈니(Narizny 2007)는 중요한 시사점을 제공한다. 국내 정치와 대외 정책의 상관성에 관한 연구들이 가진 두 가지 한계를 지적하였는데 첫째, 대부분의 연구들이 정해진 국익 추구를 방해하는 제약 요소 관점에서 주로 국내 정치를 다룬다. 국내 정치를 국가 전략의 근본적 결정 요소로 인식하지 않고 대신 국가의 이익 극대화를 침해하는 걸림돌로 파악한다는 비판이다. 둘째, 국내 및 대외 정책을 놓고 선거를 통한 경쟁을 벌이는 정당정치의 구도와 경쟁에 대해서는 체계적인 관심을 기울이지 않는다. 국내 정치 요소 중 이념, 의회, 언론, 여론 등에 비해 정당정치의 중요성은 비교적 간과되고 있다는 문제 제기다.

특히 전통적으로 보호 무역을 선호해 온 민주당에 비해 공화당의 당

내 변화와 사정은 복잡하다. 특히 이라크 전쟁과 자유무역을 신랄하게 비판한 트럼프 대통령의 등장과 집권으로 인해 비(非)개입주의 및 보호무역 성향이 크게 늘어났다. 또한 정부 재정 지출 삭감에 주력했던 티파티(Tea Party)를 계승하여 2015년 등장한 강경 보수 성향의 프리덤 코커스(House Freedom Caucus) 존재감이 매우 커진 상황이다. 40여 명 규모의 이 공화당 계파는 미국의 글로벌 리더십과 책임감을 강조했던 레이건 추종파 공화당 의원들과 입장이 다르다. 특히 2022년 11월 중간 선거 승리를 통해 118대(2023-24) 하원의 다수당이 된 공화당이 2023년 1월 3일 개원 후 나흘에 걸친 15번의 투표를 거듭한 후에야 가까스로 하원 의장을 선출할 수 있었다. 프리덤 코커스 성향의 의원들이 의장 권한 축소를 놓고 단합하여 움직였기 때문이다. 향후 공화당이 안보와 경제의 상관성을 놓고 적극적 융합을 선호하였던 레이건 전통을 고수할지 아니면 분리하여 다루자던 아이젠하워의 경고로 회귀할지 주의 깊게 살펴보아야 한다. 레이건 방식은 자유무역을 기초로 하되 적절한 보호 무역 조치를 병행함으로써 미국의 글로벌 안보 리더십을 유지하는 것이었다. 반대로 아이젠하워 입장은 안보를 위해 경제를 희생시킬 수 없다는 논리에 가깝다. 오히려 미·중 경쟁 시대의 새로운 안보는 자국 경제 강화를 통해서만 보장될 수 있다는 인식과도 유사하다. 양대 정당제인 미국에서 공화당의 선택은 민주당과의 경쟁에 영향을 미치게 될 뿐만 아니라 결국 미국 경제안보의 미래와 직접적인 관련성을 가진다.

상대적으로 이념적 다양성이 유지되고 있는 민주당의 경우 뉴딜 시대 이후 지속되고 있는 중도파-진보파 경쟁 상황을 주목해야 한다. 그로스만과 홉킨스(Grossmann and Hopkins 2016)가 제시하는 대로 민주당은 사회 그룹의 연합체(social groups coalition) 성격을 가진다. 반대로 공화당은 보수 이념 운동(conservative ideological movement) 특징을 보인다. 또한 이념과 정당의 양극화 진행 상황을 놓고 볼 때 공화당의 보수화에 비해 민주당의 진보화는 다소 덜하다. 즉 민주당 내부에 진보 성향 의원들이 많이 늘어났음에도 불구하고 여전히 경합 지역구에서 승리해야 하는 중도파 의원들이 상당수다. 실상 이들이 선거에 이겨 의회로 귀환하느냐 여부에 따라 민주당의 다수당 지위가 유지되기도 한다. 흥미로운 점은 경제안보와 관련 민주당 내부의 중도파로 분류되는 신(新)민주당 계열(New Democrat Coalition)과 진보 그룹 의원들 간에 입장 차이가 크지 않다는 사실이다. 1992년 클린턴(Bill Clinton) 선거 때부터 등장했던 신(新)민주당 그룹은 기존의 뉴딜 민주당 그룹과 달리 강한 안보와 자유무역, 그리고 과학 기술 지원을 선호해 왔다. 또한 다양한 인종 배경을 근거로 한 민주당 내 진보 그룹은 시장 실패 극복을 위한 정부의 적극적 역할을 강조함으로써 과학 기술 중시 정책에도 적극 찬성하고 있다. 예를 들어 실리콘밸리를 지역구로 하고 2020년 민주당 대선 후보 경선에서 샌더스(Bernie Sanders) 후보의 선거 캠페인 본부장을 지냈던 진보파 소장 의원 카나(Ro Khanna, D-CA)는 "신(新)경제 애국주의(New Economic Patriotism)"를 내걸었다. 반도체 과학법에 대해 샌더스 의원만 유일한 반대표를 던졌지만 이에 동조하는 의원들이 현재 민주당 내부에 거의 없다는 점은 진보 진영의 분위기를 잘 보여준다.

Ⅲ 미국 경제안보의 개념과 특징

그렇다면 현재 미국의 경제안보는 어떻게 이해할 수 있을까? 사실상 미국의 경제와 안보가 분리된 적은 거의 없다고 상정해 볼 때 경제와 안보 간 상관성이 어떤 특이성과 방향성을 가지는가를 기준으로 미국의 경제안보 개념을 정리해야 할 필요가 있다. 전통적인 경제와 안보의 상관성 경우에는 주로 국가 간 경제적 교류가 국제 질서의 안정을 가져온다는 접근법이 동원된다.[5] 무역이 평화를 가져온다든가, 군사 동맹 국가들끼리 교역이 활발해진다든가, 통상으로 인해 새로운 동맹이 구축된다든가 등의 규범적이고 실증적인 연구들이 이에 해당된다. 고와(Gowa 1994, 6)의 주장대로 "안보 외부 효과(security externalities)"가 창출되는 경제적 효과에 초점이 맞추어져 왔다. 미·중 경쟁 시대의 새로운 안보 개념으로 등장한 경제안보는 미국 국내 정치와 경제 상황에 근거해 볼 때 다음과 같은 특징을 가지고 있다.

첫째, 경제안보는 안보 전략 측면뿐만 아니라 경제 정책의 필요성 관점에서 볼 때 그 특징이 잘 드러난다. 결국 방점은 경제에 있음을 주목해야 한다. 중국과의 경쟁을 배경으로 만들어진 미국의 새로운 대외경제정책이 경제안보라고 할 수 있다. 전후 세계 경제를 주도하던 미국은 베트남 전쟁 실패와 경기 침체를 겪던 닉슨(Richard Nixon) 시기부터 적극적인 대외 경제 정책에 관심을 가지기 시작하였다. 1971년 닉슨 쇼크(Nixon Shock)로 불린 미국의 불태환 정책 선포는 브레튼 우즈 체제를 붕괴시켰다. 이후 1980년대 레이건은 자발적 수출 규제, 1990년대 클린턴은 공정 무역 추진을 통해 미국의 통상 이익 및 자국 경제 보호를 챙겨 왔다. 특히 오바마 대통령이 2기 행정부 후반기부터 추진했던 환태평양동반자협정(TPP)이 국내적으로 최종 거부되고 트럼프가 등장한 이후에는 중국과의 무역 전쟁을 위해 행정 명령과 관세 폭탄 방식이 동원되었다. 바이든의 경제안보는 과학 기술 강조와 미국 현지 생산을 위한 입법 정치를 특징으로 한다. 결국 경제안보에서 상정하는 국가 간 경제 교류는 자유무역이 아닌 보호 무역에 가깝다. 보편적인 경제적 성장이 아닌 특수한 지역적 이익이 안보에 보다 중대한 영향을 미친다는 인식이다. 바이든 시대의 경제안보에 직결된 보호 무역 강조점이 주로 미국 제품 구매(buy America)라는 수요 차원과 더불어 미국 국내 생산(Made in

---

5 국제정치 시각에서의 경제안보 개념 정의에 대해서는 백우열. 2022. "경제안보 개념의 확장: 2020년대 안보 맥락에서" 『국제정치논총』 62(4): 325-364를 참조.

America) 중심의 공급 차원으로 구성되어 있었다는 사실이 이를 반증한다.[6]

둘째, 중국 견제의 필요성 증대와 팬데믹 및 공급망 위기 경험이 경제안보와 관련된 결정적 전환점으로 작용하였다(Green and Medeiros 2020). 만약 중국이 미국의 글로벌 리더십에 도전하는 위치에 있지 않고 한편으로 미국이 팬데믹이나 공급망 부족 사태를 겪지 않았더라면 경제안보 개념은 등장하지 않았을지 모른다. 팬데믹의 발생 과정과 대응 방식은 중국 공산당에 대한 미국 국민들의 경각심을 불러일으키기에 충분하였다. 118대(2023-24) 하원에서 초당파적으로 결성된 미·중 전략 경쟁 임시위원회의 공식 명칭(Select Committee on the Strategic Competition between the United States and the Chinese Communist Party)에 중국 공산당이 포함된 배경이기도 하다. 또한 공급망 위기가 미국 국민들의 실생활에 직접적인 피해를 입히면서 경제안보에 대한 인식이 생겨나기 시작했다. 특히 2년마다 전국 단위 선거를 치르면서 정권의 성격이 종종 변하는 나라 미국에서 중국에 대한 미국 국민의 비호감 심화는 정치적 선택과 경제 운영 두 차원에 모두 영향을 미치고 있다. 민주주의 복원을 강조하려 했던 바이든 행정부 시기에 중국의 인권 문제 역시 동맹 강화 주장과 엮이면서 중국 견제를 위한 정책에 초당파적 지지가 쏠리고 있다.

셋째, 과학기술, 공급망, 에너지 등 특정 이슈 영역들을 자국 중심주의 시각에서 안보 이슈 차원으로 승격시킨 점이 특징적이다. 과거처럼 핵무기를 포함한 군사력으로 안보를 지키는 것 못지않게 국내 경제와 밀접하게 관련 있는 비(非)군사적 요소들을 미·중 경쟁과 안보 위기 시

---

6 예컨대 바이든 대통령은 취임 직후 행정 명령 14005를 발동하여 "미국 국내 생산국(Made in America Office)"을 행정부의 경영 및 예산국(Office of Management and Budget) 산하에 만들었다. 2021년 11월에는 "미국 국내 생산 및 미국 제품 구매법(Build America, Buy America Act)"이 의회를 통과하였고 정부 조달 물품의 미국 현지 생산 규정이 포함되었다. 2022년 8월에 통과된 인플레이션 감축법(Inflation Reduction Act)의 전조가 이미 나타났던 셈이다. Brett Samuels. 2022. "White House Ups 'Made in America' Requirements for Federal Procurements," *The Hill*, Oct 25, 2022.

각과 연결시켜 강조하고 있다. 특히 팬데믹으로 인한 공급망 위기 와중에 반도체가 보여준 기술 경쟁과 에너지의 중요성은 미국으로 하여금 자국의 생산성과 경쟁력 수준을 점검하도록 만들었다. 현실적인 대응책으로 미국 현지 생산 유도라는 일종의 보호 무역 조치들을 경제안보 맥락에서 내세우는 중이다. 이는 인공 지능, 로봇, 바이오 등의 과학 기술 영역에서 자국 중심주의 방식을 통해 미국의 지배적 지위를 회복하려는 시도다. 2022년 8월에 통과된 인플레이션 감축법의 한 줄짜리 "북미 최종 조립 의무" 조항이 미국 의회 내부의 토론이나 동맹국과의 협의 없이 신속히 통과된 사례가 이를 반증한다.

넷째, 경제안보는 국내 정치적으로 초당파적인 분위기로 추진될 가능성이 비교적 높지만 동시에 정당 간 경쟁 및 기존의 정책 연합 구도와 관련성을 파악해야 전망이 가능하다. 특히 미국의 정치경제 특성을 놓고 볼 때 공화당의 전적인 동의와 지지 여부를 주목해야 한다. 반도체를 위시한 특정 산업을 위해 국가가 재정을 동원하는 방식을 둘러싸고 공화당 내부의 이념적 반감이 남아있기 때문이다. 미국 보수 이념에 따르면 국가가 개입하여 결국 시장의 승자와 패자를 정하게 되는 산업 정책은 비효율적이고 불공정하다. 예를 들어 2022년 7월에 하원을 통과한 반도체 과학법에 대해 공화당 하원 의원들 중 88.6%가 반대표를 던졌다. 결국 국가의 시장 불개입과 재정 건전성을 중요시해 온 공화당이 공급망 확보와 중국 견제라는 시대적 당위성을 고려할 때 기존의 정당 입장을 양당제하에서 어디까지 변화시킬 것인가를 주시해야 한다. 그런데 민주당은 이와는 대조적인 입장을 가지고 있다(Duesterberg 2020, Khanna 2023). 로드릭(Rodrik 2022)에 따르면 미국 내 산업정책이 최근 부활하게 된 배경에는 신자유주의(neoliberalism) 실패에 대한 인정, 기후 위기 해결을 위한 정부 개입의 필요성, 그리고 중국과의 기술 패권 경쟁이 작용하고 있다. 특히 민주당은 과학 기술 커뮤니티 및 첨단 기술 산업과 오래된 정치적 유대감을 쌓아왔다. 학계가 전반적으로 민주당 성향이라고 여기는 공화당과 대조적이다. 이는 바이든 임기 첫 2년간 백악관과 상하원을 민주당이 장악하고 있던 단점 정부 상황에서 과학 기술 관련 법안들이 민주당 주도로 통과되어 법제화되었던 배경이다. 결론적으로 COVID-19와 공급망 위기를 동시에 겪은 미국이 중국 견제를 새로운 대외 정책의 목표로 정한 상황에서 과학 기술, 반도체, 에너지 등 비(非) 군사적 요소들을 산업 정책 방식에 의해 안보 개념화한 것이 미국의 경제안보라고 정리해 볼 수 있다.

IV 미국 경제안보와 입법 정치 과정

1 인플레이션 감축법(Inflation Reduction Act of 2022)

지금까지 살펴본 미국의 국내 정치적 맥락을 통해 경제안보 관련 법안들을 따져 본다면 미·중 경쟁이라는 큰 틀에 가려진 정책 현실과 정치적 의미를 파악할 수 있다. "북미 최종 조립(finally assembled in North America)" 조항을 포함한 인플레이션 감축법은 미국 내에서 주로 최저 법인세율 설정, 처방전 약 가격 인하 유도, 기후 위기 대응 및 에너지 혁신 지원 등의 내용으로 더 잘 알려져 있다. 북미 지역 내에서 최종 조립된 전기차가 아니면 한 대당 7천 5백 달러의 세제 혜택을 미국 소비자가 받지 못한다는 내용은 아마도 미국 국내에서 보다 오히려 아시아와 유럽 등 해외에서 더 자주 논의되고 있는 중이다. 실제로 상호 의존성이 매우 높아진 글로벌 경제 환경과 함께 미국이라는 거대한 내수 시장 규모를 고려해 볼 때 미국 국내 생산 여부에 따른 기업의 혜택 혹은 비용 발생은 판도를 바꿀만한 중요 변수가 될 수 있다. 따라서 미·중 경쟁을 내세워 미국이 앞으로도 미국 내 공장 건설과 현지 생산을 경제안보의 핵심 사안으로 강력하게 추진한다면 G-2 경쟁 구도에 큰 파장을 미칠 수밖에 없다. 한편 미국의 자국 우선주의 입장에 대한 유럽 및 아시아 동맹국들의 우려를 미국이 어떻게 관리할 것인가 역시 미국 국내 정치와 선거 타이밍에 달려 있다.

미·중 경쟁 구도를 근본적으로 바꾸었던 미국 입법으로 후세에 평가받을 수도 있는 인플레이션 감축법이 실제로 2022년 8월에 만들어진 과정을 살펴보자. 미국과 중국 간 국제정치 차원에서의 경쟁 요인 못지않게 미국 국내의 의회 및 정당정치 현실도 변수였음을 알 수 있다. 특히 서로 직접적인 관련성이 없어 보이는 인플레이션 감축법과 반도체 지원법이 의회 절차와 시차, 인물 갈등 및 정당 경쟁으로 복잡하게 얽힌 채 다루어진 점은 특기할 만하다. 구체적으로 살펴보면 11월 중간 선거를 앞두고 입법 성공이 필요했던 민주당 내부에서 과반 찬성을 위한 핵심 의원인 맨신 의원이 민주당 원내 대표 슈머에게 먼저 연락을 취한다. 7월 18일부터 두 의원 간에 비밀리에 타협안이 추진되기 시작하였고 법인세, 에너지, 기후 위기, 의료 보험, 전기차 등의 내용이 전격적으로 대거 포함되었다(Everett and Levine 2022, Snell 2022). 이와 관련한 정보를 입수한 공화당 상원 원내 대표 맥코넬(Mitch McConnell, R-KY) 의원이 민주당 맨신 의원에게 증세와 관련된 내용이 포함되었는지 수차례 문의하였고 맨신 의원은 이를 적극 부인하였다. 공화당 입장에서는 세금을 늘리는 내용을 절대 용인할 수 없기 때문이었다. 결국 맨신 의원의 답변을 믿은 맥코넬 공화당 상원 원내 대표는 중도파를 포함한 공화당 상원 의원 17명의 지지를 주도하며 반도체 과학법에 찬성표를 던진다. 64명 찬성, 33명 반대라는 최근에 보기 드문 초당파적 지지로 반도체 지원법이 상원을 먼저 통과하게 되었다.

그런데 상원 통과가 확정된 지 불과 몇 시간 후에 전격적으로 슈머-맨신 합의가 언론을 통해 발표된다. 에너지 개발 허용을 약속 받고 바이든 의제 상당 부분을 수용한 맨신 의원이 민주당 지도부에 협력한 결과물이었다. 워싱턴 의회 정치의 베테랑인 맥코넬 의원은 크게 배신감을 느꼈고 이후 8월 7일에 이루어진 인플레이션 감축법 상원 표결에 단 한 명의 공화당 의원도 찬성하지 못하도록 촉구한다. 또한 민주당의 일방적 입법 시도를 신사협정 위배라며 분개한 하원 공화당은 상원에서 통과되어 하원으로 송부된 반도체 지원법안을 하원 차원 항의의 대상으로 결정한다. 특히 하원 공화당 원내 대표인 맥카시(Kevin McCarthy R-CA) 의원은 본회의 연설을 통해 반도체 지원 방식을 두고 "백지 수표 방식이자 바이든 입맛에 맞는 예산 배분"으로 폄하한다. 하원의 과학, 우주, 기술 위원회(House Committee on Science, Space and Technology) 부위원장이었던 루카스 의원(Frank Lucas R-OK) 역시 자신의 준비된 지지 발언을 수정할 수밖에 없었다며 민주당의 인플레이션 감축법 관련 민주당 행태를 비판하였다. 계획적인 부인 발언과 비밀 협상, 필리버스터를 우회하는 입법 전략, 상하원 소속 의원들의 철저한 단합 등을 통해 민주당은 11월 중간 선거를 앞두고 민주당 유권자들의 전폭적인 지지를 이끌어 낼 수 있는 주요 입법에 성공한 셈이다. 그 법안 안에 한국, 일본, 유럽을 포함한 미국의 동맹 국가들이 예상치도 못한 북미 최종 조립 의무 조항이 속전속결을 필요로 했던 민주당에 의해 "4장 전기차(Clean Vehicles)" 중 일부로 포함되어 통과되었다.

한편 트럼프 정당이 되었다고 평가받던 공화당이 트럼프 정책과 유사한 미국 내 최종 조립 조항을 포함한 인플레이션 감축법에 대해 상하원 소속 전원이 당파적 반대표를 던진 점은 미국 국내 정치의 복잡한 상황을 잘 보여준다(그림 2 참조). 파란 삼각형은 민주당 찬성 의원들을 표시하고 빨간색 역삼각형은 공화당 반대표를 가리킨다. 인플레이션 감축법 중 공화당이 주로 반대한 조항들은 법인세 최저 기준 설정 조항, 미국 국세청의 증원 조항, 기후 위기 대응 조항 등이었다. 미국 내 생산과 투자를 강조한 내용이 법안에 포함되었음에도 불구하고 공화당은 당 차원에서 완전히 반대한 모양새가 되었다. 이는 결국 중국과의 경쟁을 위한 미국 경제안보 정책 역시 대통령-의회 관계, 의회 입법의 특수성, 그리고 중간 선거 이전 등 국내 정치 맥락에 따라 복잡할 수 있음을 알려준다. 트럼프 시대도 예외라고 볼 수는 없다. 2016년에 예상 밖의 승리로 백악관에 입성하는데 성공했지만 트럼프 대통령은 2차 세계 대전 이후 지속적으로 자유무역을 지지했던 공화당의 전폭적인 지지를 받기 어려웠다. 트럼프 당선 1년 전인 2015년에 오바마가 요청했던 무역촉진권한(Trade Promotion Authority)을 절대적으로 지지했던 정당이 바로 공화당이었다. 한편 보호무역을 오랫동안 선호해 온 정당이지만 반(反)트럼프 정서가 팽배했던 민주당을 갑자기 설득하기는 일 역시 쉽지 않았다. 결국 중국과의 무역 전쟁을 위해 트럼프가 택한 방식은 의회를 우회한 행정 명령(executive order)이었다. 바이든의 첫 2년간 국내 정치적 환경은 또다시 달라졌다. 대통령 소속당이 의회 다수당과 동일한 단점 정부(unified government) 상황이 만들어졌으며 단합된 민주당이 변형된 의회 절차를 이용할 수 있었다. 과학 기술 커뮤니티와 거리를 두어 왔던 공화당의 반대에도 불구하고 인플레이션 감축법과 반도체 지원법의 입법이 성공할 수 있었던 결정적 배경이다. 이는 미국 경제안보의 미래 역시 국내 정치의 제도적 차원과 선거 전략적 동기에 의해 지속적으로 영향 받게 됨을 시사한다.

| 그림 2 인플레이션 감축법(Inflation Reduction Act) 미국 상하원 표결 현황

117th Congress 〉 Senate 〉 Vote 853

Date: 2022-08-07 **Result:** 50-50 (Bill Passed) **Tie-break:** Vice President of the United States cast the tie-breaking vote of Yea.

Clerk session vote number: 325

Bill number: HR5376 **Question:** On Passage of the Bill

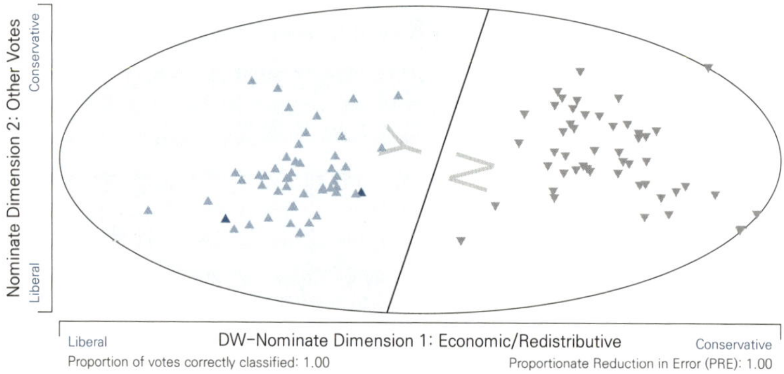

117th Congress 〉 House 〉 Vote 867

Date: 2022-08-12 **Result:** 220-207 (Passed) **Clerk session vote number:** 420

Bill number: HR5376 **Question:** On Motion to Concur in the Senate Amendment

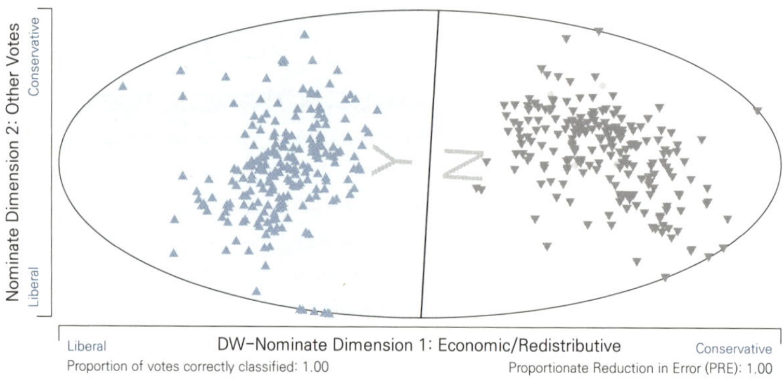

출처: https://voteview.com/rollcall/RH1170867; https://voteview.com/rollcall/RS1170853

2 반도체 과학법(CHIPS and Science Act of 2022)

팬데믹 시기에 공급망 위기가 자동차, 컴퓨터뿐만 아니라 일반 소비재 등에서 광범위하게 벌어지자 반도체 생산과 관련된 미국의 현실 인식이 급격히 형성되었다. 1990년대 전 세계 반도체 생산의 40% 가까이를 장악하고 있던 미국이 현재 12% 생산 수준으로 급격히 후퇴하였을 뿐만 아니라 현재는 80% 정도를 일본과 한국, 그리고 대만 세 나라가 생산하고 있다는 문제 제기가 중국 견제 담론과 함께 불거졌다. 미국의 대표적인 기술 혁신 기업인 애플과 구글 등이 사용하는 반도체 중 90%를 타이완 소재 회사들에 의존한다는 사실이 알려지면서 충격을 더하였다. 2022년 8월 9일에 바이든이 서명함으로써 효력이 발생된 반도체 과학법의 경우 내용상이나 정치적으로 모두 복잡한 양상을 보여준다. 우선 반도체를 뜻하는 단어(chip)를 포함한 법안(Creating Helpful Incentives to Produce Semiconductors) 명칭을 고안해 냈을 뿐만 아니라 2021년부터 지속되어 온 하원과 상원 각각의 기술 혁신 지원 법안들 중 일부를 짜깁기하여 민주당 버전의 법안이 만들어졌다. 하원 미국 경쟁법(America COMPETES Act of 2022)의 과학 관련 조항들이 상원의 미국 혁신 경쟁법(US Innovation and Competition Act of 2022)과 합쳐진 내용이다.

반도체 과학법의 구체적인 내용을 살펴보면 A영역(Division A) 경우 우리에게 잘 알려진 대로 향후 5년간 총 527억 달러를 인센티브 및 보조금, 그리고 펀드 조성에 사용한다는 내용으로 구성되어 있다. 보조금과 관련해서는 법안이 통과된 해인 2022년에 190억 달러가 배정되고 그 중에 20억 달러는 레거시(legacy) 공정 반도체 부문에 지원하여 자동차나 미사일 문제들을 해결하도록 조치하였다. 이후 2023년부터 2026년까지 매년 50억 달러의 보조금이 집행된다. 법안의 B영역(Division B)은 반도체 지원과 상관없이 미국 내 과학 연구개발(R&D)을 지원하는 내용을 담고 있다. 국내총생산(GDP) 대비 미국 연방 정부의 연구개발 지원금은 60년 내 최저인 상황이다. 국내총생산 대비 연구개발 비율은 한국, 일본, 독일에 뒤처져서 현재 세계 9위다. 따라서 총 825억 달러를 국가과학재단(National Science Foundation), 상무부, 에너지부, 기술표준 연구소(National Institute of Standards and Technology) 등에 투자하는 계획을 담고 있다. 이처럼 반도체 과학법 자체는 반도체 지원과 연구 개발 지원을 주로 담고 있고 팬데믹과 공급망 위기를 겪으면서 중국 견제를 목표로 바이든 행정부가 적극 추진했던 법안이었다.

| 그림 3 CHIPS and Science Act 하원 표결 당시 의원 이념별 찬반 분포도

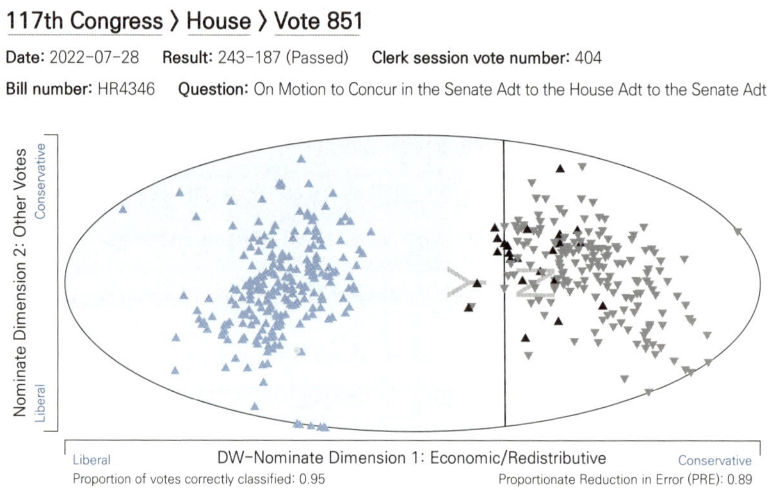

출처: https://voteview.com/rollcall/RH1170851

정치적으로 살펴보면 반도체 지원법을 둘러싸고 특이한 입법 정치 양상이 드러난다. 상원과 하원을 막론하고 민주당의 절대적 지지에다 공화당의 일부 온건 중도파 찬성이 더해져 과반 문턱을 넘게 된 것이다. 앞서 설명한 대로 상원 표결은 64명 찬성, 33명 반대였고 하원의 경우 243명 찬성, 187명 반대였다. 반대파 샌더스 의원이 주장했던 반도체 기업 이익의 사회 공유 제안은 바이든 행정부의 시행령에 반영되기도 하였다. 사실 상원에서 먼저 통과되었을 때 공화당의 경우 50명의 소속 상원 의원들 중 17명이 찬성표를 던짐으로써 나름 초당파적 분위기가 만들어졌다. 17명의 공화당 상원 의원들 대다수는 이념적으로 온건 중도파에 해당된다. 그런데 상원에서 하원으로 법안이 넘어 온 직후에 인플레이션 감축법이라는 민주당 법안과 관련하여 당내 협상이 타결되었다는 소식이 전해졌다. 이에 대한 격렬한 비판의 일환으로 하원 공화당 지도부는 반도체 지원법을 거부하는 입장을 공식적으로 정하게 된다. 흥미롭게도 인플레이션 감축법과 반도체 지원법이 내용과 상관없이 정치적으로 엮이게 되는 과정이었다. 공화당의 온건 중도파로 분류되는 24명의 의원들만이 찬성표를 던짐으로써 결국 반도체 지원법은 다수당인 민주당의 전원 지지와 함께 통과된다. 〈그림 3〉은 하원 표결 당시 의원 이념별 찬반 분포를 보여준다. 파란색 정삼각형은 민주당 찬성 의원들을 가리키고 빨간색 역삼각형은 공화당 반대표를 의미한다. 빨간색 정삼각형은 공화당 찬성파들이다. 민주당의 예외 없는 찬성과 공화당 소수의 지지 구도를 보여주고 있다. 결국 공화당 하원 의원들 중 88%가 반대 표결을 한 것으로 보아 반도체 과학법 통과를 초당파적 지지로 분류하기는 어렵다.

공화당 하원 의원들 대부분이 반대표를 던진 상황에서 24명의 찬성 그룹은 이념적으로 온건파에 속해 있다. 프리덤 코커스 소속 의원은 단 한 명도 찾아볼 수 없다. 이념 지표인 노켄-풀(Nokken-Poole) 지표 평균값(median)으로 볼 때 187명의 반대파가 0.52다. 이에 비해 찬성파 24명의 평균치는 0.31이다. 찬성파 중 한 명인 피츠패트릭(Brian Fitzpatrick, R-PA) 의원 경우 펜실베니아를 지역구로 한 대표적 중도파 의원이다. 양극화된 현재 미국 의회에서 보기 드문 초당파 그룹인 문제 해결 코커스(problem-solving caucus)의 공동 의장직도 맡고 있다. 또한 맥카시 의장과 가깝지만 지역구 사정과 여론을 고려한 한국계 킴(Young Kim, R-CA) 의원 역시 찬성표를 던졌다. 그리고 현재 하원 외교위원장인 텍사스 출신 맥콜(McCaul, R-TX) 의원 역시 찬성파 24명 중 한 명이다. 맥콜 의원은 맥카시 의장과 우크라이나 지원을 놓고서도 공개적으로 상반된 입장을 보인다. 특히 맥콜 위원장은 의회 첨단기술 코커스(Congressional High Tech Caucus)의 창설자로 과학 기술 중요성을 강조하는 인물이기도 하다. 공화당 소속 하원 의장과 같은 당 소속 하원 외교위원회 위원장 간에 우크라이나와 반도체 지원을 놓고 이견이 존재하는 셈이다. 하지만 이후 대만 방문을 둘러싸고 일정 조정에 합의하는 등 협력적 관계를 구축 중이다. 실제로 트럼프 시대 이후 공화당 내에는 중국 견제를 목표로 한 정부의 적극적인 역할론에 동조하는 의견이 늘고 있다. 그럼에도 불구하고 산업 정책 중심의 바이든식 중국 전략을 전폭적으로 지지할 정도로 변화한 것이라 판단하기는 어렵다. 결국 미국이 중국과의 경쟁이라는 국제정치 화두를 다루는데 있어서도 여전히 정당별로 국내 정치적 차이가 확인되고 있다. 물론 이는 중국을 견제할 것인지 말 것인지에 대한 차이는 전혀 아니다. 단지 민주당 대통령의 중국 접근법에 대해 공화당 내부에서 발견되는 이견에 관한 것이다. 향후 공화당 대통령의 중국 접근법에 대해서도 민주당이 전폭적으로 지지한다는 보장 역시 아직 없다. 미국과 중국의 경쟁 양상이 앞으로 어떻게 얼마나 변화할 것인지에 따라 미국 내 대통령 정치와 정당 경쟁 구도는 여전히 중요한 변수로 작동하게 될 것이다.

V 소결: 미국 정치와 경제안보 전망

본 연구는 미국의 경제안보 정책에 대한 미국 국내 정치적 논의와 차이를 살펴봄으로써 미국 민주주의 요소들의 영향과 초당파적 지지 여부에 대해 탐색해 보았다. 미국이 추진하는 대외 안보 담론과 관련하여 미국 내 민주주의 정치는 서로 다른 정책 형식(type), 시기(timing), 그리고 추세(trend)를 만들어낸다는 점을 확인할 수 있다. 실제로 미국 역사상 안보 상황이 경제에 영향을 미칠 때 행정부 중심으로 안보와 경제를 동시에 해결하려는 노력이 이어져 왔다. 1971년 닉슨 행정부의 일방적인 불태환 정책 발표는 베트남 전쟁 와중에 약화된 미국 경제를 회복하려는 시도였다. 1980년대 레이건 행정부는 냉전이 심화되던 시기에도 무역 역조를 해결하기 위해 동맹국 일본에게 수출 자율 제한 조치를 적용하였고 플라자 협정을 통해 달러 평가 절하를 모색하였다. 1990년대 호황을 누리던 클린턴 정부 당시에도 공정 무역(fair trade)을 내세움으로써 교역 상대국의 비관세 장벽에 대해 문제 제기를 한 바 있다.

현재 미국의 상원과 하원은 공히 적은 의석 수 차이로 인해 특정 정당의 의제를 쉽게 밀어붙일 수 있는 상황이 아니다. 미 · 중 전략 경쟁 위원회(Select Committee on the Strategic Competition between the United States and the Chinese Communist Party)는 예외적으로 초당파적인 지지를 통해 설치된 적이 있다. 표결 결과 365명 찬성에 65명 반대였는데 공화당 의원 중에는 반대가 한 명도 없었고, 65명의 민주당 반대파들도 아시아 혐오 범죄 우려가 주된 반대 이유였다. 이제 중국 견제 자체를 반대하는 미국 의회 의원은 거의 없는 상황인 셈이다. 중국 강경파이자 맥카시 하원 의장과 가까운 갤러거(Mike Gallagher, R-WI) 의원이 위원장을 맡았고 경제, 안보, 기술 분야에 걸친 조사 기능 및 정책 제안 활동 임무를 부여받았다. 이례적으로 2월 28일 저녁 7시 황금 시간대에 첫 번째 청문회를 개최하여 미국 전역에 생중계되기도 하였다. 그럼에도 불구하고 이후 실질적인 성과는 미미했다. 의회 주도의 중국 견제가 부딪치는 다양한 국내 정치적 현실과 한계를 반영한 결과라고 볼 수 있다. 결론적으로 누가 더 "중국에 강경한가(tough on China)"를 둘러싼 미국 정치권의 선명성 경쟁이 주로 미국 및 해외 언론을 통해 우리 국내에도 전해져 온다. 동시에 이미 중국과 맺어진 다양한 미국 국내적인 이해관계 역시 향후 미·중 관계 전반을 규정하는 주요 변수로 작동하게 됨을 잊어서는 안 된다.

chapter 10

결론

트럼프 2.0 시대 미국 정치가 중국 이슈를 만날 때

CHAPTER

10

결론
트럼프 2.0 시대 미국 정치가 중국 이슈를 만날 때

"이제 미국 대통령직은 구속되지도 않고 제약받지도 않는 권력이 되었다. 그 시작이 트럼프는 아니었으나, 그가 집권한 이후 폭발적으로 확대되었고, 미국인들은 앞으로 오랜 기간 그 결과를 감당하게 될 것이다."

– 골드가이어, 손더스(Goldgeier and Saunders 2018, 156)

21세기 미국의 정치와 외교는 '트럼프의 미국'과 '반(反)트럼프의 미국'이라는 뚜렷한 양극화 현상 가운데 전개되고 있다. 둘로 갈라진 미국의 분열은 감정적 대립을 넘어 제도적 차원에서 구조화되고 있는 중이다. 대통령과 의회의 권력 관계, 정당과 계파의 구도, 지역구의 이해관계, 언론과 여론의 거의 모든 차원을 관통하며 대외정책 전반에도 영향을 미치고 있다. 미국 대외정책의 영역 중에서도 대중(對中) 전략은 미국 정치의 분열 구도와 가장 밀접하게 맞물린 분야 중 하나다. 중국을 견제할 것인가 '여부'는 워싱턴 내에서 이미 결론이 났다고 보아도 무방하다. 한때 중국과의 관여(engagement) 전략을 주장하던 세력은 현재 기후 위기와 관련된 소수의 진보 그룹을 제외하면 미국 내에서 찾아보기 어렵게 되었기 때문이다. 결국 미국이 직면하고 있는 과제는 언제, 어떻게, 그리고 왜 중국을 견제할 것인가의 문제다. 그런데 이는 미국의 제도 정치와 정치 과정에 따라 변동성을 겪고 있는 중이다. 흔히들 미국의 중국 견제를 놓고 초당파적인 합의가 있다고 이해하지만 막상 그 내막을 살펴보면 매우 복잡한 이념적, 정치경제적 이해 관계가 대통령, 의회, 정당정치를 배경으로 얽혀 있다.

이 책은 미국의 대중(對中) 정책 형성과정에서 대통령-의회 권력관계, 정당정치 및 계파 경쟁의 구조, 그리고 국내 정치 요인이 어떻게 결합하는지를 분석하였다. 결과적으로 중국 정책은 단순히 국제정치적 변수나 대통령의 외교 리더십에 의해서만 좌우되지 않고 제도적 권력 분점과 계파 구도, 지역구 이해관계, 그리고 장기적 전략 인식이 상호작용하는 복합적 구조 속에서 형성되고 있다. 아시아에 대한 미국의 상대적인 이해 및 경험 부족 현상, 대통령 선거를 놓고 벌이는 경합주 경쟁과 관련된 양당제하의 네거티브 전략, 1989년 톈안먼 사태부터 2020년 팬데믹에 이르기까지 미국 내에서 확실히 자리매김한 반중(反中) 정서와 포퓰리즘의 결합 등은 미국의 중국 견제를 일관적이지도, 체계적이지도 않은 형태로 이끌고 있다. 이러한 복잡성에 대한 인식없이 피상적이고 구호에 가까운 방식으로 미국의 중국 견제를 이해하는 경우, 우리 국익은 손상될 가능성이 적지 않다. 본 연구의 내용을 간단하게 정리하면 다음과 같다.

1 대통령과 의회 간 권력 균형과 견제

미국의 건국 헌법은 대외정책 권한을 대통령과 의회에 분산시켰다. 대통령은 외교 인사 임명권, 조약 체결권(단, 상원 3분의 2 비준 필요), 군 최고통수권을 가지지만, 의회는 전쟁선포권, 예산 승인권, 통상 관련 법률 제정권 등을 행사한다. 특히 대중 정책의 경우 의회는 무역정책 권한과 제재 입법을 통해 대통령의 재량을 제약해 왔다. 예컨대 1974년 무역법(Trade Act of 1974)과 잭슨-배닉 수정(Jackson-Vanik amendment)은 인권 문제와 무역특혜를 연계시키며 의회의 영향력을 제도화하였다. 냉전 종식 이후에도 이러한 구조는 유지되었는데 2018년 트럼프 행정부의 대중 관세 부과 과정에서도 의회의 견제 및 입법 시도가 반복되었다. 그런데 트럼프 2.0 시대가 명확히 보여주는 것은 대통령의 외교 권력이 행정 명령과 합의를 중심으로 그동안 얼마나 의회의 견제로부터 탈피해 왔는가라는 정치 현실이다. 선제적이고 독단적인 정책 결정을 특징으로 하는 대통령 제도하에서 밖으로는 미국의 글로벌 리더십 쇠퇴와 안으로는 미국 정치 양극화가 합쳐짐에 따라 미국의 중국 견제 역시 새로운 양상을 보이고 있는 중이다.

2 정당정치와 계파 구도

이 책에서 살펴본 대로 미국의 중국 정책은 국제 질서와 국가 경쟁 못지않게 미국 내의 정당 간 이념 차이와 선거 전략, 당내 계파 구도의 영향을 강하게 받아 왔다. 전통적으로 민주당은 인권, 환경, 다자주의를 중시해 왔으며 공화당은 군사력 강화와 자유무역을 선호해 왔다. 그동안 중도 성향의 민주당 대통령과 통상 중심의 공화당이 협력하여 구축해 온 미국 주도의 자유무역 질서가 정면으로 뒤집어진 것은 트럼프 시기다. 그 이면에는 2008년 오바마 당선 이후 대거 공화당으로 지지를 바꾸었던 백인 고졸 노동자들의 분노 정서와 양극화 시대에 대폭 줄어든 경합주들이 주로 미국 경제 쇠퇴를 상징하는 중서부 주들에 몰려있다는 미국 정치 변화가 자리잡고 있었다. 탈냉전 이후 21세기에 접어들면서 두 정당 모두 중국을 전략적 경쟁자로 인식하면서 초당적 견제 기조가 강화되고 있기는 하다. 2000년 중국의 영구적 최혜국 대우(PNTR) 승인 과정에서 클린턴 행정부는 공화당 지도부와 협력했지만 2010년대 들어서는 민주·공화 양당 모두 '중국 위협론'에 기초한 강경 정책에 합의하는 양상이 두드러지고 있다. 이는 2018년의 트럼프 무역전쟁, 2020년대 반도체·배터리 공급망 규제, 2022년 반도체 과학법(CHIPS and Science Act) 통과에서도 동일하게 확인된다. 다만 군사-안보와 민주주의 가치 영역을 제외하면 미국과 중국이 경제적으로 얽혀 있는 현실 속에서 중국과의 절연을 뜻하는 디리스킹(derisking) 혹은 디커플링(decoupling) 전략은 모두 한계를 노정하고 있기도 하다.

3 지역구 이해관계와 산업 로비

대의(representation) 기능을 수행하는 미국 의회의 개별 의원이 가지는 대중 정책 입장은 지역구의 산업 구조와 밀접히 연관된다. 제조업·농업·에너지·기술 분야 등 중국과 직접 교역하거나 경쟁 관계에 있는 산업이 지역 경제의 핵심일 경우 해당 의원은 대중 정책에서 더욱 적극적으로 개입한다. 예컨대 농업 주(州) 의원들은 중국 시장 접근성 유지에 관심을 가진다. 정치적으로는 당연히 트럼프를 열광적으로 지지하는 세력들이지만 트럼프가 무리하게 밀어붙이는 중국과의 무역 전쟁에 대해서는 커다란 우려도 품고 있다. 러스트 벨트(rust belt)에서 제조업 몰락을 경험 중인 지역의 의원들은 중국산 수입 규제를 강력히 요구한다. 보호무역주의를 통해 중국을 견제하고 관세 정책을 통해 미국 내에서 공장을 짓고 투자를 하도록 만드는 압박 전략에 동조한다. 다만 동시에 중서부 지역에 꽤 많이 자리잡고 있는 부품 제조업 등 산업은 중국 수입품 가격이 최종 생산품의 가격 상승으로 이어질 것에 대해 안심하지는 못한다. 앞서 밝힌대로 미시간, 위스콘신, 펜실베이나 등 러스트 벨트 지역이 미국 대통령 선거에서 중요한 경합주로 등장하면서 미국의 중국 견제가 더욱 심화된 측면을 간과할 수 없다. 이 과정에서 산업 로비, 노동조합,

지역 경제단체의 영향력이 결합하여 의회의 정책 선호가 구체화되기도 한다.

4 장기 전략 수립과 초당적 합의

최근 미국의 중국 정책은 단기적인 경제적 이해관계를 넘어서서 중장기 전략 경쟁 차원에서 설계되고 있기도 하다. 오바마 행정부의 '아시아 재균형(Pivot to Asia)', 트럼프 행정부의 '대중 무역전쟁', 바이든 행정부의 '민주주의 대 권위주의' 구도 모두 중국을 전략적 경쟁자로 규정하고 대응하는 일관성을 보여준다. 특히 의회는 미국 대전략(American grand strategy)의 입법적 기반을 마련하고 정권 교체에도 불구하고 행정부가 일관된 대중 정책을 유지하도록 구조화하는 역할을 수행한다(Brands 1998). 이는 무역, 투자 심사, 기술 수출 통제, 국방 협력 등 다차원적 분야에서 법률화되어 초당적인 중국 견제 정책을 형성한다. 이러한 분석을 종합해 보면 미국의 대중 정책은 대통령의 외교 리더십, 의회의 제도적 권한, 정당 간 이념과 전략, 지역구 이해관계, 그리고 장기적 국가 전략이 복합적으로 얽혀 형성되는 다층적 구조임이 분명해진다. 물론 트럼프 2.0 시대에 주로 의회와 상관 없는 행정 명령과 합의 중심으로 중국 정책이 수행되고 있음은 유념할 필요가 있다. 다만 미국의 사법부가 트럼프의 상호 관세가 기초하고 있다고 주장하는 국제긴급경제권한법(International Emergency Economic Powers Act of 1977)의 적용 타당성에 대해 최종적인 판단을 내리게 될 것이다. 결국 한국이 대미 외교를 설계할 때는 행정부뿐 아니라 의회, 정당, 산업, 지역구 정치까지 포함하는 다차원적인 외교 전략이 필수적인 시대로 급격하게 전환 중이다.

5 트럼프 2.0 시대의 미국 정치와 중국 정책

무엇보다 트럼프 시대의 대중 정책은 통상을 중심으로 한 전방위 압박과 거래 중심 접근이 결합된 형태를 띠고 있다. 트럼프 대통령은 중국을 경제, 군사, 기술 전반에서 미국의 전략적 경쟁자로 규정하고, 고율 관세 부과, 수출 통제, 투자 심사 강화, 동맹국에 대한 방위비 증액 요구를 하나의 패키지로 묶어 압박을 가하고 있다. 트럼프 대통령과 미국 외교정책집단 간에 중국 견제의 정도와 범위를 둘러싸고 차이점이 발견되는 것도 사실이다. 하지만 트럼프 행정부의 전략은 민주당의 다자주의(multilateralism) 혹은 소다자주의(minilateralism) 접근과는 확연히 다르다. 공화당 특유의 양자 협상과 직접 거래를 선호하는 방식을 따르고 있다. 무역과 산업 부문에서는 상호 관세 구상과 함께 반도체 · 배터리 공급망 재편, 중국 기술 기업에 대한 제재가 추진되고 있다. 안보 부문에서는 인도 · 태평양 지역에서의 억제력 과시와 동맹 부담 배분이 연결되고 있다. 이 모든 과정은 국내 정치적인 레토릭과 결합되어 지지층 결집의 도구로 활용되는 중이다.

특히 트럼프 외교의 비(非)개입주의는 전통적 고립주의와는 다른 양상을 보인다. 중동이나 유럽에서 지상군 투입을 회피하고 있는데 향후 미국 안보 정책의 분명한 기조 중 하나는 미군의 직접적인 희생이 없는 한 지상군 투입 절대 불가가 될 전망이다. 한편 인도 · 태평양 지역에서는 해군력과 공군력을 동원한 군사적 개입 강도를 높이고 있다. 남중국해 자유항행작전, 대만 방위력 증대, 역내 전력자산 재배치 등은 모두 중국 견제를 최우선 목표로 한 선택적 개입의 사례다. 방위비 분담금(burden-sharing) 문제는 트럼프 외교의 상징적인 협상 카드이기도 하다. 주한미군과 주일미군 유지비를 전례 없이 높게 요구한 바 있고 나토(NATO) 동맹국의 국방비 지출을 2035년까지 GDP 대비 5%로 높이라는 제안은 부담 증액의 국제 기준선을 설정하려는 시도다. 한국을 두고 "현금 인출기

(money-machine)"라고 지칭하는 등 트럼프 특유의 포퓰리즘 역시 파급력이 적지 않다. 동시에 보호무역주의는 트럼프 정치 · 외교의 경제적 기초다. 제조업 회복과 일자리 창출이라는 명분 아래 관세 위협과 투자 유치를 결합했다. 1977년 국제긴급경제권한법(International Emergency Economic Powers Act)과 1962년 무역확장법(Trade Expansion Act)을 적극 활용하여 별도의 의회 승인이나 개입 없이 대통령 독단의 정책들을 고안하고 실행하는 중이다. 향후 발생 가능한 인플레이션 우려가 얼마나 관세 위협의 강도를 정치적으로 제어할 수 있을지가 관건인데 이 역시 트럼프의 정치적 결정에 속한다.

트럼프 행정부 2기 시대에도 미국 의회의 구조와 정당 체계는 중요한 변수로 작용하고 있다. 중국 이슈는 인권 문제처럼 초당적 합의가 가능한 분야도 있지만, 기후변화와 같이 당파 대립이 심한 사안, 산업 이해관계를 갈라놓는 통상 문제, 그리고 진영을 가로지르는 협력 문제 등으로 구분된다. 공화당 내부에서도 온건파와 강경파의 정책 접근이 다르다. 행정명령과 긴급경제권한법을 통한 신속하지만 불안정한 조치와, 의회를 통한 느리지만 안정적인 입법 경로가 병존하고 있다. 트럼프가 공화당을 완전히 장악하고 있다고 알려져 있지만 그래슬리(Chuck Grassley, R-IA) 아이오와 상원 의원은 공화당 상원 의원 7명과 함께 무역검토법(Trade Review Act of 2025)을 발의함으로써 대통령의 관세 정책에 대한 의회 승인 조치를 추진한 바도 있다.

한편 트럼프의 협상과 전략은 과거 닉슨(Nixon) 대통령과 상당한 유사성을 보인다. '오직 닉슨만이 중국에 갈 수 있었다(Only Nixon could go to China)'는 상징적 문구가 설명하는대로 닉슨은 중국 관련 외교적 돌파구를 만들었다. 트럼프 역시 '트럼프만이 평양을 갈 수 있었다(Only Trump could go to Pyongyang)'라는 북한 김정은 위원장과의 정상회담 이벤트 외교를 통해 정치적 이득을 노릴 것으로 예상된다. 닉슨의 1971년 보편관세(universal tariffs) 부과와 트럼프의 2025년 상호관세(reciprocal tariffs) 추진 역시 매우 비슷하다. 닉슨이 4개월 만에 스미스소니안 협정을 통해 보편 관세를 철폐했던 것처럼 트럼프 역시 2025년 4월 2일에 부과했던 관세의 유예 기간을 8월 1일까지로 잡았던 것 역시 흡사하다. 다만 유독 관세에 집착하는 트럼프가 인플레이션 문제를 고려하여 어느 시점까지 관세 압박을 끌고 갈지는 불투명하다. 한미일 삼각협력 유지는 여전히 가능성이 있지만, 국내 정치와 선거 일정에 따라 변동성이 크기 때문에 제도화 없이는 안정성을 확보하기 쉽지 않다. 조선 및 해운 분야에서는 SHIPS for America 법안이 통과되는 경우 외국 건조 선박의 임시 편입이 허용되지만 2030년 이후 신규 편입이 금지되어 장기적으로는 미국 건조 중심으로 전환해야 하는 압박이 존재한다.

북핵 문제는 중국과 미국 국내 정치의 영향을 동시에 받는 중이다. 트럼프는 정상외교를 통해 북핵 협상을 시도했으나 하노이 회담 결렬 이후 중국의 대북 영향력과 미 · 중 관계의 긴장이 협상의 주요 변수로 작용하고 있다. 향후에도 한국 내에서는 '나쁜 합의가 없는 합의보다 낫다'와 '나쁜 합의는 차라리 하지 않는 것이 낫다'는 상반된 주장이 동시에 존재할 가능성이 높다. 진보 진영과 보수 세력 간의 인식 차이에 기인한다. 트럼프식 외교는 이를 선거 일정과 결합해 타이밍 정치로 활용할 가능성이 높다. 미 · 중 전략경쟁은 미국 국내 정치에도 깊은 파급효과를 미쳤다. 공화당은 중국 위협론을 최상위 의제로 고정했고 민주당은 견제에는 동의하되 방법론에서 차별화를 시도했다. 트럼프는 '중국에 강경한 후보'라는 이미지를 선거 전략에 적극 활용했다. 제조업 쇠퇴 지역은 보호무역과 산업 보조금을 지지했고 농업 주는 대중 수출 의존으로 인해 양면적인 태도를 보였다. 전략산업 분야에서는 국가안보 명분 아래 초당적 합의가 형성되었으나, 세부 정책에서는 계파 갈등이 지속됐다. 행정부의 독자적 조치는 강화되었지만, 의회는 장기적으로 대중 정책에 대한 감독과 입법 권한 확대를 시도하는 중이다. 트럼프 2.0 시대 미국 정치와 외교의 변화는 중국에 대한 견제를 핵심 요소 중 하나로 진행 중이다. 결론적으로 미국 역시 “인사이드 아웃(inside-out)” 방식과 “아웃사이드-인(outside-in)” 접근이 결합될 때 비로소 그 나라의 정치와 외교에 대한 충분한 이해가 가능한 것임이 분명해지고 있다.

참고문헌

권용립. 2010.『미국 외교의 역사』(서울: 도서출판 삼인)

김재철. 2023.『탈냉전기 미·중관계: 타협에서 경쟁으로』(서울: 사회평론아카데미)

백우열. 2022. "경제안보 개념의 확장: 2020년대 안보 맥락에서"『국제정치논총』62(4): 325-364.

백창재. 2020.『미국 정치 연구』(서울: 사회평론아카데미)

백창재·정하용. 2016. "정당과 유권자: 샷슈나이더 이론의 재조명"『한국정치연구』25(3): 1-30.

서정건. 2019.『미국 정치가 국제 이슈를 만날 때: 정쟁은 외교 앞에서 사라지는가 아니면 시작하는가』(서울: 서강대학교 출판부)

______. 2020. 편저.『미국 국내 정치와 외교정책』(서울: 서울대학교 국제문제연구소)

______. 2021. "트럼프 이후 바이든 시대 미국 의회-대통령 관계와 북한 정책 변화,"『국가전략』27(3): 81-104.

______. 2023. "국회 의사결정 구조의 현황과 개선방안: 미국 의회와 비교를 중심으로"『정치 양극화 시대 한국 민주주의 발전방안』(경제인문사회연구회·한국행정연구원 공편)

______. 2024. "2024년 미국 대통령 선거와 양극화 정치"『트럼프의 귀환, 미국의 미래』(서울: 동아시아연구원)

______. 2025. "한국 의회-정당정치의 양극화 분석과 해법: 미국 정치와의 비교 연구를 통해"『적대 정치의 청산과 개헌을 말하다』(서울: 나남 출판사)

서정건·최은정·최민진. 2018. "소위원회(subcommittee) 활성화를 통한 의회 개혁: 미국 의회 사례와 한국 국회 시사점"『사회과학연구』44(2): 201-221.

서정건·이가용. 2021. "의회 조직과 외교정책: 미국 의회 코리아 코커스 사례를 중심으로" 『미국학』 44(2): 35-65.

서정건 · 이종곤. 2025. "미국 의회 계파정치와 안보정책: 의회진보연합과 프리덤코커스를 중심으로" 『미국학논집』 57(2): 69-99.

손병권. 2024. 『티파티 운동과 위대한 미국 운동: 리얼 아메리카의 회복을 위한 저항운동』 (서울: 서울대학교 출판부)

이종곤. 2020. 「2020 대선 대비 트럼프 대통령의 당내 계파별 포섭 전략」 『미국학논집』 52(2): 93-119.

이승주. 2021. "경제-안보 넥서스(nexus)와 미 · 중 전략 경쟁의 진화" 『국제정치논총』 61(3): 121-156.

전재성. 2025. 『미래 세계정치질서와 권역이론』 (서울: 동아시아연구원)

정하용. 2023. "바이든 행정부 후반기 대중 정책: 배제(decoupling)와 관리(de-risking)" 『정세와 정책』 2023년 8월호.

차정미. 2022. "미 · 중 전략경쟁과 과학기술외교(Science Diplomacy)의 부상" 『국제정치논총』 62(4): 57-86.

차태서. 2024. 『30년의 위기: 탈단극 시대 미국과 세계질서』 (서울: 성균관대학교 출판부)

황지환. 2025. 『북한은 왜 미국과 싸우는가: 비핵화와 평화체제의 국제정치 딜레마』 (서울: 서울시립대학교 출판부)

Abramowitz, Alan I., Cover, Albert D., and Norpoth, Helmut. 1986. "The President's Party in Midterm Elections: Going from Bad to Worse," *American Journal of Political Science* 30(3): 562-576.

Abramowitz, Alan I. and Steven W. Webster. 2016. "The rise of negative partisanship and the nationalization of U.S. elections in the 21st century," *Electoral Studies* 41: 12-22.

Acheson, Dean. 1969. *Present at Creation: My Years in the State Department*. (New York: W. W. Norton)

Adams, G. 1997. "Abortion: Evidence of an issue evolution." *American Journal of Political Science* 41: 718-737.

Ainsworth, Scott H., and Frances Akins. 1997. "The Informational Role of Caucuses in the U.S. Congress." *American Politics Quarterly* 25(4): 407-430.

Aldrich, John H. 1995. *Why Parties? The Origin and Transformation of Political Parties in America*. (Chicago: University of Chicago Press)

____________. 2009. "The Invisible Primary and Its Effects on Democratic Choice," *PS: Political Science and Politics* 42(1): 33-38.

Aldrich, John H., John Sullivan, and Eugene Borgida. 1989. "Foreign Affairs and Issue Voting: Do Presidential Candidates Waltz Before a Blind Audience?" *American Political Science Review* 83(1): 123-141.

American Political Science Association. 1950. "Towards a More Responsible Two-Party System: A Report of the Committee on Political Parties," *American Political Science Review* 44(3), Part 2: i-xi+1-100.

Arnold, R. D. 1990. *The logic of congressional action.* (New Haven, CT: Yale University Press)

Asher, H. B., & Weisberg, H. F. 1978. "Voting change in congress: Some dynamic perspectives on an evolutionary process." *American Journal of Political Science* 22: 391-425.

Azari, Julia R., Lara M. Brown and Zim G. Nwokora. 2013. *The Presidential Leadership Dilemma: Between the Constitution and a Party*. (Albany: State University of New York Press)

Bader, Jeffrey A. 2013. *Obama and China's Rise: An Insider's Account of America's Asia Strategy.* (Washington D.C.: Brookings Institution Press)

Bailey, Michael A., Judith Goldstein, and Barry A. Weingast. 1997. "The Institutional Roots of American Trade Policy: Politics, Coalitions and International Trade." *World Politics* 49(3): 309-38.

Bailey, Michael A., and Brady, D. W. 1998. "Heterogeneity and representation: The senate and free trade." *American Journal of Political Science* 42: 524-544.

Bartels, Larry M. 1988. *Presidential Primaries: The Dynamics of Public Choice*. (Princeton: Princeton University Press)

____________. 1991. "Constituency opinion and congressional policymaking: The Reagan defense buildup." *American Political Science Review* 85: 457-474.

Barth, Gunther P. 1964. *Bitter Strength: A History of the Chinese in the United States, 1850-1870*. (Cambridge, MA: Harvard University Press)

Barth, Laron K. Williams. 2013. "Flexible Election Timing and International Conflict," *International Studies Quarterly* 57(3): 449-461.

Baum, Dale. 1983. "'Woman Suffrage and the 'Chinese Question': The Limits of Radical Republicanism in Massachusetts, 1865-1876'," *New England Quarterly* 56: 60-77.

Benedict, Michael Les. 1973. *The Impeachment and Trial of Andrew Johnson*. (New York: W. W. Norton & Company)

Bensel, Richard. 1984. *Sectionalism and American Political Development, 1880-1980*. (Madison: University of Wisconsin Press)

____________. 2000. *The Political Economy of American Industrialization, 1877-1900*. (Cambridge: Cambridge University Press)

Biglaiser, G., Jackson, D. J., & Peake, J. S. 2004. "Back on track: Support for Presidential Trade Authority in the House of Representatives." *American Politics Research* 32: 679-697.

Binder, Sarah A. 1996. "The Disappearing Political Center: Congress and the Incredible Shrinking Middle," *The Brookings Review* 14(4): 36-39.

Binder, Sarah A., and Lee, Frances E. 2015. "Making Deals in Congress," in Persily, Nathaniel, ed. *Solutions to Political Polarization in America*. (New York: Cambridge University Press)

Binder, Sarah A., and Smith, Steven S. 1996. *Politics or Principle: Filibustering in the United States Senate*. (Washington D.C.: Brookings Institution Press).

Black, Earl, and Black, Merle. 1987. *Politics and Society in the South*. (Cambridge: Harvard University Press)

____________________. 2002. *The Rise of Southern Republicans*. (Cambridge: Harvard University Press)

Blomstedt, Larry. 2016. *Truman, Congress, and Korea: The Politics of America's First Undeclared War*. (Lexington: University Press of Kentucky)

Blum, Rachel M. 2020. *How the Tea Party Captured the GOP: Insurgent Factions in American Politics*. (Chicago: University of Chicago Press)

Bloomberg, "'To Hell With That': Biden Dismisses Foreign Complaints About US Climate Policy," Jan 26, 2023.

Brady, David. W. 1988. *Critical elections and congressional policymaking*. (Stanford, CA: Stanford University Press)

Brady, David W. and Mathew D. McCubbins. 2002. "Party, Process, and Political Change: New Perspectives on the History of Congress," in David W. Brady and Mathew D. McCubbins (eds) *Party, Process, and Political Change in Congress: New Perspectives on the History of Congress*, pp. 1-14. (Stanford, CA: Stanford University Press)

Bradsher, K. 2000. "Rallying round the China bill, hungrily." *The New York Times*, p. 18.

Brands, Hal. 2018. *American Grand Strategy in the Age of Trump*. (Washington D.C.: Brookings Institution Press)

Brands, Hal and John Lewis Gaddis. 2021. "The New Cold War: America, China and the Echoes of History," *Foreign Affairs* 100(6): 10-21.

Broz, J. L. 2005. "Congressional politics of international financial rescues." *American Journal of Political Science* 49: 479-496.

Brown, Frederick Z. 2010. "Rapprochement Between Vietnam and the United States," *Contemporary Southeast Asia* 32(3): 317-342.

________________. 2015. "Cuba, Vietnam, and Normalization," *Center for Latin America and Latino Studies*, American University.

Buchanan, B. 2004. *The policy partnership: Presidential elections and American democracy.* (New York: Routledge)

Burke, Edmund. 1770. "Thoughts on the Cause of the Present Discontents," in Susan E. Scarrow ed. 2002. *Perspectives on Political Parties*. (New York: Palgrave Macmillan)

Burnham, Walter Dean. 1970. *Critical Elections and the Mainsprings of American Politics*. (New York: Norton)

Burns, James MacGregor. 1963. *Deadlock of Democracy: Four-Party Politics in America*. (New York: Prentice)

Cameron, C. M. 2000. *Veto bargaining: Presidents and the politics of negative power.* (New York: Cambridge University Press)

Campbell, Angus, Converse, Philip E., Miller, Warren E., and Stokes, Donald E. 1960. *The American Voter*. (Chicago: University of Chicago Press).

Caridi, Ronald J. 1968. *The Korean War and American Politics: The Republican Party as a Case Study*. (Philadelphia: The University of Pennsylvania Press)

Carmines, Edward G. and James A. Stimson. 1989. *Issue Evolution: Race and the Transformation of American Politics*. (NJ: Princeton University Press).

Carter, Ralph G. and James M. Scott. 2021. *Congress and Foreign Policy: Activism, Assertiveness, and Acquiescence in a Polarized Era.* (New York: Rowman and Littlefield)

Canes-Wrone, Brandice. 2005. *Who Leads Whom? Presidents, Policy, and the Public*. (Chicago, IL: The University of Chicago Press)

Canes-Wrone, Brandice, William G. Howell, and David E. Lewis. 2008.

"Toward a Broader Understanding of Presidential Power: A Reevaluation of the Two Presidencies Thesis." *Journal of Politics* 70: 1-16.

Carter, Ralph G. and James M. Scott. 2021. "Opening Windows in Shrinking Spaces: Polarization and Congressional Foreign Policy Entrepreneurship," in Ralph G. Carter and James M. Scott ed. *Congress and U.S. Foreign Policy: Activism, Assertiveness, and Acquiescence in a Polarized Era*. (New York: Rowman & Littlefield)

Chappell, Henry W. Jr. and William R. Keech. 1986. "Policy Motivation and Party Differences in a Dynamic Spatial Model of Party Competition," *American Political Science Review* 80: 881-99.

Chaudoin, Stephen, Helen V. Milner and Dustin H. Tingley. 2010. "The Center Still Holds: Liberal Internationalism Survives," *International Security* 35(1): 75-94.

Cherny, Robert W. 1997. *American Politics in the Gilded Age, 1868-1900*. (Wheeling, IL: Harlan Davidson, Inc.)

Christensen, Thomas J. 1996. *Useful Adversaries: Grand Strategy, Domestic Mobilization, and Sino-American Conflict, 1947-1958*. (Princeton: Princeton University Press)

Clarke, Andrew J. 2020. "Party Sub-brands and American Party Factions," *American Journal of Political Science* 64(3): 452-470.

Clausen, A. R. 1973. *How congressmen decide: A policy focus.* (New York: St. Martin's Press)

Cohn, Henry S. and Harvey Gee. 2003. "'NO, NO, NO, NO!' Three Sons of Connecticut Who Opposed the Chinese Exclusion Acts," *Connecticut Public Interest Law Journal* 3: 1-100.

Conley, Patricia. 2001. *Presidential Mandates: How Elections Shape the National Agenda*. (Chicago: University of Chicago Press)

Conley, R. S. 1999. "Derailing presidential fast-track authority: The impact of constituency pressures and political ideology on trade policy in congress." *Political Research Quarterly* 52: 785-799.

Coolidge, Mary Roberts. 1909. *Chinese Immigration*. (New York: Henry Holt & Company)

Cooper, Joseph and Garry Young. 1997. "Partisanship, Bipartisanship, and Crosspartisanship in Congress Since the New Deal." In *Congress Reconsidered,* 6th ed. Lawrence C. Dodd and Bruce Oppenheimer. (Washington, D.C.: Congressional Quarterly)

Cox, Gary W. and Mathew D. McCubbins. 1993. *Legislative Leviathan: Party Government in the House*. (Berkeley: University of California Press)

____________________________________. 2005. *Setting the Agenda: Responsible Party Government in the U.S. House*. (Cambridge: Cambridge University Press)

Corwin, Edward S. 1940. *The President: Office and Powers*. (New York: New York University Press)

Covington, Gary R. 1987. "Staying Private: Gaining Congressional Support for Unpublicized Presidential Preferences on Roll Call Votes," *Journal of Politics* 49(3): 737-755.

Covington, Cary R., and Seligman, Lester G. 1989. *The Coalitional Presidency*. (New York: Dorsey Press)

Crabb, Cecil V., Antizzo, Glenn J., and Sarieddine, Leila E. 2000. *Congress and the Foreign Policy Process: Modes of Legislative Behavior*. (Baton Rouge: Louisiana State University Press)

Craig, Campbell. 2001. "The-Not-So-Strange Career of Charles Beard," *Diplomatic History* 25(2): 251-274.

Cronin, P., & Fordham, B. O. 1999. "Timeless principles or today's fashion? Testing the stability of the linkage between ideology and foreign policy in the senate." *Journal of Politics* 61: 967-998.

Cukierman, Alex, and Tommasi, Mariano. 1998. "When Does It Take a Nixon Go To China?" *The American Economic Review* 88: 180-197.

Curry, James M., and Lee, Frances E. 2020. *The Limits of Party: Congress and Lawmaking in a Polarized Era*. (Chicago: The University of Chicago Press).

Daniels, Roger. 1988. *Asian America: Chinese and Japanese in the United States since 1850.* (Seattle, WA: University of Washington Press)

Destler, I. M., Leslie Gelb, and Anthony Lake. 1985. *Our Own Worst Enemy: The Unmaking of American Foreign Policy*. (New York: Simon and Schuster)

DiLorenzo, Thomas J. 2008. *Hamilton's Curse.* (New York: Crown Forum)

DiSalvo, Daniel. 2012. *Engines of Change: Party Factions in American Politics, 1868-2010*. (Oxford: Oxford University Press)

Divine, Robert A.. 1974. *Foreign Policy and U.S. Presidential Elections: 1940 and 1960.* (New York, NY: New Viewpoints)

Dodd and Bruce I. Oppenheimer eds. *Congress Reconsidered*, 246-273. (Washington D.C.: CQ Press)

Doyle, Michael W. 1986. *Empires*. (Ithaca: Cornell University Press)

Downs, Anthony. 1957. *An Economic Theory of Democracy*. (New York: Harper and Row)

Drutman, Lee. 2020. *Breaking the Two-Party Doom Loop: The Case for Multiparty Democracy in America*. (New York: Oxford University Press)

Dueck, Colin. 2015. *The Obama Doctrine: American Grand Strategy Today*. (London: Oxford University Press)

____________. 2019. *Age of Iron: On Conservative Nationalism*. (London: Oxford University Press)

Duesterberg, Thomas J. 2020. "America Doesn't Need an Industrial Policy," *The Wall Street Journal,* June 22, 2020.

Edwards, George C. III. 1990. *At the Margins: Presidential Leadership of*

Congress. (New Haven: Yale University Press)

____________________. 2006. *On Deaf Ears: The Limits of the Bully Pulpit*. (New Haven: Yale University Press)

. 2021. *Changing Their Minds? Donald Trump and Presidential Leadership*. (Chicago: University of Chicago Press)

Edwards, George C. III, John H. Kessel, and Bert A. Rockman eds. 1993. *Researching the Presidency: Vital Questions, New Approaches*. (Pittsburgh: University of Pittsburgh Press)

Enelow, James and Melvin J. Hinich. 1984. *The Spatial Theory of Voting: An Introduction*. (New York: Cambridge University Press)

Enten, Harry. 2016. "How Much Do October Surprises Move the Polls?" *FiveThirtyEight*, Oct 30, 2016.

Epstein, D., & O'Halloran, S. 1996. "The partisan paradox and the U.S. tariff, 1877-1934." *International Organization* 50: 301-324.

Espino, R., & Canon, D. T. 2009. "Vote switching in the U.S. House." *Journal of Politics* 71: 324-338.

Everett, Burgess and Marianne Levine. "Manchin's Latest Shocker: a $700 billion Deal," *The Politico*, July 27, 2022.

Fearon, James D. 1998. "Domestic Politics, Foreign Policy, and Theories of International Relations," *Annual Review of Political Science* 1: 289-313.

Fenno, R. F., Jr. 1978. *Home style: House members in their districts.* (New York: Addison-Wesley)

Fiorina, Morris P. 1974. *Representatives, Roll Calls, and Constituencies*. (Lexington, MA: D.C. Heath)

Fisher, Louis. 1995. "On What Legal Basis Did Truman Act?" *The American Journal of International Law* 89(1): 21-39.

____________. 2004. *Presidential War Power*, 2nd edition, revised. (Lawrence: University Press of Kansas)

__________. 2006. "The Sole Organ Doctrine," *Studies on Presidential Power in Foreign Relations*. (Washington D.C.: Law Library of Congress)

__________. 2007. "The Law: Presidential Inherent Power: The Sole Organ Doctrine," *Presidential Studies Quarterly* 37(1): 139-152.

__________. 2014. "The Law: Connecting Presidential Power to Public Law," *Presidential Studies Quarterly* 44(1): 157-172.

Fleisher, Richard, and Jon R. Bond. 1988. "Are There Two Presidencies? Yes, But Only for Republicans." *Journal of Politics* 50: 747-67.

Fleisher, Richard, Jon Bond, Glen Krutz, and Stephen Hanna. 2000. "The Demise of the Two Presidencies," *American Politics Quarterly* 28(1): 3-25.

Flynn, Michael E. 2014. "The International and Domestic Sources of Bipartisanship in U.S. Foreign Policy," *Political Research Quarterly* 67(2): 398-412.

Foner, Eric. 1988. *Reconstruction: America's Unfinished Revolution, 1863-1877*. (New York: History Book Club)

__________. 1990. *A Short History of Reconstruction, 1863-1877*. (New York: Harper & Row)

__________. 2004. "Andrew Johnson," in Alan Brinkley and Davis Dyer eds. *The American Presidency*. (New York: Houghton Mifflin Company)

Fong, Eric W. and William T. Markham. 2002. "Anti-Chinese Politics in California in the 1870s: An Intercounty Analysis," *Sociological Perspectives* 45: 183-210.

Fordham, Benjamin O.. 1998. *Building the Cold War Consensus: The Political Economy of U.S. National Security Policy, 1949-1951*. (Ann Arbor, MI: University of Michigan Press)

__________. 2007. "The evolution of Republican and Democratic positions on Cold War military spending." *Social Science History* 31: 603-636.

Fordham, Benjamin O., and Katja B. Kleinberg. 2011. "International Trade and U.S. Relations with China." *Foreign Policy Analysis* 7: 217-36.

Friedberg, Aaron. L. 2000. *In the shadow of the Garrison State: America's anti-statism and its Cold War grand strategy.* (Princeton, NJ: Princeton University Press)

________________. 2011. *A Contest for Supremacy: China, America, and the Struggle for Mastery in Asia.* (New York: W. W. Norton and Company)

Frieden, J. A. 1988. "Sectoral conflict and United States foreign economic policy." *International Organization* 42: 59-90.

Friedman, Jeffrey A. 2024. "The Myth of a Bipartisan Golden Age of U.S. Foreign Policy," *International Security* 49(2): 97-134.

Friedrichs, Gordon M. and Jordan Tama. 2022. "Polarization and US Foreign Policy: Key Debates and New Findings," *International Politics* 59: 767-785.

Gable, Hannah and Peter M. Holm. 2009. "Breaking Bonds? The Iraq War and the Loss of the Republican Dominance in National Security," *Political Research Quarterly* 62(2): 215-229.

Gaddis, John Lewis. 1982. *Strategies of Containment: A Critical Appraisal of Postwar American National Security Policy*. (London: Oxford University Press)

Galvin, Daniel J. 2010. *Presidential Party Building: Dwight D. Eisenhower to George W. Bush*. (Princeton: Princeton University Press)

______________. 2020. "Party Domination and Base Mobilization: Donald Trump and Republican Party Building in a Polarized Era," *The Forum* 18(2): 135-168.

______________. 2015. "Taking the Long View: Presidents in a System Stacked against Them," in Brian Balogh and Bruce J. Schulman eds. *Recapturing the Oval Office: New Historical Approaches to the*

American Presidency. (Ithaca: Cornell University Press)

Gaubatz, Kurt Taylor. 1991. "Election Cycles and War," *The Journal of Conflict Resolution* 35(2): 212-244.

Gilmour, J. B. 1995. *Strategic disagreement: Stalemate in American politics*. (Pittsburgh, PA: University of Pittsburgh Press)

Gilpin, Robert. 1981. *War and Change in World Politics*. (Cambridge: Cambridge University Press)

Goldgeier, James and Elizabeth N. Saunders. 2018. "The Unconstrained Presidency: Checks and Balances Ended Long Before Trump," *Foreign Affairs* 97(5): 144-156.

Gowa, Joanne. 1994. *Allies, Adversaries, and International Trade*. (Princeton: Princeton University Press)

Green, Michael and Evan E. Medeiros. 2020. "The Pandemic Won't Make China the World's Leader," *Foreign Affairs* April 15, 2020.

Greenstein, Fred I. 1988. *Leadership in the Modern Presidency*. (Cambridge: Harvard University Press)

______________. 2000. *The Presidential Difference: Leadership Style from FDR to Clinton*. (Princeton: Princeton University Press)

Gries, Peter H. 2014. *The Politics of American Foreign Policy: How Ideology Divides Liberals and Conservatives over Foreign Affairs*. (Stanford: Stanford University Press)

Gries, Peter H., H. Michael Crowson, and Huajian Cai. 2012. "God, Guns, and … China? How Ideology Impacts American Attitudes and Policy Preferences toward China." *International Relations of the Asia-Pacific* 12: 1-40.

Grossmann, Matt and David A. Hopkins. 2016. *Asymmetric Politics: Ideological Republicans and Group Interest Democrats*. (New York: Oxford University Press)

Gyory, Andrew. 1998. *Closing the Gate: Race, Politics, and the Chinese Exclusion Act*. (Chapel Hill: The University of North Carolina Press)

Hacker, Jacob S. and Paul Pierson. 2014. "After the 'Master Theory': Downs, Schattschneider, and the Rebirth of Policy-Focused Analysis," *Perspectives on Politics* 12(3): 643-662.

Haggard, Stephan. 1987. "The Institutional Foundations of Hegemony: Explaining the Reciprocal Trade Agreements Act of 1934," *International Organization* 41(3): 491-517.

Hall, Richard L. 1996. *Participation in Congress*. (New Haven: Yale University Press)

Han, Hahrie, and David W. Brady. 2007. "A Delayed Return to Historical Norms: Congressional Party Polarization after the Second World War." *British Journal of Political Science* 37: 505-31.

Hargrove, Erwin C. 1966. *Presidential Leadership: Personality and Political Style*. (New York: McMillan)

Harris, Peter. 2018. "Why Trump Won't Retrench: The Militarist Redoubt in American Foreign Policy," *Political Science Quarterly* 133(4): 611-639.

Hart, David. M. 1998. *Forged Consensus: Science, Technology, and Economic Policy in the United States, 1921-1953*. (Princeton: Princeton University Press)

Harwell, Drew. 2016. "Trump's Trade Talk is Scaring One of America's Greatest Friends," Aug 12, 2016, *The Washington Post.*

Heale, Michael. 1990. *American Anti-Communism: Combating the Enemy Within, 1830-1970*. (Baltimore: The Johns Hopkins University Press)

Hibbing, J. R. 1991. *Congressional careers: Contours of life in the U.S. House of Representatives.* (Chapel Hill: University of North Carolina Press)

Higham, John. 1955. *Strangers in the Land: Patterns of American Nativism, 1860-1925*. (New York: Atheneum)

Hilbe, J. M. 2007. *Negative binomial regression.* (New York: Cambridge University Press)

Hillygus, Sunshine and Todd G. Shields. 2007. *The Persuadable Voter: Wedge Issues in Presidential Campaigns*. (Princeton, NJ: Princeton University Press)

Hinich, Melvin J. and Michael C. Munger. 1997. *Analytical Politics*. (Cambridge: Cambridge University Press)

Hogan, Michael J. 1985. "American Marshall Planners and the Search for a European Neo-capitalism," *American Historical Review* 90(1), p. 45.

Holsti, Ole R. 1992. "Public Opinion and Foreign Policy: Challenges to the Almond-Lippmann Consensus," *International Studies Quarterly* 36(4): 439-466.

Howell, William G. 2003. *Power without Persuasion: The Politics of Direct Presidential Action.* (Princeton: Princeton University Press)

Howell, William G. and Terry M. Moe. 2016. *Relic: How Our Constitution Undermines Effective Government - and Why We Need a More Powerful Presidency*. (New York: Basic Books)

Howell, William G., Saul P. Jackman, and Jon C. Rogowski. 2013. *The Wartime President: Executive Influence and the Nationalizing Politics of Threat*. (Chicago: University of Chicago Press)

Huntington, Samuel. 1975. "The Democratic Distemper," *The Public Interest* 41: 9-38.

Irwin, Douglas A. 2006. "Antebellum Tariff Politics: Coalition Formation and the Tariff of 1842," *Journal of Law and Economics* 49: 29-51.

Jackson, David and Steven Engel. 2003. "Friends Don't Let Friends Vote for Free Trade: The Dynamics of the Labor PAC Punishment Strategy over PNTR," *Political Research Quarterly* 56: 441-448.

Jacobs, Nicholas F., and Milkis, Sidney M. 2022. *What Happened to the*

Vital Center? Presidentialism, Populist Revolt, and the Fracturing of America. (Oxford: Oxford University Press)

Jenness, Ayres. 1888. *The Chinese Question: A Paper Read before the American Social Science Association*. (Boston, MA: Damrell and Upham)

Jervis, Robert. 1976. *Perception and Misperception in International Politics*. (Princeton: Princeton University Press)

____________. 1980. "The Impact of the Korean War on the Cold War," *The Journal of Conflict Resolution* 24(4): 563-592.

Jervis, Robert, Francis J. Gavin, Joshua Rovner, and Diane N. Labrosse. ed. 2018. *Chaos in the Liberal Order: The Trump Presidency and International Politics in the Twenty-First Century*. (New York: Columbia University Press)

Johnson, Robert. D. 2006. *Congress and the Cold War*. (New York: Cambridge University Press)

Jones, Charles O. 1994. *The Presidency in a Separated System*. 2nd edition. (Washington D.C.: Brookings Institution)

Karol, David. 2005. *Party coalitions, interest groups, and the limits of unidimensionality*. (Berkeley: University of California, Institute of Governmental Studies)

___________. 2007. "Does Constituency Size Affect Elected Officials' Trade Policy Preferences?" *Journal of Politics* 69(2): 483-494.

Katznelson, Ira. 2012. "Was the South Pivotal? Situated Partisanship and Policy Coalitions during the New Deal and Fair Deal," *Journal of Politics* 74(2): 604-620.

Katznelson, Ira and Martin Shefter. 2002. *Shaped by War and Trade: International Influences on American Political Development*. (Princeton, NJ: Princeton University Press)

Kernell, Samuel. 1986. *Going Public: New Strategies of Presidential*

Leadership. (Washington D.C.: CQ Press)

Key, V. O. Jr. 1949. *Southern Politics in State and Nation*. (New York: Knopf)

__________. 1955. "A Theory of Critical Elections," *Journal of Politics* 17(1): 3-18.

Khanna, Ro. 2023. "The New Industrial Age: America Should Once Again Become a Manufacturing Superpower," *Foreign Affairs* 102(1): 141-154.

Khong, Yuen Foong. 1992. *Analogies at War: Korea, Munich, Dien Bien Phu, and the Vietnam Decisions in 1965*. (Princeton: Princeton University Press)

Kingdon, John. W. 1989. *Congressmen's voting decisions.* (New York: Harper)

King, Gary. 1988. "Statistical models for political science event counts: Bias in conventional procedures and evidence for exponential Poisson regression model." *American Journal of Political Science* 32: 838-863.

Kleppner, Paul. 1979. *The Third Electoral System, 1853-1892: Parties, Voters, and Political Cultures*. (Chapel Hill, NC: University of North Carolina Press)

Klinghard, Daniel P. 2005. "Grover Cleveland, William McKinley, and the Emergence of the President as Party Leader," *Presidential Studies Quarterly* 35(4): 736-760.

Krehbiel, Keith. 1998. *Pivotal Politics: A Theory of U.S. Lawmaking*. (Chicago: University of Chicago Press)

Krutz, Glen S. and Jeffrey S. Peake. 2009. *Treaty Politics and the Rise of Executive Agreements: International Commitments in a System of Shared Powers*. (Ann Arbor, MI: University of Michigan Press)

Kupchan, Charles A. 2020. *Isolationism: A History of America's Efforts to Shield Itself from the World*. (New York: Oxford University Press)

Kupchan, Charles A. and Peter L. Trubowitz. 2007. "Dead Center: The

Demise of Liberal Internationalism in the United States," *International Security* 32(1): 7-44.

LaFeber, Walter. 1987. "The Constitution and United States Foreign Policy: An Interpretation," *Journal of American History* 74(3): 695-717.

Lasswell, Harold. 1941. "The Garrison State," *The American Journal of Sociology* 46: 455-468.

Layman, Geoffrey. C., & Carsey, T. M. 2002. "Party polarization and conflict extension in the American electorate." *American Journal of Political Science* 46: 786-802.

Lazarsfeld, Paul F., Berelson, Bernard R., and McPhee, William N. 1954. *Voting: Study of Opinion Formation in a Presidential Campaign*. (Chicago: University of Chicago Press)

Lee, Erika. 2003. *At America's Gates: Chinese Immigration during the Exclusion Era, 1882-1943*. (Chapel Hill, NC: University of North Carolina Press)

Lee, Frances E. 2009. *Beyond Ideology: Politics, Principles, and Partisanship in the U.S. Senate*. (Chicago: University of Chicago Press)

______________. 2013. "Presidents and Party Teams: The Politics of Debt Limits and Executive Oversight, 2001-2013," *Presidential Studies Quarterly* 43(4): 775-791.

Leffler, Melvin P. 1992. *A Preponderance of Power: National Security, the Truman Administration, and the Cold War*. (Stanford: Stanford University Press)

____________________. 2008. *For the Soul of Mankind: The United States, The Soviet Union, and the Cold War*. (New York: Hill and Wang)

LeoGrande, William M. 2015. "Normalizing US-Cuba Relations: Escaping the Shackles of the Past," *International Affairs* 91(3): 473-488.

LeoGrande, William. M., and Brenner, P. 1993. "The house divided: Ideological polarization over aid to Nicaraguan Contras." *Legislative*

Studies Quarterly 18: 105-136.

Levine, Jeffrey. 2001. "The Election of 1876 and the End of Reconstruction," *Journal of American History* 88: 559-87.

Lewis, Verlan. 2017. "The President and the Parties' Ideologies: Party Ideas about Foreign Policy since 1900," *Presidential Studies Quarterly* 47(1): 27-61.

Li, Yitan., and Drury, A. C. 2004. "Threatening sanctions when engagement would be more effective: Attaining better human rights in China." *International Studies Perspectives* 5: 378-394.

Light, Paul C. 2000. "Government's Greatest Achievements of the Past Half Century," *Reform Watch*, Nov 2000. (Washington D.C.: Brookings Institution).

Liasson, Mara. 2016. "The Democratic Party Got Crushed during the Obama Presidency, Here's Why," *NPR*, March 4, 2016.

Lindsay, James. M. 1994. *Congress and the politics of U.S. foreign policy.* (Baltimore: Johns Hopkins University Press)

Lublin, David and D. Stephen Voss. 2003. "Racial Redistricting and Realignment in Southern State Legislatures," *American Journal of Political Science* 47: 780-801.

Lupia, Arthur, and McCubbins, Matthew. 1998. *The Democratic Dilemma*. (Cambridge: Cambridge University Press)

MacMillan, Margaret. 2008. "Nixon, Kissinger, and the Opening to China," in Logevall, Fredrik, and Preston, Andrew, eds. *Nixon in the World: American Foreign Relations, 1969-1977*. (Oxford University Press)

Mann, James. 2000. *About Face: A History of America's Curious Relationship with China, From Nixon to Clinton*. (New York: Vintage)

____________. 2008. *The China Fantasy: Why Capitalism Will Not Bring Democracy to China*. (New York: Penguin Books)

Mansfield, Harvey C. 1965. *Statesmanship and Party Government: A Study of Burke and Bolingbroke*. (Chicago: University of Chicago Press)

Marshall, Bryan W, and Richard Pacelle. 2005. "Revisiting the Two-Presidencies: The Strategic Use of Executive Orders." *American Politics Research* 33: 81-105.

Marshall, Bryan W. and Patrick J. Haney. 2022. "The Impact of Party Conflict on Executive Ascendancy and Congressional Abdication in US Foreign Policy," *International Politics* 59: 661-686.

Mayhew, David R. 1974. *Congress: The Electoral Connection*. (New Haven: Yale University Press)

McCarty, Nolan, Keith T. Poole, and Howard Rosenthal. 2006. *Polarized America: The Dance of Ideology and Unequal Riches*. (Cambridge, MA: MIT Press)

McCormick, James M. and Eugene R. Wittkopf. 1990. "Bipartisanship, Partisanship and Ideology in Congressional-Executive Foreign Policy Relations, 1947-1988," *The Journal of Politics* 52(4): 569-587.

McCubbins, Mathew D. and Thomas Schwartz. 1984. "Congressional Oversight Overlooked: Police Patrols versus Fire Alarms," *American Journal of Political Science* 28: 165-79.

McRae, Duncan., Jr. 1970. *Issues and parties in legislative voting: Methods of statistical analysis.* (New York: Harper & Row)

Mead, Walter Russell. 2002. *Special Providence: American Foreign Policy and How It Changed the World.* (New York: Alfred A. Knopf)

__________________. 2021. "The End of the Wilsonian Era: Why Liberal Internationalism Failed," *Foreign Affairs* 100(1): 123-137.

Meernik, James. 1990. "Presidential Support in Congress: Conflict and Consensus on Foreign and Defense Policy," *The Journal of Politics* 52(4): 1077-1100.

Meinke, Scott. R. 2005. "Long-term change and stability in house voting decisions: The case of the minimum wage." *Legislative Studies Quarterly* 30: 103-126.

Milkis, Sidney M. 1993. *The President and the Parties: The Transformation of the American Party System since the New Deal*. (New York: Oxford University Press)

Milkis, Sidney M., and Rhodes, Jesse H. 2007. "George W. Bush, the Republican Party, and the New American Party System," *Perspectives on Politics* 5(3): 461-488.

Miller, Gary and Norman Schofield. 2003. "Activists and Partisan Realignment in the United States," *American Political Science Review* 97: 245-60.

Milner, Helen V. and Benjamin Judkins. 2004. "Partisanship, Trade Policy, and Globalization: Is There a Left-Right Divide on Trade Policy," *International Studies Quarterly* 48(1): 95-119.

Mink, Gwendolyn. 1986. *Old Labor and New Immigrants in American Political Development: Party and State, 1875-1920*. (Ithaca, NY: Cornell University Press)

Moe, Terry. 1985. "The Politicized Presidency," in John Chubb and Paul Peterson eds. *New Directions in American Politics*. (Washington, D.C.: Brookings Institution Press)

_________. 1993. "Presidents, Institutions, and Theory," in George C. Edwards III, John H. Kessel, and Bert A. Rockman eds. *Researching the Presidency: Vital Questions, New Approaches*. (Pittsburgh: University of Pittsburgh Press)

_________. 2009. "The Revolution in Presidential Studies," *Presidential Studies Quarterly* 39(4): 701-724.

Morse, Anson D. 1896. "What is a Party?" *Political Science Quarterly* 11(1): 68-81.

Mueller, John. 1973. *War, Presidents, and Public Opinion*. (New York: Wiley)

Munger, Michael C. and Kevin M. Timmons. 2010. "Paradox Lost: Explaining the Persistence of the Paradox of Voting," *Journal of Theoretical Politics* 22: 435-54.

Narizny, Kevin. 2007. *The Political Economy of Grand Strategy*. (Ithaca: Cornell University)

Neustadt, Richard E. 1960. *Presidential Power and the Modern Presidents*. (New York: The Free Press)

Ngai, Mae M. 2004. *Impossible Subjects: Illegal Aliens and the Making of Modern America*. (Princeton, NJ: Princeton University Press)

Nokken, Timothy. P. 2000. "Dynamics of congressional loyalty: Party defection and roll-call behavior, 1947-97." *Legislative Studies Quarterly* 25: 417-444.

__________________. 2003. "The ideological ends against the middle: House roll call votes on normal trade relation status for China, 1990-2000." *Congress and the Presidency* 30: 153-170.

Peake, Jeffrey S. 2023. *Dysfunctional Diplomacy: The Politics of International Agreements in an Era of Partisan Polarization*. (New York: Routledge)

Peake, Jeffrey. S., Jackson, D. J., & Biglaiser, G. 2007. "Don't go changing to try and please me: A preference-consistency analysis on trade policy in the U.S. House." *Congress and the Presidency* 34: 79-99.

Pillsbury, Michael. 2015. *The Hundred-Year Marathon: China's Secret Strategy to Replace America as the Global Superpower*. (New York: St. Martin's Griffin)

Poole, Keith T. and Howard Rosenthal. 1997. *Congress: A Political-Economic History of Roll Call Voting*. (New York: Oxford University Press)

Quandt, William B. 1986. "The Electoral Cycle and the Conduct of Foreign

Policy," *Political Science Quarterly* 101(5): 825-837.

Rae, Nicol C. 1989. *The Decline and Fall of the Liberal Republicans*. (London: Oxford University Press)

___________. 1998. "Party Factionalism, 1946-1996," in Byron E. Shafer ed. *Partisan Approaches to Postwar American Politics*. (Chatham: Chatham House)

Rathbun, Brian C. 2011. "The Magnificent Fraud: Trust, International Cooperation, and the Hidden Domestic Politics of American Multilateralism after World War II," *International Studies Quarterly* 55(1): 1-21.

Riccards, Michael P. 2000. *The Presidency and the Middle Kingdom: China, the United States, and Executive Leadership*. (New York: Lexington Books)

Riker, William H. 1962. *The Theory of Political Coalitions*. (New Haven, CT: Yale University Press)

Roberts, Jason. M., and Smith, S. S. 2003. "Procedural contexts, party strategy, and conditional party voting in the U.S. House of Representatives, 1971-2000." *American Journal of Political Science* 47: 305-317.

Rodrik, Dani. 2022. "An Industrial Policy for Good Jobs," *The Hamilton Project*. (Washington D.C.: The Brookings Institution)

Rohde, David W. 1991. *Parties and Leaders in the Post Reform House*. (Chicago: University of Chicago Press)

Rosenau, James N.. 1967. *Domestic Sources of Foreign Policy*. (New York, NY: Free Press)

Rosenson, Beth. A., Oldmixon, E. A., and Wald, K. D. 2009. "U.S. senators' support for Israel examined through sponsorship/cosponsorship decisions, 1993-2002: The influence of elite and constituent factors." *Foreign Policy Analysis* 5: 73-91.

Rosin, H., and Mufson, S. 2000. "Religious group urges rejection of China bill." *Washington Post*, p. A8.

Rossiter, Clinton. 1948. *Constitutional Dictatorship: Crisis Government in the Modern Democracies*. (Princeton: Princeton University Press)

Rubin, Ruth Bloch. 2017. *Building the Bloc: Intraparty Organization in the U.S. Congress*. (Cambridge: Cambridge University Press)

Rudalevige, Andrew. 2005. *The New Imperial Presidency: Renewing Presidential Power After Watergate*. (Ann Arbor, MI: University of Michigan Press)

Saunders, Elizabeth N. 2024. "Politics Can't Stop at the Water's Edge: The Right Way to Fight over Foreign Policy," *Foreign Affairs* 103(2): 86-103.

Saunders, Elizabeth N. and James Goldgeier. 2018. "The Unconstrained Presidency: Checks and Balances Eroded Long Before Trump," *Foreign Affairs* Sep/Oct 2018.

Schattschneider, Elmer. E. 1935. *Politics, Pressures, and the Tariff.* (New York: Prentice Hall)

____________________. 1960. *The Semi-sovereign People: A Realist's View of Democracy in America*. (Boston: Cengage Learning)

Schickler, Eric. 2001. *Disjointed Pluralism: Institutional Innovation and the Development of the U.S. Congress*. (Princeton, NJ: Princeton University Press)

Schiller, Wendy. J. 1999. "Trade politics in the American Congress: A study of the interaction of political geography and interest group behavior." *Political Geography* 18: 769-789.

Schlesinger, Arthur M. Jr. 1945. *The Age of Jackson*. (New York: Mentor Books)

____________________. 1973. *The Imperial Presidency*. (Boston: Houghton Mifflin Co)

Schmeller, Mark G. 2016. *Invisible Sovereign: Imagining Public Opinion from the Revolution to Reconstruction*. (Baltimore: Johns Hopkins University

Press)

Schofield, Norman. 2006. "Equilibria in the Spatial 'Valence' Model of Politics," *Journal of Theoretical Politics* 18: 248-72.

Schorpp, Susanne, and Finocchiaro, Charles J. 2017. "Congress and the President in Times of War," *American Politics Research* 45(5): 840-865.

Schultz, Kenneth A. 2018. "Perils of Polarization for U.S. Foreign Policy," *The Washington Quarterly* 40(4): 7-28.

_______________. 2005. "The Politics of Risking Peace: Do Hawks or Doves Deliver the Olive Branch?" *International Organization* 59: 1-38.

Schwartz, Thomas A.. 2009. "Henry … Winning an Election is Terribly Important: Partisan Politics and in the History of U.S. Foreign Relations." *Diplomatic History* 33: 173-90.

Scott, James. M., ed. 1998. *After the end: Making U.S. foreign policy in the post-Cold War world.* (Durham, NC: Duke University Press)

Seligman, Lester G. and Cary R. Covington. 1989. *The Coalitional Presidency*. (Chicago: The Dorsey Press)

Seo, Jungkun. 2010. "Vote Switching on Foreign Policy in the U.S. House of Representatives," *American Politics Research* 38(6): 1072-1101.

__________. 2011. "Wedge Issue Dynamics and Party Position Shifts: Chinese Exclusion Debates in the post-Reconstruction U.S. Congress, 1879-1882," *Party Politics* 17(6): 823-847.

__________. 2013. "Who Takes North Korea Seriously? The US Congress and Policy toward Pyongyang, 2009-2012," *The Korean Journal of Defense Analysis* 25(2): 191-209.

__________. 2017. "Strange Bedfellows and US China Policy in the Era of Polarized Politics," *Korean Journal of Defense Analysis* 29(1):47-69.

__________. 2021. "Do Election Cycles Matter for Foreign Policy? A Case Study of U.S. Normalizing Relations withFormer Adversaries," *Korean*

Journal of Defense Analysis 33(4):579-96.

Seo, Jungkun and Sean M. Theriault. 2012. "Moderate Caucuses in a Polarized US Congress," *Journal of Legislative Studies*, 18(2): 203-221.

Sharp, James R.. 1993. *American Politics in the Early Republic: The New Nation in Crisis.* (New Haven, CT: Yale University Press)

Shefter, Martin. 1994. *Political Parties and the State: The American Historical Experience*. (Princeton, NJ: Princeton University Press)

Shoch, James. 2001. *Trading Blows: Party Competition and U.S. Trade Policy in a Globalizing Era*. (Chapel Hill: University of North Carolina Press)

Sigelman, Lee. 1979. "A Reassessment of the Two Presidencies Thesis." *Journal of Politics* 41: 1195-205.

Sinclair, Barbara. 2006. *Party Wars: Polarization and the Politics of National Policy Making*. (Norman, OK: University of Oklahoma Press)

Skidmore, David., & Gates, W. 1997. "After Tiananmen: The struggle over U.S. policy toward China in the Bush administration." *Presidential Studies Quarterly* 27: 514-539.

Skowronek, Stephen. 1997. *The Politics Presidents Make: Leadership from John Adams to Bill Clinton*. (Cambridge: Belknap Press)

________________. 2023. *Presidential Leadership in Political Time: Reprise and Reappraisal*, 3rd Edition. (Lawrence: University Press of Kansas)

Skowronek, Stephen, John A. Dearborn, and Desmond King. 2021. *Phantoms of A Beleaguered Republic: The Deep State and the Unitary Executive.* (Oxford: Oxford University Press)

Smeltz, Dina. 2022. "Are We Drowning at the Water's Edge? Foreign Policy Polarization among the US Public," *International Politics* 59: 786-801.

Smith, Steven. S. 1981. "The consistency and ideological structure of U.S. Senate voting alignments, 1957-1976." *American Journal of Political Science* 25: 780-795.

Snell, Kelsey. "After Spiking Earlier Talks, Manchin Agrees to a New Deal on Climate and Taxes," *NPR* July 27, 2022.

Snyder, Jack. 1991. *Myths of Empire: Domestic Politics and International Ambition*. (Ithaca: Cornell University Press)

Stonecash, Jeffrey. M., Brewer, M. D., and Mariani, M. D. 2003. *Diverging parties: Realignment, social change and political polarization.* (Boulder, CO: Westview Press)

Stratmann, Thomas. 2000. "Congressional voting over legislative careers: Shifting positions and changing constraints." *American Political Science Review* 94: 665-676.

Suettinger, Robert. 2003. *Beyond Tiananmen: The Politics of US-China Relations, 1989-2000*. (Washington, DC: Brookings Institution Press)

Suri, Jeremi. 2007. *Henry Kissinger and the American Century*. (Cambridge: Harvard University Press)

Tama, Jordan. 2020. "Forcing the President's Hand: How the US Congress Shapes Foreign Policy Through Sanctions Legislation," *Foreign Policy Analysis* 16: 397-416.

__________. 2024. *Bipartisanship and US Foreign Policy: Cooperation in a Polarized Era*. (New York: Oxford University Press)

Theriault, Sean. M. 2008. *Party polarization in congress.* (New York: Cambridge University Press)

Theriault, Sean M., and Rohde, David W. 2011. "The Gingrich Senators and Party Polarization in the U.S. Senate," *Journal of Politics* 73(4): 1011-1024.

Tichenor, Daniel J. 2002. *Dividing Lines: The Politics of Immigration Control in America*. (Princeton, NJ: Princeton University Press)

Tolbert, Caroline J. and Rodney E. Hero. 2001. "Dealing with Diversity: Racial/Ethnic Context and Social Policy Change," *Political Research*

Quarterly 54: 571-604.

Trubowitz, Peter. 1998. *Defining the national interest: Conflict and change in American foreign policy.* (Chicago: University of Chicago Press)

______________. 2011. *Politics and Strategy: Partisan Ambition and American Statecraft.* (Princeton, NJ: Princeton University Press)

Trubowitz, Peter L. and Nicole Mellow. 2011. "Foreign Policy, Bipartisanship and the Paradox of post-September 11 America," *International Politics* 48(2): 164-187.

Trubowitz, Peter L. and Jungkun Seo. 2012. "The China Card: Playing Politics with Sino-American Relations," *Political Science Quarterly* 127(2): 189-211.

Tumulty, Karen. 2014. "LBJ's Presidency Gets another Look as Civil Rights Law Marks its 50th Anniversary," *The Washington Post*, April 8, 2014.

Uscinski, Joseph, Michael S. Rocca, Gabriel R. Sanchez, and Marina Brenden. 2009. "Congress and Foreign Policy: Congressional Action on the Darfur Genocide," *PS: Political Science and Politics* 42: 489-496.

Uslaner, Eric. M. 1998. "Let the chips fall where they may? Executive and constituency influences on congressional voting on NAFTA." *Legislative Studies Quarterly* 23: 347-372.

Van Vechten, Renee C. 2007. "The Institutional Determinants of State Legislative Professionalism," *Legislative Studies Quarterly* 32: 297-320.

Victor, J. N. 2003. "The spatial theory of interest group choice." Paper presented at the annual meeting of the Midwest Political Science Association. (Chicago, IL)

Walt, Stephen M. 2019. "America's Polarization is a Foreign Policy Problem, Too," *Foreign Policy*, March 2019.

Ware, Alan. 1979. "The 1978 U.S. Midterm Elections in Historical Perspective," *Parliamentary Affairs*32(1): 207-221.

Wawro, Gregory J. 2001. "A panel probit analysis of campaign contributions and roll-call votes." *American Journal of Political Science* 45: 563-579.

Wawro, Gregory J., and Schickler, Eric. 2006. *Filibuster: Obstruction and Lawmaking in the U.S. Senate*. (Princeton: Princeton University Press)

Wertheim, Stephen. 2020. *Tomorrow, the World: The Birth of U.S. Global Supremacy*. (Cambridge: Harvard University Press)

Westerfield, H. Bradford. 1955. *Foreign Policy and Party Politics: Pearl Harbor to Korea.* (New Haven, CT: Yale University Press)

White House, Office of the Press Secretary. 2014. "The Statement by the President on Cuba Policy Changes," December 17, 2014.

Wildavsky, Aaron. 1966. "The Two Presidencies," *Trans-Action* 4.

Wolfensberger, Don. 2006. "When Midterm Elections Matter: Congressional Mandates or Presidential Referenda," *The Wilson Center Symposium*, The Woodrow Wilson International Center for Scholars.

Wong, Edlie L. 2015. *Racial Reconstruction: Black Inclusion, Chinese Exclusion, and the Fictions of Citizenship*. (New York: NYU Press)

Xie, Tao. 2006. "Congressional Roll Call Voting on China Trade Policy." *American Politics Research* 34 November: 732-58.

Zelizer, Julian. E. 2008. "Conservatives, Carter, and the politics of national security." In B. J. Schulman and J. E. Zelizer, eds., *Rightward bound: Making America conservative in the 1970s*, pp. 265-287. (Cambridge, MA: Harvard University Press)

______________. 2012. *Arsenal of Democracy: The Politics of National Security - From World War II to the War on Terrorism*. (New York: Basic Books)

Zhou, Min and Carl L. Bankston III. 1998. *Growing Up American: How Vietnamese Children Adapt to Life in the United States*. (New York: Russell Sage Foundation)

저자 약력

서정건(徐正健)

서울대학교 정치학과를 졸업한 후 미국 텍사스대(오스틴) (University of Texas at Austin)에서 미국 의회와 외교 정책을 주제로 정치학 박사 학위를 받았다. 미국 노스캐롤라이나 주립대학교(윌밍턴)에서 교수(2007-2012)를 지냈고 경희대학교 정치외교학과 교수로 재직 중이다.

한국정당학회장(2025), 미국정치연구회장(2020), 미국 우드로우 윌슨 센터 풀브라이트(Fulbright) 펠로우(2019)를 역임했고 국가안보실, 국회의장실, 외교부, 통일부 자문위원으로 활동 중이다.

『미국 정치가 국제 이슈를 만날 때(2019)』와 『미국 정치와 동아시아 외교 정책(2017)』은 대한민국 학술원 우수도서로 선정되었고, "The China Card: Playing Politics with Sino-American Relations"는 미국정치학회(APSA) 외교 정책 분야의 최우수 논문(2009)으로 뽑혔다. 이 외에도 미국의 정치와 외교를 다룬 다수의 논문과 저서를 출판 중이다.

미국은 어떻게 중국을 견제하는가?
미국의 대통령과 의회-정당 역사 연구

초판발행 2025년 10월 30일

지은이 서정건
펴낸이 안종만·안상준

편 집 전혜민
기획/마케팅 정연환
표지디자인 BEN STORY
제 작 고철민·김원표

펴낸곳 (주) 박영사
서울특별시 금천구 가산디지털2로 53, 210호(가산동, 한라시그마밸리)
등록 1959.3.11. 제300-1959-1호(倫)
전 화 02)733-6771
f a x 02)736-4818
e-mail pys@pybook.co.kr
homepage www.pybook.co.kr
ISBN 979-11-303-9716-0 93340

정 가 20,000원